POLITIQUE
A L'ÉGARD DES
CONSOMMATEURS
DANS LES PAYS DE L'OCDE

1991-1992

ÉDITION 1995

ORGANISATION DE COOPÉRATION ET DE DÉVELOPPEMENT ÉCONOMIQUES

ORGANISATION DE COOPÉRATION
ET DE DÉVELOPPEMENT ÉCONOMIQUES

En vertu de l'article 1ᵉʳ de la Convention signée le 14 décembre 1960, à Paris, et entrée en vigueur le 30 septembre 1961, l'Organisation de Coopération et de Développement Économiques (OCDE) a pour objectif de promouvoir des politiques visant :

— à réaliser la plus forte expansion de l'économie et de l'emploi et une progression du niveau de vie dans les pays Membres, tout en maintenant la stabilité financière, et à contribuer ainsi au développement de l'économie mondiale ;

— à contribuer à une saine expansion économique dans les pays Membres, ainsi que les pays non membres, en voie de développement économique ;

— à contribuer à l'expansion du commerce mondial sur une base multilatérale et non discriminatoire conformément aux obligations internationales.

Les pays Membres originaires de l'OCDE sont : l'Allemagne, l'Autriche, la Belgique, le Canada, le Danemark, l'Espagne, les États-Unis, la France, la Grèce, l'Irlande, l'Islande, l'Italie, le Luxembourg, la Norvège, les Pays-Bas, le Portugal, le Royaume-Uni, la Suède, la Suisse et la Turquie. Les pays suivants sont ultérieurement devenus Membres par adhésion aux dates indiquées ci-après : le Japon (28 avril 1964), la Finlande (28 janvier 1969), l'Australie (7 juin 1971), la Nouvelle-Zélande (29 mai 1973) et le Mexique (18 mai 1994). La Commission des Communautés européennes participe aux travaux de l'OCDE (article 13 de la Convention de l'OCDE).

Also available in English under the title:
CONSUMER POLICY IN OECD COUNTRIES
1991-1992

Avant-propos

Le Comité de la politique à l'égard des consommateurs de l'OCDE examine régulièrement l'évolution de la situation dans ce domaine à partir des rapports qui lui sont soumis par les pays Membres.

Les présents rapports, qui ont été soumis au Comité, portent sur les annnées 1991 et 1992 et concernent 20 pays Membres, à savoir : l'Allemagne, l'Australie, l'Autriche, la Belgique, le Canada, le Danemark, l'Espagne, les États-Unis, la Finlande, la France, la Grèce, l'Italie, le Japon, la Norvège, la Nouvelle-zélande, les Pays-Bas, le Portugal, le Royaume-Uni, la Suède, la Suisse, ainsi que la Commission des communautés européennes. Ils décrivent l'évolution de la situation dans le domaine des institutions, les nouvelles lois adoptées, ainsi que les amendements apportés aux réglementations existantes qui visent à protéger la sécurité et les intérêts économiques des consommateurs et enfin, les mesures prises en matière d'information et d'éducation des consommateurs. Ces rapports sont précédés d'un résumé qui expose les faits marquants et met en lumière les tendances nouvelles enregistrées dans la politique et la législation.

Les rapports sont rendus publics par chacun des gouvernements des pays Membres. Le résumé est rendu public sous la responsabilité du Secrétaire Général de l'OCDE, qui a également pris la décision de publier le présent volume sous cette forme.

Table des matières

Table des matières

PRINCIPAUX CHANGEMENTS SURVENUS DANS LA POLITIQUE DE LA POLITIQUE À L'ÉGARD DES CONSOMMATEURS EN 1991 ET 1992

PRINCIPAUX CHANGEMENTS SURVENUS DANS LE DOMAINE DE LA POLITIQUE A L'ÉGARD DES CONSOMMATEURS EN 1991 ET 1992

I.   Évolution d'ordre institutionnel

Les structures institutionnelles consacrées aux questions de consommation n'ont pas connu de transformations majeures parmi les pays Membres au cours de la période 1991-1992.

Les organes de tutelle sont demeurés les mêmes, à l'exception de la Norvège, où c'est le Ministère de la famille et de l'enfance qui a maintenant en charge les problèmes de consommation : les tâches de défense du consommateur et de surveillance de la sécurité des produits sont dorénavant réunies au sein d'une même direction. Le fonctionnement de structures représentatives ou d'instances consultatives a connu quelques légères innovations. L'Autriche s'est dotée, fin 1991, d'un Conseil des Consommateurs auprès de l'Institut autrichien de normalisation. Le Conseil de la consommation en Belgique est devenu un conseil paritaire (consommateurs/professionnels) à la fin de 1992. En France, l'Institut national des appellations d'origine a étendu son champ de compétence du secteur des vins à l'ensemble des produits agricoles et alimentaires d'appellation d'origine contrôlée. Concernant la Commission des Clauses abusives, le juge a dorénavant la faculté de la saisir pour avis. Aux Pays-Bas, les deux organisations principales de consommateurs ont constitué des groupes de travail au sein d'un conseil de la coopération ; d'autre part, le soutien financier des ministères dont bénéficiait l'Institut de la recherche pour le consommateur a fait place à une rémunération spécifique par projet. En Australie, la politique de l'alimentation et du contrôle des boissons a été transférée du Bureau fédéral des questions de consommation à une "Autorité nationale pour l'alimentation".

Les budgets nationaux consacrés aux questions de consommation sont restés sensiblement les mêmes au cours des années 1991 et 1992. Au Royaume-Uni, la subvention payée au Conseil national des consommateurs ont augmenté de

14 pour cent et la part réservée aux Conseils nationaux des Consommateurs de produits industriels a aussi légèrement augmenté d'environ 4 pour cent. Le Japon a vu son budget augmenter d'environ 4 pour cent, et le Canada a maintenu une enveloppe de 1,8 million de dollars aux organisations consuméristes. La France a fait de même en consacrant à nouveau 70 pour cent de la dotation aux organisations de consommateurs à l'Institut National de la Consommation, ce qui lui assure un quart de ses moyens financiers. L'Australie pour sa part a réduit de 9 pour cent le budget du Bureau Fédéral de la Consommation entre 1991 et 1992.

L'action au niveau local dans le cadre d'une politique de consommation a été importante dans plusieurs pays Membres. Si le Japon a maintenu le maillage de prés de 300 bureaux de conseil au consommateur au niveau préfectoral et communal, la Finlande a encouragé des services de conseil dans 450 de ses municipalités. Du fait de sa réunification, l'Allemagne accueille des membres des Länder de l'Est au sein des réunions biannuelles Fédération/Länder, et a étoffé un réseau de bureaux de conseils dans sa partie orientale par le biais des organisations de consommateurs. En Australie, des ministères de la Consommation ou des agences spécialisées ont été rétablies au niveau des États à la suite de renouvellements électoraux. L'Association portugaise pour la défense du consommateur (DECO) a ouvert des délégations régionales et le réseau des Centres d'information locaux au consommateur a été consolidé, parallèlement à la création de Centres d'arbitrage des litiges sur une base régionale.

II. Sécurité des consommateurs

La politique de sécurité des consommateurs est basée, dans la plupart des pays Membres, sur une législation de caractère général, tandis que l'activité réglementaire en vue d'assurer une application rigoureuse de cette législation de base s'exerce dans un cadre sectoriel par le biais de mesures spécifiques.

La Directive 92/59/CEE relative à la sécurité générale des produits destinée à ne mettre sur les marchés que des produits sûrs a été adoptée par le Conseil des Communautés Européennes le 29 juin 1992 ; elle est en cours de transposition dans quelques pays Membres (Belgique, Danemark, Espagne). D'autres Directives européennes antérieures, à caractère particulier, ont déjà été intégrées dans les Droits nationaux en Europe.

Dans le domaine de l'alimentation, d'importantes dispositions ont été prises par les pays Membres : les conditions d'usage et de dénomination des arômes ont été délimitées par voie de décret et d'arrêté en France et en Allemagne. Les additifs alimentaires, les solvants d'extraction et les niveaux résiduels de produits chimiques ont retenu l'attention des autorités belges, françaises et allemandes. L'Allemagne a également transposé la Directive européenne sur les aliments congelés et le Japon a vu l'entrée en vigueur de la législation portant sur les volailles comestibles. Concernant les jouets, l'Italie, la Grèce, le Portugal et la Belgique ont transposé sous forme de décret et d'arrêté la Directive 88/378/CEE.

La sécurité des produits cosmétiques a fait l'objet de réglementations au Royaume-Uni (ingrédients, étiquetage) et en Allemagne, où a été reprise la liste des substances interdites dans la Directive 76/768/CEE.

Dans le domaine des produits industriels, l'Allemagne et le Royaume-Uni ont précisé les critères de sécurité des appareils domestiques à gaz en intégrant des éléments de la Directive 90/369/CEE.

La plupart des pays Membres ont fait un large usage des habituels instruments de la prévention : interdictions et retraits (volontaires ou non) et cela pour une large palette de produits. Au Royaume-Uni, la loi sur les médicaments impose une surveillance constante des produits en vente et 45 produits ont été retirés par ce biais au cours des années 1991-1992. La France a interdit et retiré du marché, entre autres, des jouets, des aérosols, des appareils ménagers. Les pays scandinaves ont, pour leur part, retiré de la commercialisation des articles destinés aux enfants : lits, poussettes, casques. L'Australie s'est focalisée par le biais de mesures, tant fédérales que locales, sur le marché des jouets. Les retraits volontaires découlant d'une concertation entre autorités régulatrices et producteurs sont souvent encouragés dans les pays Membres et ont permis de canaliser des produits dangereux. Les avis donnés par le Ministère du commerce et de l'industrie au Royaume-Uni ont conduit à 24 retraits volontaires concernant des appareils fonctionnant au gaz et à l'électricité. La Finlande a exercé 71 retraits volontaires en 1991 et 160 en 1992, et l'Australie a retiré 267 produits de consommation au cours de la période étudiée. Le Japon et la Suède ont également utilisé cette même forme d'assainissement du marché. La Commission pour la sécurité des produits aux États-Unis a obtenu pour sa part 302 mesures correctives impliquant plus de 19 millions de produits en circulation.

La coopération intergouvernementale est un vecteur important de prévention rapide dans le cadre de la sécurité des consommateurs. Au niveau européen, deux structures de coopération permettent un échange régulier d'information. Le réseau EHLASS (European Home and Leisure Accident Surveillance System - Système communautaire d'information sur les accidents domestiques et de loisirs) collecte des données sur les accidents en associant le plus souvent les hôpitaux nationaux. Le réseau PROSAFE (Product Safety Enforcement Forum of Europe) réunit deux à trois fois par an les experts et les autorités concernées de l'Europe de l'Ouest.

Les pays Membres ont conservé une activité soutenue en ce qui concerne la normalisation, le plus souvent dans un cadre volontaire. Au Japon, le Ministère de la santé et du bien-être établit les normes de produits chimiques résiduels tolérables dans les produits agro-alimentaires. Les Pays-Bas ont, pour leur part, créé une structure de concertation avec les consommateurs pour l'élaboration des normes dans le cadre des Directives Européennes "Nouvelle Approche". Les autorités canadiennes ont signé un accord avec le syndicat professionnel de la peinture relatif à l'utilisation du mercure dans les produits de décoration. En Nouvelle-Zélande, le Ministère de la consommation a développé avec les professionnels des normes concernant les matelas et les lits. Aux États-Unis, la Commission pour la Sécurité des Produits a entre autres mis au point, avec la Société "Underwriters Laboratories Inc.", une nouvelle norme de sécurité concernant les détecteurs d'oxyde de carbone.

III. Protection économique des consommateurs

Au cours de la période observée, le crédit à la consommation et les problèmes afférents au surendettement des ménages ont largement préoccupé, comme par le passé, les responsables gouvernementaux et consuméristes. En Grande-Bretagne, l'Office of Fair Trading a publié un rapport recommandant plus de transparence dans la technique des cotes de crédit ("scoring") ; la durée de la licence de tout organisme de crédit (1ère demande et renouvellement) a été ramenée par voie réglementaire de 10 à 5 ans. La Belgique, l'Italie, la Grèce ont transposé dans leur Droit national les deux Directives européennes concernant le crédit à la consommation : la Directive 87/108/CEE (champ d'application, modalités d'organisation, protection et information du consommateur) et la Directive 90/88/CEE (uniformisation du mode de calcul du taux effectif global). Aux Pays-Bas, la loi sur le crédit à la consommation entrée en vigueur le 1-1-92 rend obligatoire la détention d'une licence en bonne et due forme pour offrir des prêts et sera complétée après reconnaissances réciproques des licences bancaires dans la CEE. Aux États-Unis la Federal Trade Commission veille, à l'aide d'un arsenal législatif, au bon respect de divers aspects du crédit à la consommation (équité des critères d'endettement et correction des informations personnelles collectées, comparaison des prix et des conditions d'obtention des crédits). La Nouvelle-Zélande envisage une réforme de sa loi sur le crédit du fait que la législation existante n'est plus considérée comme adaptée aux opérations de crédit actuelles des consommateurs. Particulièrement touchés par ce phénomène du surendettement des ménages, deux pays nordiques, la Finlande et la Norvège, se sont dotés en 1991 et 1992 de lois destinées à sauvegarder un équilibre économique : elles ont pour but la maîtrise de dettes répétitives et le meilleur accord entre débiteur et créancier sur les modalités de remboursement. Le Japon a engagé une campagne d'information en ce sens et la Suède a amorcé un processus de réflexion sur un projet de loi relatif à l'allègement de la dette des particuliers.

Comme dans les années précédentes les transactions dans les services bancaires et financiers ainsi que les contrats d'assurance ont fait parallèlement l'objet de réglementations et de propositions diverses.

En Australie la Commission des pratiques commerciales (Trade Practices Commission), le Trésor et le Bureau fédéral des questions de consommation ont affiné, en 1991, un code de conduite des paiements par la monétique. Cette démarche volontariste a été réitérée pour les transactions bancaires parallèlement à l'institution de l'ombudsman bancaire. Au Danemark la loi relative aux cartes de paiement a été amendée, la responsabilité du titulaire d'une carte étant engagée jusqu'à 1200 couronnes danoises en cas d'utilisation frauduleuse. Cette loi s'applique également à tous les derniers modèles de cartes privatives (c.a.d. des cartes émises par des magasins de vente). La Belgique a voté en 1992 une loi sur le crédit hypothécaire, le consommateur ayant le choix entre un emprunt à taux fixe ou à taux variable. L'Allemagne pour sa part a adopté en 1991 une loi sur la vente des valeurs mobilières stipulant l'obligation d'imprimer un descriptif de l'offre. Concernant les assurances, la loi néerlandaise sur les courtiers (1991) prévoit un retrait de la licence en cas d'atteinte grave aux intérêts des consommateurs. L'Allemagne impose aux compagnies d'assurance, dans le cadre des ventes d'assurance-vie, des garanties de rémunération au souscripteur. Dans le même ordre d'idées, la Commission des pratiques commerciales en Australie recommande dans un rapport récent une amélioration de l'information commerciale et un meilleur accès à la justice pour le consommateur si cela se révèle nécessaire.

En marge de ces services, mais souvent liée à eux, la profession d'agent immobilier s'est trouvée également réglementée au Royaume-Uni par le biais, entre autres, du "Property Misdescriptions Act" (loi sur la description mensongère des biens immobiliers) : toute description fausse d'un bien immobilier est un délit. En Australie, des réglementations au niveau des États et des Territoires ont précisé la teneur des assurances-constructions et le contenu des contrats commanditaire/constructeur.

Les initiatives d'origine réglementaire ou consultative ont également concerné des pratiques commerciales particulières : le démarchage à domicile a connu un renforcement de sa réglementation au Japon (précision de l'information éditée et distribuée), et en Australie (codes de conduite relatifs aux horaires de vente et délais de rétractation de 10 jours). La vente à distance a fait l'objet d'un projet de directive du Conseil des Communautés Européennes tendant à rapprocher les dispositions législatives, réglementaires, administratives existantes dans les États Membres : coût de la passation de la commande, délai d'exécution de la prestation, délai de rétractation. La Belgique a intégré cette méthode de vente dans sa loi de juillet 1991 sur les pratiques du commerce, sur l'information et la protection du consommateur. La Nouvelle-Zélande a récemment adopté une proposition de loi sur le service après-vente : un bien qui n'est pas de "qualité acceptable" à la réception devra être remboursé. La multipropriété à temps partagé, de plus en plus répandue, a été strictement encadrée dans une loi de 1992 au Royaume-Uni : le contractant bénéficie d'un délai de réflexion de 14 jours et l'absence d'information relative au droit d'annulation équivaut à une infraction de la part du professionnel. Dans un cadre identique, la Commission des communautés européennes a adopté en juillet de la même année une proposition de Directive du Conseil : le coût total, la description du logement et des charges supplémentaires doivent être fort bien précisées. Le délai de rétractation est porté à 28 jours si le bien se situe à l'étranger.

L'initiative du Royaume-Uni, à travers la loi de 1992 régissant la concurrence et les prestations de service des entreprises de service public, mérite d'être mentionnée. Les autorités de tutelle des télécommunications, de la distribution de gaz, d'électricité et d'eau sont habilitées, entre autres, à fixer des normes de service garanti et à exiger des dédommagements le cas échéant. La publication par les entreprises des résultats par rapport aux normes peut être également demandée ainsi que le traitement convenable des plaintes de consommateurs.

Il convient enfin de signaler la création sur une initiative de l'Office of Fair Trading du Royaume Uni du "Réseau international sur les pratiques commerciales". La création d'un tel réseau avait été discutée lors d'une conférence tenue à Copenhague en 1991, puis officialisée à Londres, en octobre 1992, rassemblant les autorités de contrôle des marchés des pays Membres de l'OCDE, ainsi que des pays observateurs. Cette organisation informelle encourage l'échange d'informations sur les irrégularités commerciales et particulièrement dans le cadre de transactions transnationales litigieuses.

En France, la loi du 18 janvier 1992 améliore les droits des consommateurs, interdit certaines pratiques abusives, facilite la défense des intérêts du consommateur en justice et porte création du Code de la consommation.

IV. Information et éducation du consommateur

L'information des consommateurs constitue une part importante de l'activité des structures publiques, mixtes ou associatives responsables dans les pays Membres. Publications de revues et magazines, bulletins et brochures, participations aux grilles de programme de télévision et de radio, essais comparatifs et soutiens à des programmes d'éducation dans les écoles sont des supports courants de l'information permanente du consommateur. Les organismes qui publient les essais réalisés par leurs soins ont un statut de droit public ou de droit privé.

Les informations relatives aux réglementations sont largement diffusées auprès de la presse pour grand public, quotidiens et hebdomadaires. Chroniques ou colonnes "Consommation", "Vos droits" prenant en compte des problèmes propres à la vie quotidienne sont régulièrement intégrés dans les multiples productions des mass-médias. En Europe, la Commission des communautés européennes a lancé trois publications concernant les consommateurs dont un bulletin trimestriel "INFO-C" et une brochure sur les jouets à la suite de la Directive relative à ce secteur.

Des programmes et des campagnes d'information particulières contribuent également à une information pertinente des consommateurs.

Dans le domaine de la sécurité la CEE a participé à la fin de 1991 à une conférence destinée à la protection des enfants en collaboration avec les organismes ECOS (European Consumer Safety Association) et CAPT (Child Accident Prevention Trust). D'autres actions similaires ont été lancées en 1992. L'Italie a engagé une campagne d'éducation prés des adolescents pour la prévention des produits dangereux par le biais du ministre de l'Instruction publique. Le Canada a lancé un programme de prévention des accidents chez les consommateurs âgés s'appuyant sur une coopération entre organismes industriels, associations de consommateurs et administrations compétentes. Au Portugal, la sécurité de la chaîne alimentaire et l'hygiène des aliments ont fait l'objet de séminaires organisés par le Conseil national de l'alimentation et de la nutrition.

D'autres thèmes ont retenu l'attention des instances publiques et des organisations de consommateurs des pays Membres. La Finlande a ainsi encouragé une consommation respectueuse de l'environnement à travers les actions de l'administration sur le thème "Du jetable au durable ". En Italie, le ministère du Tourisme a financé une opération "Les droits du touriste". Au Royaume-Uni, l'Office of Fair Trading a animé une semaine d'information sur la loyauté en affaires pour une meilleure relation commerçant/client.

Par le canal de l'enseignement, un vaste public réceptif à l'apprentissage du rôle et de la place du consommateur dans la société est touché. En Allemagne, la Fondation "Stiftung Verbraucherinstitut" organise régulièrement des séminaires dans les différents niveaux des établissements scolaires. En Suisse, les cantons responsables de l'enseignement primaire et secondaire s'engagent aux côtés d'associations et de professionnels à éduquer les jeunes consommateurs. En Australie, l'Administration nationale de la consommation a développé en liaison avec ses agences étatiques et territoriales des questions de consommation un projet destiné aux enfants de sept à neuf ans à l'aide de matériel audiovisuel.

L'acte d'achat du consommateur ne peut être pleinement satisfait sans une information adéquate et précise offerte par l'étiquetage. L'étiquetage informatif peut découler de réglementations particulières ou de labels d'information accordés par des structures publiques sur la base d'essais de produits. Les pouvoirs publics encouragent également les professionnels à se doter volontairement de codes de déontologie et de normes de présentation. Les labels écologiques destinés aux produits sans danger pour l'environnement prennent de plus en plus d'importance. De nombreux pays Membres ont institué de nouvelles réglementations précisant les critères de description des produits. L'étiquetage nutritionnel a retenu l'attention de l'Italie et de l'Espagne qui ont transposé, dans leurs droits nationaux, des Directives européennes concernant, entre autres, l'indication des arômes intégrés ou des propriétés nutritives des produits alimentaires.

Des produits de grande consommation tels que les cosmétiques obéissent aux mêmes règles pour leur mise sur le marché : ainsi les autorités australiennes demandent dorénavant l'indication de tous les composants du produit présenté.

La loi néo-zélandaise sur les pratiques commerciales promulguée en 1992 a imposé mention du pays d'origine de confection des vêtements et de fabrication des chaussures. Des initiatives gouvernementales vont en ce sens en Australie et visent à élargir le champ des produits concernés.

L'Institut danois chargé de l'étiquetage informatif (DVN) a élaboré des modèles d'étiquetage pour tous les types de produits nationaux ou importés. Organisme de droit privé, le DVN est géré par un conseil composé de représentants de l'industrie, de divers secteurs professionnels et d'organisations de consommateurs. Son label dénommé "Varefakta" signifie que le produit présenté à la vente a fait l'objet d'essais et de contrôles.

Un système de marquage volontaire à caractère écologique a été introduit dans les pays nordiques. En Suède, le comité de parrainage réunit des représentants des consommateurs, des groupements écologistes, et des industriels et participe au programme de sélection des produits. Le Royaume-Uni a vu la création d'un nouvel organe, le Conseil britannique de l'étiquetage écologique sous l'impulsion des Ministères du Commerce de l'Industrie et de l'Environnement. Ce Conseil a été chargé de déterminer des critères de classification des produits.

Aux Pays-Bas, le Comité de la consommation au sein du Comité économique et social a recommandé aux professionnels d'offrir une information de caractère écologique. Un projet pilote de mise en place d'un système uniforme d'information complète relative à l'achat, l'utilisation et au recyclage de tout produit est en cours.

Plusieurs pays Membres ont pris des mesures d'amélioration du marquage des prix. Au Royaume-Uni, l'application de prix différents selon la méthode de paiement doit être clairement indiquée selon la réglementation adoptée en 1991. Un arrêté relatif aux produits alimentaires imposé à la suite des Directives CEE un marquage bien lisible du prix de vente et dans certains cas du prix unitaire. En 1992, les bureaux de change se sont vus imposés une présentation précise des taux de change et des commissions appliqués. La Belgique, à travers sa loi du 14-7-91 sur les pratiques du commerce, l'information et la protection du consommateur, a adopté des normes précises en matière d'indication des prix et des quantités.

Au Danemark, l'Agence nationale de la consommation est dorénavant chargée d'appliquer la loi sur le marquage et l'affichage des prix. Elle a notamment averti, par voie de communiqué de presse, de la nécessité d'intégrer la TVA au prix de vente au détail, ce que ne pratiquaient pas les vendeurs d'informatique.

V.   Mécanismes de recours et de réclamation

En cas de transaction problématique, le consommateur peut opter souvent pour un règlement amiable et diligent du litige. Cela peut être facilité par le biais d'instances auto disciplinaires au sein d'une profession, de médiateurs dans un cadre sectoriel et à travers des procédures d'arbitrage. Le recours à la justice peut être également choisi par la procédure de l'action de groupe, comme le proposent des réformes récentes dans plusieurs pays.

L'Ombudsman, institution de concertation d'inspiration nordique et souvent d'origine, s'est répandue parmi les pays Membres pour de nombreux services privés. Les décisions prises à la suite d'une telle intermédiation entre le prestataire et le client ne sont généralement pas contraignantes.

L'Association belge des banques et le Groupement des assurances ont mis en place des "ombudsmen" chargés de traiter les plaintes de la clientèle. Des fonctions similaires ont été introduites en Suisse et en Italie (sous la forme d'un organisme collégial pour ce dernier pays). En Nouvelle-Zélande, l'ombudsman bancaire peut recevoir ses propositions de règlements dans des cas délicats. L'Association des banques a de son côté édicté un code de bonnes pratiques. Les autorités australiennes ont également encouragé la procédure de conciliation entre la branche banque/assurance et les consommateurs. Il faut rappeler à ce propos que les services publics de télécommunications ont bénéficié dans ce même pays d'une initiative identique : sous l'égide d'un comité de composition paritaire (deux représentants des Télécoms et deux représentants des usagers) un ombudsman reçoit les réclamations relatives aux facturations. La Belgique a prévu dans sa loi de mars 1991 la création de médiateurs pour les services publics.

Des procédures d'arbitrage ont été introduites ou étendues en Belgique, en Espagne et au Portugal. Dans ce cadre, les décisions rendues sont généralement de nature contraignante. En Belgique, la Commission des litiges réunit les consommateurs et les professionnels responsables dans trois secteurs particuliers (agences de voyage, blanchisseries et vente de meuble). En Espagne, le système arbitral est à composition tripartite (administration, consommateurs et entreprises) et décentralisée (comités d'arbitrage municipaux, provinciaux, autonome). Dans le même sens, le Portugal a inauguré un Centre d'arbitrage d'assise régionale (centre du pays) sur le modèle de celui de Lisbonne.

"L'action de groupe", c'est-à-dire la représentation en justice d'intérêts particuliers par des organisations reconnues de consommateurs, a retenu l'attention de nombreuses autorités nationales.

Aux Pays-Bas une proposition de loi institutionnalisant l'action de groupe pour demander des dommages-intérêts a été déposée au Parlement en 1992. La Suède a également initié un projet en ce sens. La loi belge de 1991 sur l'information et la protection du consommateur stipule que l'action en cessation peut être formée par une association de consommateurs ayant la personnalité civile et agréée par le Ministère du commerce. La France a permis, à travers le décret de décembre 1992, l'action de groupe par des consommateurs ayant subi le même préjudice d'un même professionnel.

VI. Principales activités du Comité de la politique à l'égard des consommateurs

Depuis sa création en 1969, le comité a suivi de près l'évolution de la politique de la consommation dans les pays Membres. Les missions et le programme de travail du comité sont définis tous les cinq ans dans les termes du renouvellement de son mandat. Le programme est élaboré autour de larges thèmes qui reflètent le rôle de la politique de la consommation dans la politique économique générale. Le programme de travail 1987-1992 était axé sur les thèmes suivants :

-- l'interactivité entre politique de la consommation, commerce international et politique économique générale

-- sécurité des produits et services et questions afférentes

-- transparence des marchés et information du consommateur

-- l'examen des problèmes de consommation intéressant les pays Membres.

L'intérêt du comité pour les questions de commerce international date du séminaire sur la politique de la consommation et le commerce international qui, pour la première fois en 1984, a discuté du lien étroit entre ces deux secteurs et du besoin pour les responsables de l'élaboration de la politique de la consommation d'être plus activement associés aux discussions sur la politique commerciale. Aujourd'hui, les échanges internationaux sont un sujet présent dans pratiquement toutes les questions essentielles de la politique de la consommation, du fait que la concurrence internationale "maximise" le choix du consommateur.

La sécurité du consommateur en est un bon exemple. Les règles de sécurité des produits sont un élément essentiel de la protection du consommateur, mais elles peuvent nuire à la libre circulation des biens et services. En 1991, le comité a publié un rapport sur les consommateurs, les normes de sécurité sur les produits et les échanges internationaux, qui met en évidence le besoin d'un développement flexible et harmonisé des normes de sécurité. Ce travail est maintenant poursuivi par une étude relative à la reconnaissance mutuelle en matière de normalisation, certification et procédures d'essai, ayant pour but de montrer la possibilité de simplification des mécanismes parfois complexes d'obtention de certification de conformité avec les normes, et ce à un niveau international. Une activité qui démontre également la dimension de la sécurité du consommateur dans les échanges internationaux, est la mise en service du système de notification de règles nationales de sécurité des produits par le comité : nouvelles normes et règlements sur la sécurité, mesures de post-marketing (interdictions et rappels) et recherches sur la sécurité des produits sont notifiés à un réseau de points de contacts dans les pays Membres.

D'autres travaux dans le domaine de la protection du consommateur comprennent un rapport sur la sécurité des services terminé en 1993 (à paraître).

Transparence du marché et information du consommateur ont été aussi examinés sous l'angle international. Un rapport sur les nouvelles techniques d'achat à domicile, publié en 1992, traite entre autres des ventes transfrontalières qui ont été de plus en plus facilitées par de nouvelles technologies telle que la télévision par cable et par satellite. Un travail plus spécifique sur les aspects internationaux du marketing direct et de ses capacités à stimuler la concurrence au niveau international a été lancé en 1992 et est actuellement en cours.

Une caractéristique permanente du Comité est de faciliter des échanges rapides d'informations sur des sujets d'actualité. Au cours de la période de référence, le comité a organisé deux tables rondes, une sur la publicité comparative et l'autre sur l'usage publicitaire de l'argument écologique. Ont participé aux tables rondes, non seulement les délégués mais aussi des universitaires et des représentants de l'industrie.

Un travail d'assistance technique aux économies de marché naissantes en Europe centrale et orientale a débuté en avril 1991 avec un séminaire sur la protection du consommateur dans les économies de marché, organisé à Vienne et qui a réuni pour la première fois des représentants de jeunes administrations de la politique de la consommation et d' organisations non-gouvernementales de ces pays. Le séminaire a été suivi de missions d'assistance technique en Pologne, en Russie et dans l'ex-Tchécoslovaquie. Des équipes composées de quatre ou cinq délégués de l'OCDE ont échangé sur les bases institutionnelles et les exemples règlementaires de politique de la consommation avec les autorités et les représentants des consommateurs dans les pays pré-cités. En Russie, un autre travail a été fait par le Secrétariat avec l'aide d'un certain nombre de délégués pour développer un projet de texte sur la protection du consommateur, qui a été par la suite promulgué en tant que loi. Enfin, en décembre 1992, le Secrétariat a organisé à Budapest, un atelier qui a réuni des experts en matière de consommation, de sécurité et de normalisation d'Europe centrale et orientale. Une fois encore, l'organisation de cet atelier a été facilitée par une active participation de bon nombre de délégués de l'OCDE.

En juin 1992, le Conseil de l'OCDE a renouvelé le mandat du comité de la politique à l'égard du consommateur pour une nouvelle période de cinq ans s'étendant jusqu'au 31 Décembre 1997.

ALLEMAGNE

I. Évolution d'ordre institutionnel

Pendant la période sous revue, aucun changement fondamental n'est intervenu, sur le plan institutionnel, dans le partage des responsabilités au sein du gouvernement fédéral en ce qui concerne la politique à l'égard des consommateurs. Le gouvernement fédéral considérant que l'action des pouvoirs publics dans ce domaine entre essentiellement dans le champ de la politique économique, c'est le ministère fédéral de l'Économie qui en a la charge. Les divers ministères fédéraux ont la responsabilité des mesures entrant dans les domaines précis de leur compétence et concernant notamment les aspects législatifs, la politique sociale et familiale, l'environnement, la nutrition et la santé. Ces activités sont coordonnées de façon régulière et, si nécessaire, dans le cadre de réunions spéciales du Comité interministériel pour les questions concernant les consommateurs.

Au niveau des Länder, les ministères économiques sont, normalement, aussi responsables de la politique à l'égard des consommateurs ; les questions liées à celle-ci sont régulièrement examinées par le gouvernement fédéral et les Länder dans le cadre du Comité gouvernement fédéral/Länder pour les questions concernant les consommateurs, qui se réunit à peu près deux fois par an et auquel les Länder de l'Est participent depuis 1991.

Le Conseil des consommateurs près du ministère fédéral de l'Économie comprend aussi des représentants des Länder de l'Est. Créé en 1972, ce Conseil est chargé d'exposer le point de vue des consommateurs sur les grands problèmes de consommation soulevés par la politique des autorités fédérales, de soumettre des notes de position et de présenter ses propositions au gouvernement fédéral.

Pendant la période examinée, le Conseil des consommateurs s'est surtout intéressé aux questions suivantes : la politique européenne à l'égard des consommateurs, les problèmes de consommation dans les Länder de l'Est, les logements et la construction, les heures de fermeture des magasins, les services financiers et la publicité.

Le Comité indépendant des consommateurs auprès du ministère fédéral de l'Alimentation, de l'Agriculture et de la Sylviculture a pour tâche de conseiller le gouvernement fédéral sur son action dans le domaine de la politique à l'égard des consommateurs et de lui soumettre des notes de position. En 1991/1992, ce Comité s'est occupé des problèmes suivants : le Marché unique européen pour les produits alimentaires, les réglementations relatives aux importations de bananes dans la République fédérale, la production et la consommation de viande sous l'angle notamment de la qualité des produits, et enfin la réforme de la Politique agricole commune.

Pendant la période considérée dans le présent rapport, le Centre fédéral de recherche nutritionnelle de Karlsruhe a créé, en 1992, un centre de biologie moléculaire chargé de coordonner l'analyse des problèmes scientifiques posés par l'application de la biotechnologie et du génie génétique à la production alimentaire.

Le renforcement des instruments de la politique à l'égard des consommateurs dans la partie orientale du pays a, de nouveau, constitué l'un des principaux sujets de préoccupation du gouvernement fédéral pendant la période sous revue. Devant l'ampleur croissante des tâches qu'impose la réunification du pays, les autorités fédérales ont considérablement accru leur contribution au financement des organisations coiffant l'action dans le domaine de la protection des consommateurs, à savoir : l'Arbeitsgemeinschaft für Verbraucherverbände (AgV), la Verbraucherschutzeverein et le Verbraucherinstitut, qui fonctionnent avec succès depuis des années dans la partie occidentale du pays. Les centres de consommation des Länder de l'Est ont réussi a créer un réseau de plus en plus dense de bureaux de conseil. Grâce aux crédits fédéraux, la Stiftung Warentest a été en mesure de publier des informations répondant spécifiquement aux besoins des consommateurs de l'ancienne RDA.

Le gouvernement fédéral a commencé à soutenir, dans les pays d'Europe centrale et orientale, des projets destinés à y faciliter le passage à l'économie de marché. C'est ainsi qu'il a apporté son soutien à la création d'organisations de consommateurs en Pologne et qu'il a commencé à consentir une aide en faveur de la publication d'un magazine pilote en Russie.

Plusieurs projets sont essentiellement destinés à préparer les consommateurs au Marché unique européen.

II. Protection physique des consommateurs (sécurité des produits)

Le 29 octobre 1991, un décret a modifié le décret sur les arômes et plusieurs autres décrets concernant les denrées alimentaires. La directive de la CE sur les arômes et deux autres directives de la Commission ont ainsi été intégrées dans la législation nationale. Le nouveau décret comporte des définitions revêtant parfois la forme de normes minimales pour la protection sanitaire et de prescriptions en matière de commercialisation, en ce qui concerne notamment l'étiquetage des arômes et des denrées alimentaires contenant des arômes.

Le 8 novembre 1991 a été adopté le décret sur les solvants d'extraction qui implique aussi l'intégration, dans la législation nationale, des prescriptions communautaires dans ce domaine. Ce décret fixe les régles régissant l'emploi des solvants d'extraction dans la production de denrées alimentaires et d'ingrédients ainsi que, le cas échéant, les niveaux maximum autorisés de résidus de ces solvants.

Le 9 novembre 1991, le décret sur les denrées alimentaires surgelées est entré en vigueur, intégrant ainsi dans la législation nationale la directive de la CE dans ce domaine. Les prescriptions sont dans l'ensemble conformes aux principes directeurs énoncés, pour les denrées alimentaires surgelés, par la Commission allemande pour les denrées alimentaires.

L'épidémie de choléra qui a éclaté au Pérou, en Equateur et en Colombie a rendu nécessaire l'adoption de mesures préventives pour exclure les risques présentés, pour les consommateurs, par certaines denrées alimentaires originaires de cette région (poissons, produits de la pêche, coquillages, crustacés, fruits et légumes). Les autorités douanières allemandes ont dû demander aux importateurs de ce type de produits en provenance du Pérou de soumettre leurs livraisons à l'examen des autorités de contrôle alimentaire pour être autorisés à les dédouaner. Cette mesure est apparue insuffisante pour garantir la protection sanitaire des consommateurs, compte tenu des interdictions d'importation décrétées par d'autres États membres et des mesures de sécurité contre le choléra décidées par la Commission européenne qui devaient être incorporées dans la législation nationale. C'est ce qui a conduit à l'adoption, les 1er mars 1991 et 2 avril 1992, du décret sur la commercialisation de certaines denrées alimentaires en provenance du Pérou, qui contenait les prescriptions nécessaires à la protection de la santé des consommateurs. Des dispositions analogues ont été prises le 18 juillet 1991, pour les deux autres pays de la région, avec l'adoption du décret sur la commercialisation de certaines denrées alimentaires en provenance d'Equateur et de Colombie. Devant la persistance des risques présentés par ces pays d'Amérique latine, "le décret du Pérou" a été remplacé par le décret du 2 octobre 1991.

Le 25 mars 1992, le Ministre fédéral de la santé a interdit d'urgence, par décret, la commercialisation des coquilles Saint-Jacques et de certains autres mollusques comestibles en provenance du Japon. La présence d'une substance toxique paralysante avait été détectée à plusieurs reprises dans des coquilles Saint-Jacques. Le décret du 25 mars n'était applicable que jusqu'au 28 septembre 1992. Il a été remplacé par le décret du 25 septembre 1992 sur la commercialisation des coquillages bivalves et des escargots de mer en provenance du Japon.

La loi du 18 décembre 1992 amendant les dispositions légales applicables à la médecine vétérinaire, l'alimentation et l'élevage a permis d'intégrer 19 directives de la CE dans la législation nationale. Les textes législatifs suivants ont dû être adaptés aux prescriptions communautaires : Loi sur les produits alimentaires et les biens de consommation courante, Loi sur l'hygiène de la viande, Loi sur l'hygiène de la volaille, Loi sur les maladies épizootiques, Loi sur la protection des animaux et Loi sur l'élevage. Les amendements portent essentiellement sur le déplacement des contrôles douaniers vers le lieu d'expédition ou de destination et sur l'harmonisation des contrôles appliqués par les États membres aux frontières extérieures de la Communauté.

Le cinquième décret portant modification du décret sur la teneur maximum admissible en agents phyto-sanitaires du 9 juillet 1992 a adapté la législation à l'évolution de la situation résultant, d'une part, de l'enregistrement de nouveaux agents phyto-sanitaires ou de la suppression des licences concernant ces agents en vertu des dispositions de la Loi sur la protection des végétaux et, d'autre part, de la modification des dispositions régissant l'utilisation des agents phyto-sanitaires ou autres pesticides en Allemagne et à l'étranger. Les teneurs maximum fixées pour un total de 55 agents ont été abolies et remplacées par un niveau maximum unique de 0.01mg/kg applicable à toutes ces substances. Des teneurs maximum ont aussi été fixées pour les pesticides autres que les agents phyto-sanitaires. Ce décret a, à son tour, été modifié à compter du 1er septembre 1992 par un sixième décret fixant la teneur maximale en nitrates autorisée pour les laitues offertes à la vente.

Le décret du 10 avril 1992 sur les biens de consommation courante regroupe tous les décrets afférents à ces produits et reposant sur la Loi sur les produits alimentaires et les biens de consommation courante. Il a en outre permis d'intégrer dans la législation nationale plusieurs directives communautaires concernant notamment les produits de synthèse entrant en contact avec les denrées alimentaires. Des réglementations ont été adoptées, au niveau national, pour certains biens de consommation courante contenant du nickel et pour les agents d'imprégnation utilisés dans les aérosols.

Le 19ème décret portant modification du décret du 25 mars 1991 sur les produits cosmétiques a permis d'incorporer dans la législation nationale les règles fixées par la treizième directive de la Commission de la CE modifiant les annexes à la directive sur les produits cosmétiques pour les adapter aux progrès technologiques. L'utilisation de certaines substances a notamment été interdite pour la fabrication de ces produits.

Le 22 janvier 1991, a été adopté un nouveau texte améliorant la Loi sur les infractions à la législation applicable aux denrées alimentaires et aux règles d'hygiène fixées pour la viande, qui punit plus sévèrement les manquements à ces dispositions. Il augmente la sévérité des sanctions frappant l'utilisation illégale de substances destinées à favoriser l'engraissement et assimile à des délits plusieurs infractions administratives. Le décret du 15 juillet 1991 amendant les dispositions pénales et les amendes administratives applicables aux infractions concernant les produits alimentaires et les règles d'hygiène fixées pour la viande a permis d'adapter la législation dans ce domaine aux dispositions contenues dans le décret sur les substances ayant des effets pharmacologiques et dans celui sur l'hygiène de la viande.

Le 21 novembre 1991, des modifications ont été apportées, par un nouveau décret, au décret sur les additifs alimentaires autorisés ainsi qu'à un certain nombre d'autres décrets concernant les produits alimentaires. Ce texte a permis de transposer dans le droit allemand trois directives communautaires sur l'étiquetage des additifs alimentaires qui sont commercialisés, sur les critères de pureté fixés pour plusieurs additifs et sur certaines règles applicables aux confitures et aux produits connexes.

Le décret du 7 novembre 1991 modifiant les règles d'hygiène prescrites pour la viande et la volaille a intégré quatre directives communautaires dans la législation nationale. Il a renforcé la protection des consommateurs en améliorant les conditions sanitaires et d'hygiène à respecter pour la viande.

Autres

Les travaux entrepris depuis octobre 1988 afin de surveiller la qualité des produits alimentaires à l'échelon national ont été poursuivis. La prise d'échantillons et de mesures s'est achevée en octobre 1992. Des pourparlers ont été engagés avec les Länder de l'Est en vue de poursuivre et d'institutionnaliser la surveillance des produits alimentaires dans l'ensemble du pays. Ce projet a permis de déterminer les conditions nécessaires à l'enregistrement des types et des quantités de substances absorbées avec les produits alimentaires, à l'évaluation de leurs effets négatifs sur la santé et à la détermination des raisons de la contamination.

Le 1er juillet 1991, a été lancé un projet de recherche ayant pour objet de familiariser les Länder de l'Est avec le système national de surveillance des produits alimentaires et de leur permettre d'en faire partie. Ce projet doit aussi permettre de réunir des informations sur la situation existant dans les régions dont l'environnement a subi des atteintes du fait que les denrées alimentaires constituent d'utiles indicateurs dans ce domaine (pour la détermination des causes). D'après les premières observations, il n'y aurait guère de différence entre les Länder de l'Est et de l'Ouest en ce qui concerne la teneur des produits alimentaires en résidus d'agents phyto-sanitaires.

La Loi sur le matériel destiné aux travaux techniques (Loi sur la sécurité des équipements) vise non seulement à assurer la sécurité sur les lieux de travail mais aussi à protéger les consommateurs en transférant les responsabilités de l'employeur au fabricant. Cette loi couvre non seulement le matériel technique utilisé dans l'industrie mais aussi les équipements destinés aux sports, aux loisirs et à l'artisanat ainsi que les jouets. Elle a notamment été modifiée pour tenir compte des objectifs des directives de la CE relatives aux produits. Les conditions étaient ainsi réunies pour que, conformément aux dispositions de l'Article 100 a du Traité de la CEE, les directives d'harmonisation soient appliquées sur la base de la Loi sur la sécurité des équipements en ce qui concerne les normes de qualité exigées pour le matériel destiné aux travaux techniques et les autres produits techniques comparables.

La Loi sur la sécurité des équipements stipule notamment les obligations à respecter pour la commercialisation des produits techniques et les pouvoirs dont disposent les organismes concernés pour empêcher la commercialisation de produits non conformes aux normes de sécurité.

Cette loi énonce également les impératifs de qualité auxquels doivent répondre les groupes de produits n'ayant pas encore fait l'objet de directives communautaires (secteur non harmonisé). Elle stipule que ces produits doivent au moins atteindre le niveau de sécurité défini par les recommandations techniques et les règles technologiques généralement acceptées. Elle autorise l'adoption de décrets pour l'application des directives communautaires. C'est ainsi que, outre la directive de la CE sur le matériel électrique destiné à être employé dans certaines limites de tension, un certain nombre de directives communautaires ont été intégrées dans la législation nationale. Il s'agit notamment des directives relatives à la sécurité des jouets, aux appareils à gaz, aux équipements de protection individuelle, aux récipients et appareils sous pression.

III. Protection des intérêts économiques des consommateurs

1. *Loi sur les prospectus de vente de valeurs mobilières*

Cette loi qui oblige les sociétés, mettant pour la première fois des titres sur le marché, à publier un prospectus de vente est entrée en vigueur le 1er janvier 1991. Ledit prospectus doit être publié suffisamment à l'avance pour permettre aux acheteurs éventuels de se former une opinion sur les titres offerts.

La loi concerne aussi bien les offres de titres ayant fait l'objet d'une demande officielle de cotation en bourse, pour lesquels un prospectus doit donc être publié, que les autres ventes publiques de titres. Dans le cas de titres admis à être cotés en bourse, il suffit généralement de publier un prospectus qui est examiné par les autorités boursières. Pour les titres n'ayant pas fait l'objet d'une demande de cotation en bourse, la formulation du prospectus doit respecter les dispositions du décret sur les prospectus de vente. En cas de publication de données inexactes ou incomplètes, les dispositions de la Loi boursière s'appliqueront pour la sanction des responsabilités.

Les conditions fixées pour les offres publiques de valeurs mobilières sont moins strictes dans les autres États membres de la Communauté européenne.

2. *Loi portant modification de la Loi sur les activités bancaires et autres réglementations applicables aux banques.*

Cette loi est entrée en vigueur le 1er janvier 1993. Les modifications qu'elle a apportées à la précédente législation en raison de l'harmonisation des législations bancaires au sein de la CE, sont très importantes puisqu'elles accordent un "passeport européen" aux banques installées sur le territoire communautaire. Dorénavant, les banques admises dans un État membre de la CE seront automatiquement autorisées à exercer des activités dans les autres États membres. Les banques allemandes exploiteront certainement les possibilités offertes par ce véritable Marché unique.

La mise en oeuvre de la directive concernant les fonds propres élargit considérablement la définition du capital social sur la base de laquelle les banques sont autorisées à exercer leurs activités.

Pour empêcher l'infiltration du secteur bancaire par des trafiquants de drogue, par exemple, les autorités devront aussi s'assurer à l'avenir du crédit des actionnaires des banques. Elles auront,en outre, la possibilité de refuser, ou de retirer, une licence bancaire si la structure d'un groupe de sociétés affiliées n'est pas assez transparente pour permettre de contrôler efficacement les activités des banques en cause, dans l'intérêt des investisseurs.

La suppression, à compter du 1er juillet 1993, des prescriptions fixées en matière d'épargne a marqué l'abolition d'une relique de l'époque où les intérêts appliqués étaient réglementés. Les dépôts d'épargne ne font plus l'objet de dispositions réglementaires contraignantes. De nombreux consommateurs estimaient que celles-ci les empêchaient de négocier de meilleures conditions d'épargne. La situation des épargnants a donc été considérablement améliorée puisque les banques sont désormais en mesure de leur accorder des conditions plus favorables tant en ce qui concerne les taux d'intérêt pratiqués que le rendement maximum des dépôts d'épargne.

3. *Assurance*

a) Les dispositions particulières qui ont été introduites dans l'ex-RDA en vertu du Traité établissant une union monétaire, économique et sociale entre la République fédérale et la République démocratique allemandes et qui ont été décrites dans le précédent rapport couvrant la période 1989-1990, sont demeurées en vigueur jusqu'à la fin de 1992, après l'unification allemande.

b) Les contributions aux systèmes privés d'assurance maladie s'étant parfois considérablement accrues dans le passé, l'Office fédéral de surveillance des assurances a demandé, en 1991, aux compagnies d'assurance d'augmenter leurs réserves pour engagements contractés afin de limiter à l'avenir la hausse des cotisations pour les personnes âgées.

c) Les compagnies d'assurance-vie nouvellement créées doivent constituer des réserves structurelles leur permettant de verser aux assurés une part minimum du reliquat. Les obligations existantes s'étant révélées insuffisantes, les compagnies d'assurance ont été contraintes d'augmenter leurs réserves pour engagements contractés.

d) Les garanties offertes par les contrats d'assurance-vie et d'assurance-dommages étaient jusqu'à présent limitées en cas de risque de guerre. Elles ont été étendues aux risques de guerre passifs et aux attentats terroristes liés à des conflits internationaux ou à des guerres civiles.

e) Pendant la période sous revue, l'Office fédéral de surveillance des assurances a traité environ 32 000 demandes de renseignements et plaintes émanant de personnes assurées et de tiers ayant subi des préjudices.

4. Circuits à forfait

Projet de loi pour l'application de la directive du Conseil sur les circuits à forfait (90/314/EBG).

Le 26 mars 1993, le gouvernement fédéral a présenté ce projet de loi qui permet de transposer dans le droit allemand la directive du Conseil du 13 juin 1990. La législation allemande dans le domaine des voyages garantissait déjà un niveau de protection élevé aux consommateurs et ne doit donc faire l'objet que d'ajustements portant sur des points particuliers. Il convient de noter, à cet égard, l'amélioration de la protection assurée aux consommateurs contre les pertes d'acomptes dues à l'insolvabilité ou à la faillite des agences de voyages ainsi que l'énoncé détaillé des conditions dans lesquelles celles-ci doivent s'acquitter de leur devoir d'informer leurs clients dans les brochures, avant et après la conclusion des contrats et avant le début du voyage. Enfin, les possibilités laissées aux agences de voyages de modifier, après la conclusion d'un contrat, l'itinéraire et les services prévus, seront encore davantage limitées.

IV. Information et éducation du consommateur

1. Étiquetage

Au niveau communautaire, les dispositions réglementaires suivantes ont notamment été adoptées : directives portant modification de la directive sur les produits de la viande, directive sur l'étiquetage des produits du tabac, directive relative à la sécurité générale des produits ainsi qu'une réglementation sur la protection des indicateurs géographiques et des appellations d'origine contrôlée et une autre sur l'énoncé des propriétés particulières des produits agricoles et des denrées alimentaires.

Le règlement du Conseil du 24 juin 1991, concernant le mode de production biologique de produits agricoles et sa présentation sur les produits agricoles et les denrées alimentaires, est la première disposition réglementaire de la CE définissant l'emploi du terme "biologique" et de termes synonymes à propos des denrées alimentaires végétales.

Les dispositions existantes relatives aux différents types de farines (17ème décret d'application de la Loi sur les céréales en ce qui concerne les produits de moûture dérivés des céréales) ont été abrogées par le décret du 26 février 1992 abrogeant les réglementations d'application de la Loi sur les céréales, et remplacées par la norme DIN relative aux spécifications, types et contrôle des produits de moûture dérivés des céréales (DIN 10 355).

Le 8 mai 1992, ont été publiées de nouvelles directives et dispositions modifiant les directives figurant dans le registre allemand des denrées alimentaires et concernant les gâteaux et pâtisseries, les fruits déguisés, la viande et les produits de la viande ainsi que le poisson, les crabes et coquillages et les produits qui en sont dérivés.

Une récapitulation des directives existantes a été publiée pour donner une idée des nouveaux seuils fixés pour la teneur en substances polluantes indésirables dans les denrées alimentaires. C'est la première fois qu'un tel document contenait des chiffres précis pour la teneur en cadmium tolérée dans les graines de pavot, de sésame et de tournesol, les chocolats, les chocolats au lait et pralinés et les chocolats à la crème.

Les normes de commercialisation pour la volaille et les oeufs, qui sont entrées en vigueur à la fin du premier semestre de 1991, ont eu pour effet d'améliorer considérablement les niveaux de qualité et l'emballage des produits pour les consommateurs.

Le cinquième décret du 18 décembre 1992 portant modification du décret sur l'étiquetage des denrées alimentaires stipule que la date de consommation plutôt que celle à laquelle le produit doit être de préférence consommé doit figurer sur l'emballage des denrées alimentaires qui ne se conservent pas bien sur le plan microbiologique et qui, de ce fait, constituent à bref délai un danger direct pour la santé des consommateurs. Les différents additifs ne doivent plus seulement être indiqués sous leur nom générique figurant dans la liste donnée dans l'Annexe 2 (émulsifiant, par exemple) mais sous leur nom commercial ou leur code E.

Le décret sur l'étiquetage des produits du tabac et les niveaux maxima de goudron tolérés dans la fumée de cigarette est entré en vigueur le 9 novembre 1991. Il transposait dans le droit allemand deux directives du Conseil de la CE adoptées dans le cadre de la campagne "L'Europe contre le cancer". Les notes de mise en garde figurant sur les paquets de cigarettes sont, de ce fait, devenues plus détaillées. Elles doivent désormais indiquer, ou bien, que fumer provoque le cancer ou des maladies cardio-vasculaires, ou menace la santé de l'enfant dès la grossesse ou bien encore qu'en s'arrêtant de fumer on réduit les risques de maladies graves. C'est la première fois qu'un chiffre était fixé pour la teneur maximum en goudron tolérée dans la fumée de cigarette.

2. Essais comparatifs

L'organisation indépendante "Stiftung Warentest" a procédé à un total de 220 essais pendant la période sous revue. Les résultats en sont publiés dans le magazine "Test". Afin de réduire ses coûts, la Stiftung Warentest coopère depuis plus de quinze ans avec des partenaires européens des pays de la CE et de l'AELE pour la réalisation d'essais concernant non seulement des produits mais aussi des services dans le cadre du European Testing Group (ETG). Cette collaboration a aussi permis un échange d'expériences dans le domaine des essais comparatifs pour répondre aux besoins de plus en plus importants créés par la complexité de l'évolution des marchés.

En 1991, l'organisation de l'ETG, qui constituait un groupe peu structuré, a été remaniée. La Stiftung Warentest est alors devenue membre de l'International Consumer Research and Testing Ltd (IT).

La Stiftung Warentest publie aussi des numéros spéciaux sur des sujets tels que la santé, l'environnement, l'énergie, la nutrition etc. Le nouveau magazine FINANZTEST s'est en outre établi sur le marché pendant la période considérée.

Au cours de cette période, le gouvernement fédéral a aussi contribué au financement des essais comparatifs et des publications correspondantes à raison de 13.5 et 13 millions de DM en 1991 et 1992, respectivement.

3. *Services de conseil*

En 1991/92, l'État fédéral et les Länder ont alloué les crédits suivants à l'information, aux services de conseil et à la représentation des intérêts des consommateurs :

	Etat fédéral/Länder (million de DM)		Total
1991	59.8	43.8	103.6
1992	61.2	57.2	118.4

Services de conseil aux consommateurs

Comme les années précédentes, un certain nombre d'organisations privées de consommateurs qui offrent des services d'information et de conseil ont bénéficié de l'aide financière de l'État fédéral en 1991/92. L'ouverture de centres d'information pour les consommateurs dans les Länder de l'Est a porté le nombre de ces centres de 11 à 16. Avec environ 270 bureaux locaux, ceux-ci jouent un rôle très important dans la fourniture de conseils aux consommateurs. Ceux des

Länder de l'Est ont étendu leur réseau en 1991/92 et à la fin de 1992, 86 nouveaux bureaux locaux avaient été créés. Ces centres fournissent des conseils dans des domaines variés tels notamment que les achats en général, les réclamations, les budgets familiaux, la diététique, le logement et la consommation d'énergie et ils émettent des avis sur le plan juridique et sur celui de la protection de l'environnement. Ceux de Berlin et d'Hambourg offrent aussi des services spéciaux pour les malades qui s'adressent à eux. L'État fédéral et les Länder ont affecté 48.6 millions de DM en 1991 et 57.9 millions de DM en 1992 au financement des centres d'information aux consommateurs.

L'État fédéral a aussi soutenu de diverses manières la fourniture de conseils diététiques aux consommateurs. En 1991/92, le ministère fédéral de l'Agriculture lui a consacré un budget total de 24 millions de DM qui a bénéficié, pour une moitié, au Service de publication et d'information dans le domaine de la nutrition, de l'agriculture et de la sylviculture (AID) et, pour l'autre moitié, aux projets et aux campagnes nationales d'information des centres de conseil aux consommateurs des Länders et autres organisations impliquées dans la sensibilisation des consommateurs aux questions diététiques. Le soutien apporté à ces institutions a été destiné à fournir aux consommateurs des informations objectives et ayant fait l'objet de vérifications scientifiques sur les divers aspects d'une alimentation équilibrée. Les efforts d'information ont surtout porté sur l'économie domestique moderne ainsi que sur la législation concernant les denrées alimentaires et la qualité et le stockage des aliments. De nouveaux concepts d'information ont en outre été mis au point pour lutter contre la malnutrition et réduire les incertitudes existant sur le plan de l'alimentation.

Le travail de l'AID dans le domaine de la nutrition consiste à réunir et à évaluer les conclusions des expériences scientifiques et des observations pratiques et à les communiquer aux consommateurs, aux experts et à l'industrie par divers moyens tels que la diffusion de brochures, de prospectus et de diapositives d'information.

Pendant la période sous revue, l'AID a, en outre, mené à terme son projet "MOBI" de campagne d'information itinérante sur la nutrition dans les Länder de l'Est, destinée à fournir de la documentation et des conseils personnalisés aux consommateurs de cette partie du pays, dans le contexte de son passage à l'économie de marché. L'équipe de conseillers qui avait reçu une formation sur les aspects scientifiques de la nutrition, a collaboré avec les écoles, les établissements gérant des cantines et un certain nombre d'autres organisations oeuvrant à l'information des consommateurs.

Pendant la période considérée ici, les centres d'information des consommateurs qui constituent les principales institutions dispensant des conseils d'ordre nutritionnel dans les Länder de l'Ouest ont mené des "campagnes conjointes" sur les thèmes suivants :

-- moyens de réduire la consommation de sel de cuisine,

-- la publicité dans le domaine de l'alimentation (produits allégés, produits de l'agriculture biologique),

-- le Marché unique européen et les denrées alimentaires et

-- la nutrition dans les établissements scolaires (produits offerts dans les kiosques et les cantines des écoles).

Rapport sur l'alimentation

Les rapports sur l'alimentation qui sont publiés tous les quatre ans jouent un rôle majeur dans l'éducation des consommateurs sur les questions de nutrition. Ils donnent une vue d'ensemble de la situation et des problèmes existant dans ce domaine en Allemagne.

Le rapport sur l'alimentation de 1992 a principalement constaté que la situation de la population allemande s'est améliorée, sur le plan nutritionnel, depuis 1988. Les résultats des premières observations effectuées dans les Länder de l'Est, montrent que les consommateurs y ont rapidement adapté leurs habitudes alimentaires aux tendances enregistrées dans la partie occidentale du pays. Le rapport de 1992 démontre une fois encore que les consommateurs n'ont pas de craintes à avoir au sujet de la présence de résidus dans les aliments ou des risques de contamination. Les infections alimentaires (comme la salmonellose) constituent, toutefois, un risque réel pour leur santé. La suralimentation demeure le principal problème nutritionnel.

Les résultats de l'Étude nationale sur l'alimentation, qui ont été publiés pendant la période sous revue, permettent de se faire une première idée des habitudes alimentaires de la population. Le rapport dans lequel ils sont consignés s'articule autour des chapitres suivants :

-- évolution de la situation nutritionnelle dans la République fédérale d'Allemagne,

-- aspects toxicologiques et microbiologiques de la nutrition,

-- étude de certains effets socio-culturels sur les habitudes alimentaires,

-- les allergies et les intolérances alimentaires,

-- les tumeurs -- influence positive ou négative de la nutrition sur leur formation,

-- apport en iode et prophylaxie contre une carence en iode en République fédérale d'Allemagne.

Conseils en matière d'économie d'énergie

Une utilisation rationnelle de l'énergie reste l'un des objectifs majeurs de la politique d'économies d'énergie menée par le gouvernement fédéral. Elle doit permettre d'améliorer la sécurité des approvisionnements, de préserver les ressources et de réduire la pollution. La politique du gouvernement fédéral dans ce domaine est essentiellement fondée sur les effets des prix de l'énergie et sur le sens des responsabilités de toutes les parties en cause. Sa mise en oeuvre exige un haut niveau d'information et de connaissance sur les possibilités technologiques et économiquement satisfaisantes d'utilisation rationnelle de l'énergie.

Des services indépendants et individualisés de conseil sur les économies d'énergie dans les bâtiments sont fournis aux particuliers par les associations de consommateurs dans quelque 210 centres permanents et cinq bus itinérants, subventionnés par le ministère fédéral de l'Économie.

Par ailleurs, depuis 1991, des experts en économie d'énergie fournissent, dans toute l'Allemagne, des services de conseil à domicile sur les économies d'énergie réalisables dans les bâtiments. Ce programme est la responsabilité de l'Office fédéral de l'économie.

4. *Éducation générale des consommateurs*

Le Stiftung Verbraucherinstitut organise des séminaires, ateliers etc. pour les conseillers en consommation. Il met en outre au point des modèles et des principes pour l'information et l'éducation des consommateurs et élabore des moyens de communication et de la documentation à cette fin. Pendant la période couverte, il a reçu, en dehors du soutien financier que lui fournit habituellement l'État fédéral et qui s'est élevé, au total, à 2.4 et 2.7 millions en 1991 et 1992, respectivement, un complément de ressources de près de 800 000 DM pour le développement de la communication et l'organisation de séminaires etc. en faveur de la formation de conseillers dans les Länder de l'Est et l'étude de différentes questions liées à la création du Marché unique européen. Une partie de ces fonds a été utilisée pour financer la production de messages publicitaires qui ont été diffusés par la télévision. Le Stiftung Verbraucherinstitut a, en outre, continué d'organiser des séminaires sur l'éducation des adultes et des consommateurs dans les écoles.

Éducation des consommateurs dans le secteur de l'alimentation

Plusieurs mesures ont été prises pour assurer une alimentation saine des enfants dans les écoles : elles ont notamment revêtu la forme de la distribution de notes d'information aux parents et aux enseignants et de l'organisation de démonstrations dans les jardins d'enfants et les écoles. Les personnes âgées et celles souffrant de surcharge pondérale ont, en outre, été informées de diverses façons de leurs besoins particuliers, pendant les deux années étudiées.

V.   Mécanismes de recours et de réclamation

L'Association de protection des consommateurs ("Verbraucherschutzverein e.V."), dont le siège se trouve à Berlin, a notamment pour tâche de lutter contre la concurrence déloyale, qui joue au détriment des consommateurs, et d'empêcher que des clauses non autorisées ne figurent dans les formulaires utilisés ou recommandés pour la passation de contrats avec les consommateurs. Les différends sont ensuite réglés ou non devant les tribunaux. Pendant la période sous revue, l'Association de protection des consommateurs est à nouveau intervenue dans un certain nombre de cas de concurrence déloyale concernant notamment des annonces publicitaires en faveur des jeux de hasard, la publicité comparative, écologique, téléphonique etc. S'agissant des contrats-types, les efforts de l'Association ont surtout porté sur les principales clauses des contrats dans les secteurs de l'assurance, des banques et du bâtiment.

L'Association de protection des consommateurs, qui est presque entièrement financée par l'État fédéral a reçu de lui 1.56 millions de DM en 1991 et 1.66 millions de DM en 1992.

VI. Rapports entre la politique à l'égard des consommateurs et d'autres aspects de l'action gouvernementale

Politique de la concurrence

En raison des difficultés économiques que connaît actuellement l'Allemagne et de la réalisation du Marché unique européen la politique de la concurrence est confrontée à de nouveaux défis tant au niveau national qu'international. Le dynamisme de la croissance et de l'emploi observé dans les années 80 ne peut être maintenu et les capacités d'expansion économique du pays ne pourront être encouragées qu'à condition que la concurrence et l'initiative privée puissent pleinement s'épanouir ; ce qui est tout à l'avantage du consommateur.

La politique nationale de la concurrence doit notamment favoriser la privatisation des entreprises publiques, des infrastructures et des services publics ainsi que la suppression des mesures restreignant inutilement le jeu des forces du marché dans tous les domaine de l'action gouvernementale. Selon le gouvernement fédéral, la principale tâche qui incombe aux responsables de l'action publique, dans une économie de marché, est d'ouvrir rapidement les marchés qui sont encore réglementés. Cela concerne plus particulièrement les Länder de l'Est, dans lesquels il est urgent de simplifier les procédures de planification. En raison notamment de la réalisation du Marché unique européen, le gouvernement fédéral continuera, pour renforcer la concurrence, de s'efforcer de supprimer les réglementations qui dérogent aux principes de l'économie de marché.

Politique familiale

Après l'unification des deux parties du pays, il est apparu important de préparer les familles des Länder de l'Est à l'économie de marché. Les "jeunes" ménages ont en outre grand besoin d'être informés sur l'économie domestique en général, puisque c'est un sujet qui n'est habituellement plus traité dans les écoles. C'est pourquoi le ministère fédéral de la Famille et des Personnes Agées prépare actuellement, à leur intention, une documentation dans ce domaine.

L'information des ménages dans les centres de conseils sur le surendettement constitue un autre aspect de la politique familiale touchant à la politique à l'égard des consommateurs. Un projet de recherche a permis d'examiner pour la première fois le surendettement des ménages et les façons possibles de venir en aide aux ménages lourdement endettés.

La politique familiale cherche, en outre, à encourager les formules de vacances tenant plus particulièrement compte des besoins des familles. Une documentation a donc été compilée sur les centres de vacances qui offrent un accueil favorable aux familles. Un concours organisé régulièrement sur le thème : "Vacances familiales en Allemagne" permet, en outre, de récompenser les formules les plus attrayantes. Il a favorisé une amélioration considérable des possibilités de vacances offertes aux familles.

Un groupe d'experts a défini, en collaboration avec l'Association allemande de l'hôtellerie et de la restauration, les critères d'un accueil favorable aux familles dans les restaurants.

Politique nutritionnelle

L'un des objectifs de la politique agricole nationale et communautaire qui est d'assurer l'approvisionnement des consommateurs en produits alimentaires offerts à des prix raisonnables est atteint depuis des années comme en témoigne la diminution constante de la part des dépenses d'alimentation dans le budget des ménages. Celle-ci est tombée à un peu moins de 16 pour cent en 1991 en Allemagne de l'Ouest (en tenant compte du coût des repas pris dans les restaurants et les cantines mais non des dépenses consacrées au tabac et aux produits de luxe). En 1970, elle était de 23 pour cent.

Pendant la période sous revue, l'indice des prix des produits alimentaires a été nettement inférieur à celui du coût de la vie ; la hausse relativement modérée des prix des produits alimentaires a donc contribué à la stabilité générale des prix et à l'allègement des charges pesant sur les budgets des ménages.

Le Marché unique européen devrait avoir un effet stabilisateur sur les prix à la consommation par le biais de l'intensification de la concurrence qu'il devrait provoquer. La baisse des prix à la production décidée,en 1992, dans le cadre de la réforme de la politique agricole commune, se traduira vraisemblablement par une baisse des prix à la consommation de certaines denrées alimentaires.

Politique de l'environnement

Plusieurs mesures concernant les consommateurs ont été prises dans le domaine de la politique de l'environnement. Elles ont notamment revêtu la forme de divers réglements et interdictions, d'engagements pris par l'industrie, de dispositions affectant le marché, comme l'adoption du label écologique, ainsi que de l'information et de l'éducation des consommateurs sur les questions d'environnement.

1.   La protection des consommateurs par le biais de dispositions réglementaires a surtout concerné les domaines suivants :

Protection contre les substances dangereuses

Les mesures suivantes ont été prises dans le cadre du concept global de protection contre les substances dangereuses qui couvre la Loi sur les produits chimiques, l'action du gouvernement fédéral dans le domaine des déchets ainsi qu'un certain nombre de décrets et de projets de décrets :

-- Décret interdisant le pentachlorophénol :

Après que le Conseil des Communautés européennes eut adopté, en mars 1991, dans le cadre de l'harmonisation des législations, une directive fixant certaines restrictions pour l'emploi du PCP qui étaient beaucoup moins sévères que la réglementation allemande, la Commission européenne a confirmé, le 18 décembre 1992, la mesure d'interdiction prise par l'Allemagne.

-- Premier décret visant à protéger le consommateur contre certains hydrocarbures chlorés aliphatiques :

Ce décret interdit la commercialisation, pour usage domestique, du tétrachlorométhane et de trois autres solvants.

-- Décret du 27 mai 1991 visant à limiter la fabrication, la commercialisation et l'utilisation des huiles de goudron pour la préservation du bois (décret sur les huiles de goudron) :

Ce décret interdit la vente d'agents de préservation du bois contenant des huiles de goudron aux particuliers et aux utilisateurs finaux ainsi que l'utilisation d'huiles de goudron et d'ouvrages en bois, imprégnés d'huiles de goudron dans les pièces intérieures des bâtiments.

-- Décret visant à étendre l'interdiction de substances, de préparations et de produits contenant certains Dibenzo-p-dioxydes polyhalogénés (PHDD) et Dibenzofurannes polyhalogénés (PHDF) :

Ce décret, qui a été adopté par le gouvernement fédéral le 20 janvier 1993, cherche à réduire la pollution de l'environnement par les dioxines et à mieux protéger les consommateurs en limitant la quantité de dioxines contenue dans les substances, préparations et produits.

-- Décret interdisant les produits chimiques à base d'amiante :

Grâce aux modifications apportées au décret sur les substances dangereuses et au décret interdisant les produits chimiques à base d'amiante, les conditions étaient réunies pour que la République fédérale d'Allemagne devienne le premier pays du monde à interdire totalement les importations, la production et l'utilisation d'amiante à compter du mois de novembre 1993.

-- Décret interdisant les chlorofluorocarbones (CFC) et les Halons :

Ce décret interdit progressivement (jusqu'en 1995) la commercialisation, l'utilisation et, dans certains cas, la fabrication des substances, préparations et produits halogénés qu'il vise. Il rend en outre obligatoires l'étiquetage de ces produits et leur reprise quand ils sont usés.

-- Décision du gouvernement fédéral d'améliorer la qualité de l'air dans les pièces intérieures :

Cette initiative vise à empêcher la pollution atmosphérique dans les pièces intérieures par le biais notamment des mesures de réglementation applicables aux matériaux, au contrôle des immissions et à la construction.

Les mesures suivantes ont été adoptées pour assurer la pureté de l'air :

-- Décret sur les seuils d'émission d'hydrocarbures halogénés hautement volatils (deuxième décret sur la lutte contre la pollution atmosphérique et contre le bruit) :

Les nouvelles installations industrielles visées par ce décret ne devaient plus utiliser de solvants réduisant l'ozone. Les installations existantes devaient s'équiper de technologies respectueuses de l'environnement avant le 31 décembre 1992. Sur le plan préventif, ce décret fixait les limites à ne pas dépasser pour la pollution à l'intérieur des bâtiments et les gaz brûlés.

-- Décret visant à réduire les émissions d'hydrocarbures lors du transfert0 de l'essence dans les conteneurs et pendant son stockage (vingtième et vingt et unième décrets sur la lutte contre la pollution atmosphérique et le bruit) :

En vertu de ces décrets, des mesures doivent être prises pour réduire les émissions d'hydrocarbures pendant le stockage et le transbordement de l'essence et les exploitants de stations d'essence sont obligés de s'équiper des systèmes les plus récents pour aspirer les gaz qui s'échappent lors du remplissage du réservoir des véhicules. Les équipements existants doivent être modernisés dans un certain délai.

-- Octroi de déductions fiscales aux propriétaires d'automobiles équipées de moteurs diesel, particulièrement peu polluants.

-- Programme national de réduction des émissions de CO_2 :

L'action entreprise par le gouvernement fédéral en vue de réduire les émissions de gaz carbonique et d'autres gaz responsables de l'effet de serre est principalement axée sur des mesures visant à économiser l'énergie et à en favoriser une utilisation rationnelle. Parmi les dispositions affectant les consommateurs, on peut citer : l'utilisation de technologies plus performantes pour l'isolation thermique et le chauffage des logements conjointement à l'application d'un programme d'analyses énergétiques dans le secteur du logement, la fourniture de conseils aux petites et moyennes entreprises sur les façons d'optimiser leurs approvisionnements en énergie ainsi que l'apposition du symbole écologique sur les produits en vue d'informer les consommateurs sur une utilisation rationnelle et efficace de l'énergie et sur l'emploi d'énergies renouvelables.

-- Réduction et recyclage des déchets :
Avec la formulation des recommandations techniques pour le traitement des déchets municipaux, l'administration fédérale a mis en place le cadre juridique nécessaire pour résoudre le problème de l'élimination des déchets municipaux.

2. Protection de l'environnement par le biais des engagements souscrits par l'industrie

Presque toutes les associations professionnelles d'utilisateurs et de producteurs de CFC se sont engagées, de leur plein gré, à s'efforcer de ne plus utiliser ou produire de chlorofluorocarbones à partir de 1993.

3. Éducation des consommateurs sur les questions d'environnement

Le ministère fédéral de l'Environnement a engagé une action intensive d'information sur l'environnement et il apporte son soutien à de nombreux projets visant à fournir des conseils d'ordre écologique. La politique d'information dans ce domaine qui visait essentiellement à expliquer les problèmes et à diffuser des connaissances a été réorientée depuis quelques années en vue d'inciter les habitants à adopter des comportements respectueux de l'environnement par des activités de conseil et d'information. Pendant la période couverte par le présent rapport, les efforts d'information ont surtout porté sur la réduction des déchets et la protection du climat.

Au cours des deux années étudiées, le droit d'utiliser le label écologique allemand ("l'ange bleu") a été accordé à de nouveaux groupes de produits. Le label écologique des Communautés européennes a, en outre, été introduit en mars 1992. A l'avenir, le label allemand ne sera accordé que lorsque ses critères seront nettement plus sévères que ceux du label communautaire.

Plusieurs projets ayant pour objet de conseiller les consommateurs sur les questions d'environnement ont été maintenus pendant la période sous revue.

En 1991/92, la Stiftung Warentest a tenu compte encore davantage de l'effet des produits testés sur l'environnement dans ses essais comparatifs. Si les performances d'un produit sont relativement médiocres sur le plan écologique, son appréciation globale s'en ressent généralement aussi.

AUSTRALIE

Introduction

En Australie, la mise en oeuvre du droit de la consommation relève des ministères et organismes compétents de l'État fédéral, des États et des Territoires. En ce qui concerne les organismes fédéraux, la protection du consommateur relève essentiellement du Bureau fédéral des questions de consommation (Federal Bureau of Consumer Affairs, qui constitue une division du ministère de la Justice) et de la Commission des pratiques commerciales (Trade Practices Commission, TPC), ces deux organismes étant chargés l'un comme l'autre de mettre en oeuvre et faire respecter les différentes parties de la Loi sur les pratiques commerciales.

Le Bureau fédéral des questions de consommation (le Bureau fédéral) est chargé de la protection du consommateur au titre de la Partie V de la Loi sur les pratiques commerciales. Il fournit des informations sur le droit de la consommation et veille, dans le cadre de cette loi, aux questions relatives à la sécurité des produits. En outre, le Bureau fédéral joue auprès du gouvernement un rôle de proposition et de conseil sur les problèmes nationaux de consommation, il facilite la mise en place de programmes de sensibilisation comportant une action de formation des consommateurs et participe activement aux travaux d'organisations internationales comme l'OCDE, l'Organisation des Nations Unies (ONU) et l'Organisation internationale des Unions de consommateurs (IOCU).

La Commission des pratiques commerciales veille, pour sa part, à l'application des dispositions de la Loi sur les pratiques commerciales (la Loi) relatives aux agissements indélicats et abusifs, ainsi qu'à la loyauté dans les relations commerciales, qui interdisent les pratiques trompeuses et frauduleuses, les présentations mensongères concernant les biens, la publicité, la vente à la boule de neige, et autres méthodes de vente déloyales. La TPC effectue des recherches et des enquêtes sur les questions ayant trait à la consommation, participe à l'élaboration de codes de conduite dans les différents secteurs d'activité et informe les entreprises sur les dispositions prévues par la Loi.

Si les pouvoirs du Commonwealth sont restreints par la Constitution, ceux des gouvernements des États et des Territoires ne sont pas soumis aux mêmes limitations. Tous les États et Territoires sont dotés d'organismes compétents en matière de consommation chargés d'enquêter sur les réclamations et d'y donner suite. Chaque État et Territoire a ses propres lois sur la protection du consommateur qui reprennent certaines dispositions de la Loi fédérale sur les pratiques commerciales, conférant ainsi aux consommateurs et aux fournisseurs des droits et devoirs analogues à ceux que prévoit cette loi fédérale.

I. Évolution institutionnelle

1. Institutions nationales

Normes en matière de produits alimentaires

Jusqu'au 30 juin 1991, le Bureau fédéral était chargé de l'élaboration de la politique du Commonwealth concernant les normes applicables sur le marché national aux produits alimentaires et boissons. Depuis lors, la politique du Commonwealth en matière de produits alimentaires relève de l'Autorité nationale des produits alimentaires (National Food Authority, NFA). Néanmoins, le Bureau fédéral doit conserver une petite partie de ses attributions dans ce domaine afin que les intérêts des consommateurs soient pris en compte dans la politique alimentaire nationale.

Comité ministériel

Comité permanent des ministres chargés des questions de consommation. Les réunions régulières, généralement annuelles, du Comité permanent des ministres chargés des questions de consommation du Commonwealth, des États et des Territoires (Standing Committee of Consumer Affairs Ministers, SCOCAM) et des fonctionnaires responsables des questions de consommation facilitent la mise en oeuvre uniforme de la protection du consommateur sur l'ensemble du territoire. Le SCOCAM s'est réuni à Canberra en août 1991, et à Adélaïde en juillet 1992 et a notamment abordé les sujets suivants :

-- l'harmonisation de la législation relative au crédit ;

-- l'assurance du crédit aux particuliers ;

-- le système du Médiateur bancaire ;

-- la sécurité des produits ;

-- l'examen du système des agences de voyage.

Comités consultatifs en matière de consommation

Conseil national consultatif sur les questions de consommation. Le Conseil national consultatif sur les questions de consommation (National Consumer Affairs Advisory Council, NCAAC) a été créé en 1977 pour conseiller le Ministre du Commonwealth sur les questions d'intérêt national en matière de consommation. En 1991-92, le NCAAC a établi des rapports d'analyse présentant les problèmes des consommateurs face à la retraite, à la politique des banques et aux services de santé. En 1992, le ministre a chargé le NCAAC d'étudier comment prendre en compte de façon satisfaisante les intérêts des consommateurs lors de la procédure d'Examen de la stratégie nationale en matière de santé (National Health Strategy Review). Le NCAAC a décidé que son apport consisterait à définir un modèle de services de santé pour la population australienne qui réponde aux besoins et à la demande des consommateurs. Un colloque de deux jours a été organisé en mai, avec la participation de 30 délégués représentant les différents secteurs sanitaires et sociaux. Les débats, d'une grande intensité, ont servi de base à un rapport entrepris par un consultant extérieur sous la direction et avec l'assistance du Comité du NCAAC chargé des affaires sanitaires.

Comité consultatif de la Commission des pratiques commerciales. Le Comité consultatif de la TPC a autorisé les groupements de consommateurs à intervenir dans des dossiers importants de pratiques commerciales, qu'ils relèvent de la Partie V de la Loi sur les pratiques commerciales touchant "directement" à la protection du consommateur ou de la mise en oeuvre de la politique de la concurrence. Lors de la dernière réunion de 1992 du Comité, les représentants des consommateurs ont pu exprimer leur point de vue sur un projet de principes directeurs sur les fusions, un autre sur la responsabilité du fait des produits, ainsi qu'un projet de guide concernant les codes de conduite des divers secteurs d'activité.

Budget

Le Bureau fédéral a reçu 3 082 000 dollars australiens pour l'exercice budgétaire 1990-91 et 2 890 000 dollars pour l'exercice 1991-92. La part de ces fonds allouée au Conseil national consultatif sur les questions de consommation, organe indépendant chargé de conseiller le ministre compétent, s'est élevée à 117 400 dollars australiens pour l'exercice 1990-91 et à 110 000 dollars australiens pour l'exercice 1991-92.

Une contribution annuelle de 50 000 dollars australiens a été affectée au Programme de protection des consommateurs du Pacifique sud de l'Organisation internationale des unions de consommateurs (IOCU).

En 1992, dans le cadre des manifestations organisées pour la prochaine Année internationale des populations autochtones, une somme de 10 000 dollars australiens a été allouée à un programme de formation du consommateur en faveur des communautés aborigènes et insulaires du Détroit de Torres dans le centre et le nord de l'Australie.

Le gouvernement australien a souhaité associer, dans toute leur diversité, les représentants des intérêts des consommateurs aux décisions concernant les questions de consommation, en participant au financement de la Fédération australienne des organisations de consommateurs, laquelle représente actuellement 53 organisations de consommateurs sur l'ensemble du territoire. La subvention annuelle accordée par le gouvernement du Commonwealth à cette Fédération pour l'exercice budgétaire 1990-91 s'est élevée à 252 000 dollars australiens et à 265 000 dollars australiens pour l'exercice 1991-92.

2. Institutions des États et Territoires

Restructuration institutionnelle

En 1991-92, de nombreux organismes chargés des questions de consommation au niveau des États et Territoires ont connu d'importantes modifications d'ordre institutionnel, souvent liées à un changement de gouvernement. L'important, c'est qu'à la suite de cette restructuration, la plupart de ces organismes ont retrouvé leur statut d'entités chargées de plein droit des questions de consommation. Par exemple, le ministère de la Consommation de Nouvelle-Galles du Sud est redevenu un ministère à part entière. En Tasmanie, les affaires de consommation ont été transférées au ministère de la Justice pour y être traitées dans le cadre d'une division autonome responsable devant le ministre de la Justice. Dans l'État du Queensland, le dossier de la consommation a été attribué pour la première fois à une entité à part entière, tandis que le Territoire du Nord mettait en place un service distinct de conseil pour les questions de consommation au sein du ministère de la Justice. Ces changements semblent accréditer l'idée que les organismes chargés des questions de consommation les plus efficaces sont ceux qui fonctionnent de façon autonome, ce qui leur permet de conseiller le gouvernement de façon véritablement indépendante et objective.

Comités consultatifs en matière de consommation

Les changements d'ordre institutionnel intervenus sur le Territoire de la Capitale fédérale se sont traduits par la formation de deux Comités consultatifs du Territoire sur les questions de consommation, notamment qui traitent notamment des sujets suivants : les problèmes actuels du consommateur en matière de crédit, les locations à usage commercial et le logement locatif, les prix du pétrole et la déréglementation des transferts de propriété. L'État d'Australie méridionale a mis en place ou renforcé un certain nombre d'instances de concertation en matière de consommation :

-- le Comité consultatif pour la formation en matière de crédit (Credit Education Consultation Committee) a poursuivi sa politique de concertation pour la formation en matière de crédit ;

-- le Forum consultatif du Conseiller financier (Financial Consellor's Advisory Forum) s'est réuni tous les deux mois afin d'attirer directement l'attention du ministère sur les problèmes de crédit et d'endettement ;

-- le Comité consultatif des villages de retraite (Retirement Villages Advisory Committee) a été mis en place pour associer directement les résidents aux discussions les concernant et un Commissaire aux personnes âgées (Commissioner for the Ageing) a été désigné ;

-- le Forum consultatif des Consommateurs (Consumer Advisory Forum) s'est réuni pour la première fois, avec le Commissaire, en septembre 1992.

II. Sécurité des produits

1. Institutions nationales

Modification de la Loi sur les pratiques commerciales -- responsabilité du fait des produits

Le Bureau fédéral est chargé de veiller à l'application des dispositions de la Loi de 1974 sur les pratiques commerciales qui ont trait à la sécurité des produits et qui sont entrées en vigueur le 1er juillet 1986. Leur principal objet est de mettre un terme à l'offre de produits dangereux et/ou d'éliminer ces produits du marché, en faisant avant tout appel à la coopération des intéressés. La Loi comporte toutefois des dispositions prévoyant la mise en garde du public, le rappel et l'interdiction des produits, des normes en matière d'information sur les produits et des normes de sécurité. En mai 1991, le gouvernement a annoncé son intention d'établir un régime national de responsabilité du fait des produits devant être incorporé dans la Loi sur les pratiques commerciales. L'amendement apporté à cette loi en 1992 a instauré un régime strict de responsabilité du fait des produits, s'inspirant de la Directive de 1985 de la Communauté européenne relative à la responsabilité du fait des produits, qui permet aux consommateurs ayant subi un préjudice causé par des articles défectueux d'obtenir réparation plus facilement. La Commission des pratiques commerciales peut poursuivre en justice un fabricant au nom d'une ou plusieurs personnes ayant pu subir un préjudice du fait d'un produit défectueux.

Normes obligatoires, rappels volontaires, interdictions temporaires

En 1991-92, le Bureau fédéral a révisé un certain nombre de normes obligatoires en matière de sécurité des produits afin de tenir compte de l'évolution des besoins du public. Son intervention a notamment porté sur les domaines suivants :

-- vérification de la sécurité des extincteurs mobiles ;

-- amélioration de la conception des casques de protection des cyclomotoristes du point de vue de la sécurité ;

-- extension aux nouveaux vélos tout terrain des normes de sécurité applicables aux bicyclettes ;

-- modification des normes de gonflage et de flottabilité applicables aux jouets flottants et accessoires de natation pour enfants.

Le Bureau fédéral a surveillé activement le rappel volontaire de produits provoquant des blessures ou risquant d'en provoquer. En 1991-92, il a enregistré et contrôlé 267 nouveaux rappels de produits, 360 rappels en cours et enquêté sur environ 77 produits présumés dangereux. Ces chiffres sont comparables à ceux des années précédentes.

Le Bureau fédéral a mené des enquêtes sur le respect des normes de sécurité par divers produits, destinés en particulier aux jeunes enfants. A la suite de ces enquêtes, une action en justice a été intentée à l'encontre d'un fabricant de jouets ne respectant pas la norme de sécurité obligatoire concernant les jouets destinés aux enfants de moins de 3 ans, et un important détaillant a été poursuivi pour la vente de vêtements de nuit pour enfants non conformes à la norme de sécurité.

Les produits suivants ont par ailleurs fait l'objet d'interdictions temporaires par les autorités fédérales :

-- les appareils de respiration en plongée "Diveman", présentant des risques importants pour la sécurité ;

-- des baguettes recouvertes de peinture contenant du plomb ;

-- des caches teintés pour phares réduisant fortement la puissance des feux de route des véhicules automobiles;

-- des jouets présentant d'importantes difformités ;

-- le tabac à mâcher ou à priser.

Comité consultatif du Commonwealth et des États pour les produits de consommation

Le Comité consultatif du Commonwealth et des États pour les produits de consommation (Commonwealth/State Consumer Products Advisory Committee, CSCPAC) a été créé en 1977 afin d'assurer la coordination des mesures adoptées par les organismes compétents en matière de consommation du Commonwealth, des États et des Territoires pour les questions concernant la sécurité des produits et l'information dans ce domaine. C'est le Bureau fédéral qui assure la présidence et le secrétariat du Comité consultatif. Le Comité s'est réuni en octobre 1991 et en mai 1992. En 1991, le Comité a notamment étudié la poursuite de l'élaboration de normes de sécurité applicables aux sucettes pour bébés, aux lits d'enfants et lits superposés, ainsi que la révision des normes de sécurité applicables aux lunettes de soleil, aux casques pour cyclistes et aux bicyclettes. La réunion de mai 1992 a été consacrée à la définition d'une politique de reconnaissance mutuelle.

Reconnaissance mutuelle

En mai 1992, les chefs de gouvernement du Commonwealth, des États et des Territoires ont signé un accord officiel pour mettre en place une législation visant à supprimer les obstacles réglementaires au fonctionnement d'un marché national des biens et pour introduire un système de reconnaissance nationale des professions soumises à enregistrement. Pour le Bureau fédéral, le principal intérêt de cet accord tient à ce qu'il prévoit une loi permettant la vente libre dans tous les États ou Territoires de biens pouvant être vendus légalement dans une juridiction du pays.

Les États et Territoires ont décidé d'inviter et d'habiliter le Commonwealth à adopter une loi unique qui s'appliquera uniformément à l'ensemble du pays et prévaudra systématiquement sur toute loi ou réglementation des États ou Territoires incompatible avec le principe de reconnaissance mutuelle. Le Groupe de travail sur la reconnaissance mutuelle du Comité consultatif du Commonwealth et des États pour les produits de consommation procède actuellement à un examen des normes des produits en vigueur sur l'ensemble du pays afin de déterminer celles qui devraient être reprises à l'échelle nationale. En juillet 1992, aux termes de cet Accord de reconnaissance mutuelle des normes, plus de 30 normes et interdictions en matière de sécurité des produits ont fait l'objet d'un accord de reconnaissance nationale avec les États et Territoires (d'autres mesures devraient être prises en ce sens à partir de mars 1993).

2. *Institutions des États et Territoires*

A l'instar du Bureau fédéral, les institutions compétentes des États et Territoires sont légalement habilitées à retirer des produits dangereux du marché. En outre, ces institutions, qui permettent un contact plus direct avec le public que leurs homologues fédérales, enregistrent les demandes de renseignements et les réclamations concernant la sécurité des produits. Selon les indications fournies par l'État d'Australie méridionale pour le mois de juin 1992, le nombre de réclamations déposées en un an, le plus souvent par l'intermédiaire de la ligne directe pour la sécurité des produits du ministère compétent, a doublé par rapport à la période correspondante de l'année précédente. Durant la même période, l'État de Victoria a enquêté sur 300 affaires environ concernant la sécurité des produits.

Les ministères des États et des Territoires ouvrent souvent des enquêtes sur des produits qu'ils frappent d'interdiction et qui, après modification, sont agréés au niveau national. Parmi les produits qui ont été interdits par les juridictions des États et des Territoires, puis réadmis au niveau national au cours de 1991-92, on peut citer :

-- les appareils de respiration en plongée "Diveman" ;

-- des masques à gaz contenant de l'amiante ;

-- le système de déblocage de la corde pour ski nautique "Quickie" ;

-- des gonfleurs pour ballons ;

-- des ventilateurs ; enfin,

-- des attaches pour lits d'enfants.

Les enquêtes officielles menées par les commissions de sécurité des produits des États et des Territoires ont porté notamment sur :

-- des berceaux ;

-- des matériaux d'isolation thermique en fibres de cellulose ;

-- des appareils de marche pour bébés ;

-- la vente de répliques d'armes à feu; enfin,

-- divers jouets potentiellement dangereux.

Parmi les autres mesures adoptées par les États et Territoires en matière de sécurité des produits durant la période examinée, on peut citer :

-- L'ouverture dans l'État d'Australie méridionale d'un registre des normes de sécurité et d'information destiné à renseigner les commerçants sur les produits faisant l'objet d'une interdiction et sur les indications à fournir aux consommateurs lorsque certains produits sont interdits. En outre, l'État d'Australie méridionale a lancé une campagne spéciale de mise en garde contre les dangers associés aux lits superposés pour enfants. En coopération avec le ministère de l'Education, une brochure a été adressée à chaque enfant de moins de 9 ans de l'État.

-- L'entrée en vigueur en Nouvelle Galles du Sud de normes obligatoires pour les lunettes de soleil, les modèles réduits de maisons pour enfants et les matériaux d'isolation thermique en fibres de cellulose.

III. Protection des intérêts économiques des consommateurs

1. *Institutions nationales*

Secteur financier

Harmonisation de la législation relative au crédit aux particuliers. A la suite de la déréglementation du marché australien des capitaux, le Bureau fédéral a dû intervenir dans diverses questions de consommation relevant du domaine financier. Par l'intermédiaire du Comité permanent des ministres chargés des questions de consommation (SCOCAM), le gouvernement s'est attaché à réviser et harmoniser la législation australienne en matière de crédit. La loi doit en effet couvrir les différents aspects du crédit aux particuliers, notamment les cartes de crédit, les prêts personnels et immobiliers accordés par les banques, les sociétés de financement et autres établissements de crédit. Un projet de loi a été publié pour consultation de l'opinion en juillet, à la suite de la réunion du SCOCAM de mai 1992.

Code de conduite régissant les transferts électroniques de fonds. En 1991, conjointement avec le Conseil australien des systèmes de paiement (Australian Payments System Council), la Commission des pratiques commerciales et le ministère des Finances, le Bureau fédéral a participé à une procédure de contrôle de l'efficacité du code de conduite régissant les transferts électroniques de fonds.

Ce code veille à ce que les consommateurs obtiennent des réponses satisfaisantes de la part des institutions financières à l'occasion de certains problèmes liés à des opérations de transfert électronique. Ce contrôle a montré que le code était généralement assez bien respecté par les institutions financières. Toutefois, d'importantes améliorations peuvent encore être apportées dans deux domaines. Il s'agit premièrement des procédures de règlement des litiges (avec notamment l'établissement d'une ligne d'appel téléphonique directe 24 heures sur 24) et deuxièmement de la transparence des opérations (qui demeure insuffisante à de nombreux égards).

Le Médiateur bancaire. Le système australien de médiateur (Australian Banking Industry Ombudsman) bancaire a été mis en place en 1989 pour permettre à la clientèle de particuliers des banques adhérentes de disposer d'un mécanisme de recours peu onéreux et indépendant en cas de réclamation au sujet d'une des banques adhérentes. Le Bureau fédéral apporte son concours à ce dispositif et contrôle en permanence son efficacité. En 1991-92, le Médiateur a reçu 4 167 réclamations écrites et 24 000 demandes de renseignements par téléphone. Le Bureau fédéral a mené en avril 1992 une enquête auprès de 60 organismes de consommation ou bureaux de conseil aux particuliers dans tout le pays, pour savoir s'ils connaissaient l'existence du Médiateur bancaire et s'ils recouraient à ses services. Les résultats de cette enquête se sont révélés positifs. En effet, plus de 90 pour cent des organismes et de 60 pour cent des bureaux de conseil aux particuliers consultés ont déclaré avoir retransmis des appels vers le Médiateur bancaire en vue d'obtenir son aide.

Code de conduite bancaire. En novembre 1991, la Commission permanente des finances et de l'administration publique (Standing Committee on Finance and Public Administration) de la Chambre des représentants a rendu compte de son enquête sur le secteur bancaire australien. Le Bureau fédéral a donné des informations à la Commission sur les aspects de l'activité bancaire touchant à la consommation, sur les codes de conduite et la communication des informations aux déposants et emprunteurs. La Commission des pratiques commerciales a publié un rapport intitulé "Guarantors - Problems and Perspectives" (Les cautions : problèmes et perspectives) à l'occasion d'un séminaire sur le secteur bancaire, après la diffusion du rapport d'enquête sur le secteur bancaire australien. A la suite de cette enquête, un groupe de travail composé de fonctionnaires et dans lequel sont représentés le Bureau fédéral et la Commission des pratiques commerciales, a été chargé d'élaborer un code de conduite bancaire couvrant les domaines suivants : la modification des changements des conditions des banques, les normes de transparence, le règlement des litiges et la confidentialité des renseignements personnels. Ce projet de code de conduite bancaire a été diffusé pour commentaires en novembre 1992.

Commission d'enquête du Sénat sur la retraite. En juin 1991, le Sénat a constitué une commission d'enquête sur diverses questions concernant la retraite, notamment la fiscalité des retraites, l'adéquation des mécanismes de contrôle prudentiel, la transparence et les procédures de règlement des litiges à la disposition des adhérents des caisses de retraite. Le Bureau a participé à la constitution du rapport soumis par le ministère de la Justice à la Commission d'enquête du Sénat sur les retraites et a coordonné ce travail au sein du ministère. Ce rapport souligne la nécessité d'améliorer le contrôle prudentiel ainsi que les mesures de protection des consommateurs, notamment les procédures de règlement des litiges et la transparence des opérations.

En 1992, le Comité a présenté cinq rapports au gouvernement :

-- "Safeguarding Super : The Regulation of Superannuation" (Protéger la retraite : le régime des retraites) ;

-- "Super Guarantee Bills" (Les textes de loi garantissant les retraites) ;

-- "Super charges : An Issues Paper on Fees, Commissions, Charges and Disclosure in the Superannuation Industry" (La retraite : combien cela coûte : Note de réflexion sur les frais, commissions, cotisations ainsi que sur la transparence des opérations du secteur des caisses de retraite) ;

-- "Super and the Financial System" (La retraite et le système financier) ; enfin,

-- "Super - Fiscal and Social Links" (La retraite : problèmes budgétaires et sociaux).

Pour approfondir le débat, le Conseil national consultatif sur les questions de consommation a organisé en novembre 1992, conjointement avec la Commission d'enquête du Sénat et la Commission des pratiques commerciales, un séminaire sur la retraite individuelle et le consommateur. Ce séminaire a été axé sur les problèmes des consommateurs sur le point d'acquérir ou ayant déjà acquis des produits individuels de retraite. Il est ressorti des débats que le gouvernement, la profession et les consommateurs devront s'adapter à l'évolution des régimes de retraite et de leurs conditions de mise en oeuvre. Les participants ont également reconnu qu'il convenait d'assurer la formation aussi bien des consommateurs que des agents d'assurance et d'ouvrir l'accès des consommateurs à des informations immédiatement compréhensibles sur la retraite.

Assurance-vie. Le début de l'année 1992 a été marqué par les deux premières décisions de la Commission des pratiques commerciales concernant des sociétés d'assurance pour des pratiques jugées trompeuses, déloyales et indélicates en matière de vente de contrats d'assurance-vie et de retraite à des Aborigènes ruraux du Queensland. Ces décisions ont prévu le remboursement de la totalité des primes avec intérêts et la création d'un fonds d'affectation spéciale pour la formation des Aborigènes de cet État. La seconde affaire concernait des décisions du même type pour les Aborigènes du Territoire du Nord. Ces mesures ont coïncidé avec la mission dont avait été chargée la Commission des pratiques commerciales par le ministre de la Justice et de la Consommation de l'époque, qui consistait à étudier l'expérience des consommateurs en matière d'assurance-vie et de retraite. Dans son rapport publié en décembre 1992, la Commission a recommandé d'améliorer la diffusion de l'information par les agents d'assurance-vie et d'élargir les possibilités de recours juridiques ouvertes aux consommateurs, ainsi que de modifier la législation régissant ce type d'assurances.

Assurance du crédit aux particuliers. L'assurance du crédit aux particuliers, communément désignée sous le terme de "garantie des prêts", est une mesure de sécurité largement répandue dont bénéficie l'emprunteur en cas de non-remboursement d'un prêt en raison de circonstances imprévues (accident, maladie ou chômage). A la demande du Groupe de travail sur le crédit du Comité permanent des ministres chargés des questions de consommation, le ministre de la Justice et de la Consommation de l'époque a annoncé que la Commission des pratiques commerciales effectuerait une étude sur la promotion et l'offre de l'assurance des crédits aux particuliers. Les résultats de l'enquête de la Commission ont été soumis au ministre du Commonwealth en juin 1991.

Parmi les principales questions examinées figuraient les coûts relativement élevés de l'assurance des crédits aux particuliers, la quantité et la qualité de l'information à la disposition du consommateur et l'existence de voies de recours. Dans ses recommandations, la Commission des pratiques commerciales a proposé une approche non interventionniste. En conséquence, un Groupe de travail du gouvernement, composé de représentants du Bureau fédéral, de la Commission des pratiques commerciales et de la Commission sur l'assurance et la retraite, a été constitué pour examiner les questions soulevées par le rapport et déterminer si l'intervention des organismes représentatifs de cette profession était suffisante pour répondre aux problèmes posés. Le Groupe de travail doit remettre son rapport en 1993.

Transports aériens

Protection financière des passagers des compagnies aériennes. Le secteur australien des lignes aériennes intérieures a été déréglementé en 1990. En décembre 1991, un nouveau venu sur le marché intérieur, Compass Airlines, s'est effondré, entraînant des pertes financières pour de nombreux voyageurs. En février 1992, le Bureau fédéral a établi un document de discussion intitulé "Policy Options for Consumer Protection in a Deregulated Domestic Airline Market" (Les mesures envisageables pour la protection des consommateurs sur un marché des lignes aériennes intérieures déréglementé). Le second rapport élaboré par le Bureau fédéral, "Consumer Financial Protection in a Deregulated Domestic Airline Market -- Report on Consultations" (La protection financière des consommateurs sur un marché des lignes aériennes intérieures déréglementé, Compte rendu des consultations) a été diffusé par le ministre de la Consommation en décembre 1992. Ce rapport recommande la mise en place d'un programme de formation par les organismes gouvernementaux, la profession et des organisations de consommateurs afin d'attirer l'attention des consommateurs sur les conditions régissant les voyages par transports aériens. Il recommande également l'adoption de mesures visant à encourager les consommateurs à s'assurer eux-mêmes contre les faillites des compagnies aériennes, et le contrôle par les autorités compétentes du Commonwealth des conditions d'assurance-voyage proposées aux consommateur.

Tarification

Par le passé, le Bureau fédéral est intervenu pour donner son point de vue sur les questions de tarification intéressant les consommateurs. Par exemple, au début des années 90, il a fourni des éléments d'information à l'Autorité chargée de la surveillance des prix (Price Surveillance Authority, PSA) lors de ses enquêtes sur le prix des enregistrements sonores et des supports imprimés. En outre, en janvier 1992, la PSA a effectué une enquête sur le prix des logiciels, le public ayant souvent le sentiment que les logiciels importés coûtent plus cher que ceux que l'on peut se procurer à l'étranger. Dans le cadre de cette enquête, le Bureau fédéral a communiqué une note faisant observer que la pratique des subventions croisées entre les différentes catégories de consommateurs pouvait avoir une incidence sur le prix que les consommateurs paient pour les logiciels. Par ailleurs, le Bureau fédéral a examiné la question de la prise en compte du service après vente dans le prix d'achat des progiciels. La PSA a publié un rapport intérimaire en octobre. Ce travail sera poursuivi par un comité interministériel, dont le Bureau fédéral fait partie, et qui devrait se réunir début 1993.

Pratiques commerciales déloyales. En juin 1991, l'action intentée par la Commission des pratiques commerciales à l'encontre d'une grande banque pour comportement indélicat a été réglée en dehors des tribunaux. Conformément à cet accord à l'amiable, la Commission aidera la banque à revoir ses procédures d'obtention de garanties de prêts. Toujours en 1991, la Commission a également permis de régler une seconde affaire.

La Commission des pratiques commerciales a accusé un important fabricant de tapis d'avoir présenté de façon trompeuse les rabais consentis sur une ligne de tapis par une publicité mentionnant deux prix différents. Pour sa part, le détaillant a accepté de dédommager les clients trompés et de mener, sous contrôle indépendant, un vaste programme interne de formation, ainsi que de consacrer 25 000 dollars australiens à la réalisation d'un programme de formation aux pratiques commerciales pour l'ensemble de la profession.

2. Institutions des États et Territoires

Harmonisation de la législation du crédit aux particuliers -- Contributions des États et des Territoires

Les institutions compétentes des États et Territoires ont participé au processus d'harmonisation de la législation du crédit aux particuliers (voir section précédente "Institutions nationales"). Les contributions adressées par les parties concernées ont fait ressortir d'importantes divergences d'opinion tant sur les aspects relevant de l'action gouvernementale que sur les aspects opérationnels du projet de loi initial. Une action concertée des ministres des États de Victoria et de Nouvelle-Galles du Sud, en consultation avec des représentants de la profession et des consommateurs, a mis en relief les questions litigieuses des frais et commissions, du taux de référence et des sanctions civiles. En mai 1992, le Comité permanent des ministres chargés des questions de consommation a approuvé la mise au point d'un nouveau projet de loi.

Réglementation du logement

En 1991-92, diverses institutions des États et des Territoires ont entrepris une réforme de la réglementation de la construction de logements. En Tasmanie, le Projet de loi sur les garanties fournies aux propriétaires de logement (Home Owners' Warranty Bill) a été déposé devant le Parlement. Ce projet de loi prévoit la création d'un système d'assurance visant à garantir les travaux de construction d'un montant supérieur à 5 000 dollars australiens. L'État d'Australie occidentale a adopté, pour sa part, la Loi sur les contrats de construction de logements (Home Building Contracts Act) qui réglemente les contrats passés entre constructeurs et propriétaires de logements lorsque la valeur du contrat s'inscrit dans une fourchette de 6 000 à 200 000 dollars australiens. Dans l'État de Victoria, des réunions de consultation avec des représentants du secteur et des groupements de consommateurs ont permis de tracer les grandes lignes d'un nouveau contrat de construction de logements.

Modifications de la réglementation régissant les locations

La réforme a progressé sur le logement locatif et la location à usage commercial. A la suite d'une consultation de la collectivité, les autorités du Territoire du Nord, ont publié en 1992 un document de discussion présentant une série de propositions pour la réforme à la fois du logement locatif et des locations à usage commercial. La Loi sur les locations résidentielles de l'État d'Australie occidentale a été amendée pour permettre de reverser au locataire les intérêts excédentaires résultant du placement des cautions à l'expiration du bail, plutôt que par trimestrialités.

Harmonisation de la législation sur les instruments de mesure dans le commerce

En 1991-92, une harmonisation de la législation sur les instruments de mesure dans le commerce a été entreprise par les États et Territoires. Cette nouvelle législation s'inscrit dans un programme national visant à uniformiser les normes et pratiques administratives relatives aux instruments de mesure et a porté à 100 000 dollars australiens le montant des sanctions encourues en cas d'infraction. Le Territoire du Nord est la première juridiction à appliquer, en juin 1991, la Loi d'uniformisation des instruments de mesure du commerce (Uniform Trade Measurement Act) qui remplace la législation précédente sur les poids et mesures. En juillet 1991, le Territoire de la Capitale fédérale, la Nouvelle-Galles du Sud et l'État de Queensland l'ont imité, les autres États devant le faire en janvier 1992.

Codes de conduite

Des codes de conduites reposant sur une adhésion volontaire ou ayant un caractère réglementaire ont été mis au point et adoptés par divers organismes. C'est ainsi que le ministère de la Consommation de Nouvelle-Galles du Sud a introduit :

-- le Code de bonne conduite du secteur du spectacle (Entertainment Industry Code of Fair Practice) ;

-- les Recommandations à l'usage des professionnels du secteur des services en électronique grand public (Domestic Electronics Service Industry Advisory Code of Practice) ; enfin,

-- le nouveau Code de vérification des sacs de la clientèle dans les supermarchés (Supermarket Bagcheck Code).

Pour sa part, l'État de Victoria travaille en liaison avec les organisations de consommateurs et les professionnels à l'élaboration d'un code de conduite des secteurs des services de télévision et d'électronique. En outre, l'Office compétent a participé à la mise au point d'un code de déontologie et de conduite du secteur de la remise en forme. L'État du Queensland a élaboré des codes de conduite reposant sur une adhésion volontaire et comportant des mécanismes de traitement des réclamations pour le secteur de la blanchisserie et l'association des piscines et du thermalisme.

Démarchage à domicile

La Loi sur le démarchage à domicile (Door to Door Trading Act) est entrée en vigueur en juillet 1991 dans le Territoire de la Capitale fédérale. Cette loi impose un code de conduite à tous les professionnels du démarchage à domicile, réglemente les heures auxquelles ils peuvent pratiquer leur activité et porte à dix jours le délai de réflexion du client. Mais son originalité réside dans l'obligation pour le démarcheur de lire à haute voix les mesures de protection du consommateur aux clients lors de la signature du contrat. On trouve des textes analogues en Tasmanie, dans l'État d'Australie occidentale et dans le Queensland.

IV. Information et formation du consommateur

1. *Institutions nationales*

Étiquetage

Le Bureau fédéral conseille les autorités du Commonwealth sur la politique de le conditionnement et de l'étiquetage qui est régie par un ensemble complexe de mesures relevant des réglementations en matière de santé, de poids et mesures, de pratiques commerciales, de transports et autres réglementations spécifiques à certains produits, qui, dans leur majorité, sont du ressort des États. Parmi les principales réalisations du Bureau fédéral, on notera :

-- *Label de protection des dauphins.* En 1991, un groupe de travail, mis sur pied par le ministre de la Consommation pour étudier l'étiquetage des produits à base de thon respectueux des dauphins, a recommandé que les produits à base de thon soient étiquetés de façon à indiquer au consommateur si ces produits à base de thon résultent de méthodes de pêche susceptibles ou non de mettre en danger la vie des dauphins. Une norme d'information des consommateurs sur les produits a été introduite à la mi-1992 pour un étiquetage du faisant référence à la protection des dauphins.

-- *Produits cosmétiques*. En 1991-92, le Bureau a préparé et adopté une norme d'information des consommateurs pour un étiquetage des produits cosmétiques faisant référence à la composition des produits. La réglementation impose un étiquetage de tous les produits cosmétiques faisant figurer de façon claire et visible la composition desdits produits (la norme entrera en vigueur en octobre 1993).

-- *Pays d'origine*. En 1992, le Bureau fédéral a assuré la présidence de deux groupes de travail, formés par le gouvernement du Commonwealth, afin de veiller à ce que les étiquettes fassent apparaître effectivement le pays d'origine des produits de consommation. Le premier de ces groupes de travail a été chargé de mettre au point des descripteurs pour l'utilisation de termes comme "Australian made" (fabriqué en Australie), ainsi que de formuler des conseils sur les démarches législatives et les sanctions appropriées. Le second groupe examinera dans quelle mesure les produits donnent de façon spontanée des indications sur leur pays d'origine. Ces groupes de travail devraient remettre leurs rapports à la mi-1993.

Services de conseil

2. Institutions des États et Territoires

Les services de conseil ont continué d'être un point de rencontre efficace pour les consommateurs. Ainsi, en 1991-92 :

-- La Nouvelle-Galles du Sud a mis en place 20 centres de conseil dans tout l'État. Le nombre d'antennes qui opèrent un jour par semaine dans des centres de campagne a été porté de 11 à 18 en deux ans. Les conseillers ont des compétences multiples et apportent non seulement des conseils aux consommateurs, mais encore servent d'intermédiaire pour le dépôt de réclamations, traitent les documents de constitution de sociétés et fournissent des informations sur toutes les questions de consommation.

-- Les services de conseil de l'État d'Australie occidentale ont reçu plus de 200 000 appels téléphoniques en deux ans.

-- En 1991-92, les services de conseil de l'État de Victoria ont enregistré plus de 250 000 appels téléphoniques et consultations dans leurs locaux. Ils ont donné des conseils sur des sujets très divers, notamment les véhicules à moteur, les locations, les problèmes de construction et les mécanismes de crédit.

Médias

3. Institutions des États et Territoires

Les médias constituent toujours un bon moyen de poursuivre le débat sur les problèmes de consommation, tout en étant un instrument de formation ; ainsi,

-- L'État d'Australie occidentale a continué de se servir des media pour former et informer les consommateurs. Durant ces deux années, le ministère de la Consommation de cet État a répondu à plusieurs centaines de demandes par les médias. L'État d'Australie occidentale a favorisé la publicité dans la presse et à la radio pour certaines campagnes de formation et a participé à la publication d'une rubrique "Consommation" dans l'un des principaux journaux des zones rurales de l'État.

-- La Nouvelle-Galles du Sud a reçu en moyenne en 1991-92 près de 50 demandes par semaine dans les médias. Des informations sur des problèmes de consommation ont été transmises à plus de 40 journaux régionaux ou des zones suburbaines, dont le lectorat combiné représente largement plus de 300 000 personnes.

-- Le Queensland a conçu des présentations sur les pratiques commerciales afin de les diffuser par l'intermédiaire de radios locales et a fourni ces informations aux documentalistes des collectivités locales et aux entreprises nouvellement implantées.

-- Le Territoire de la Capitale fédérale a publié quelque 80-100 communiqués de presse par an qui ont été bien perçus et qui ont été repris à plus de 80 pour cent par les médias.

-- L'État de Victoria a lancé deux grandes campagnes dans les médias. La première, à la radio et la télévision sur le crédit aux particuliers, a duré plusieurs mois et visait à informer et conseiller les particuliers qui, soit envisageaient de souscrire un emprunt, soit connaissaient des problèmes de crédit. La seconde, campagne de publicité en deux temps à la radio, à la télévision et dans les cinémas, visait à informer les locataires de 16 à 25 ans de leurs droits et devoirs d'après la législation sur le logement locatif.

-- Les fonctionnaires spécialisés dans les questions de consommation de l'État d'Australie méridionale, ont commencé à transmettre des informations à des chaînes de radio régionales ainsi qu'à la station publique de radiodiffusion diffusant des informations en direction des minorités ethniques.

Formation des consommateurs

1. Institutions nationales

En 1990, le Bureau fédéral a lancé un projet de formation des consommateurs destiné aux communautés ethniques. Les études indiquent en effet que les consommateurs des minorités ethniques connaissent des problèmes dans toute une série de domaines. On a constaté que l'absence d'information adaptée dans d'autres langues que l'anglais constituait la principale source de difficultés. L'objectif du projet consiste à donner des informations à des consommateurs maîtrisant mal l'anglais, par l'intermédiaire de programmes de discussions et de messages sur les radios et dans la presse de ces minorités. En 1991 et 1992, les phases 2 et 3 de ce projet ont été lancées par le ministre. La phase 2 portait spécifiquement sur les communautés chinoise, espagnole et italienne, la phase 3 sur les communautés macédonienne, croate, turque et serbe.

En 1992, le Bureau fédéral a publié un annuaire des autorités chargées des questions de consommation de la zone Asie-Pacifique. Cet annuaire est destiné à faire l'inventaire de tous les organismes gouvernementaux de cette zone assurant des fonctions dans le domaine de la consommation, ce qui permet de stimuler le développement de réseaux de fonctionnaires spécialisés.

En outre, le Bureau fédéral a mis sur pied, en coopération avec les institutions compétentes des États et Territoires, un projet national de formation des consommateurs dans les écoles primaires. Ce projet vise à fournir du matériel imprimé et audiovisuel aux enseignants des écoles primaires afin d'aider les enfants de 7 à 9 ans à faire des choix de consommation en connaissance de cause.

La TPC a par ailleurs entrepris un certain nombre d'études sur des secteurs et professions spécifiques. Durant toute l'année 1992, elle a mis l'accent sur l'étude des professions : les rapports définitifs sur les architectes et experts-comptables ont été rendus publics, de même qu'un exposé des problèmes des professions juridiques. La TPC a en outre procédé à un examen de la commercialisation de produits thérapeutiques et du fonctionnement du Code d'utilisation des détecteurs électroniques dans les supermarchés.

C'est en mars 1991 qu'a été lancé un programme original de formation pour les adhérents de la l'Association des entreprises métallurgiques (Metal Trades Industry Association, MTIA). Ce programme fait appel à des vidéos, des logiciels interactifs et des notes d'information précises sur les matériaux, documents établis à partir de l'expérience de la MTIA sur les marchés de ses adhérents et des connaissances juridiques de la TPC.

2. Institutions des États et Territoires

La formation des consommateurs occupe une place de premier plan dans toutes les activités des États et Territoires.

-- *Formation des élèves et étudiants à la consommation.* L'État d'Australie occidentale a distribué aux écoles secondaires des dossiers de formation sur la budgétisation des crédits et sur les techniques d'achat, ainsi qu'aux élèves de fin d'études secondaires une plaquette destinée plus spécialement aux jeunes pour leur donner des conseils sur la location ou l'achat d'un véhicule et la préparation d'un budget pour ce faire. Le Territoire de la Capitale fédérale a pris une initiative analogue pour tous les jeunes quittant l'école à l'âge de douze ans.

En 1991, l'État de Victoria s'est adressé aux jeunes écoliers avec un programme scolaire intitulé "Dreams, Dollars and Debts" (Désirs, dollars et dettes). Il s'agissait d'encourager les jeunes à adopter une démarche raisonnée, responsable et critique lorsqu'ils prennent des décisions financières et empruntent de l'argent. C'est la première fois que les questions relatives au crédit ont été abordées de façon aussi précise dans un dossier de formation pour les écoles primaires. Selon une évaluation des résultats menée en 1992, cette action de formation a très bien marché, ce qui renforce l'idée qu'il y a, de la part des écoles, une demande considérable de matériel de formation de qualité dans le domaine de la consommation.

La Nouvelle-Galles du Sud a produit en 1991, en coopération avec l'État d'Australie méridionale, une mallette de vidéo et de jeux, le "Credit Pack", destinée à informer les élèves de début de cycle secondaire sur l'établissement d'un budget personnel, le surendettement et les cartes de crédit. Ces mallettes ont été distribuées dans toutes les écoles secondaires de Nouvelle-Galles du Sud. Cet État a par ailleurs mis au point, pour les enseignants des écoles secondaires, des programmes de formation sur la sécurité des produits et les normes. En 1992, le "Credit Pack" a reçu un prix de la National Association of Consumer Agency Administrators des États-Unis.

-- *Formation à la consommation dans les communautés.* A l'instar du Bureau fédéral, l'État de Victoria, le Territoire de la Capitale fédérale et le Queensland ont poursuivi la mise au point de réseaux d'assistance aux personnes ne maîtrisant pas la langue anglaise. En 1991, l'État de Victoria a mis en place un projet-pilote d'émission de radio sur la consommation en direction des minorités ethniques et produit des programmes radio en vietnamien et en turc sur divers problèmes de consommation intéressant ces communautés. L'évaluation de ce projet a mis en lumière l'efficacité de ces programmes et le projet a été étendu en 1992 à la communauté arabophone.

L'État d'Australie occidentale a procédé à une vaste consultation des membres de la communauté aborigène et a participé à une série de programmes de formation réguliers pour les créateurs d'entreprises.

En 1992, le ministère de la Consommation de Nouvelle-Galles du Sud a publié son Manuel du consommateur (*Consumer Handbook*). Cette publication est destinée aux salariés appartenant à des communautés ethniques afin de leur indiquer où trouver de l'aide ou comment répondre à des demandes de renseignements sur toute une série de problèmes de consommation, depuis l'achat d'une voiture jusqu'aux questions de santé. Cette publication a remporté un vif succès et il a fallu la rééditer au bout de quelques semaines seulement.

L'État d'Australie méridionale a mis en place trois nouveaux réseaux de formation des consommateurs. Le programme de ces réseaux repose sur une démarche de travail en direction des communautés afin de leurs fournir des services de formation et d'information de façon que les membres de la communauté pouvant être considérés comme défavorisés bénéficient d'une information sur les problèmes des consommateurs. Deux nouveaux réseaux régionaux ont été créés, tandis qu'un réseau de formation des consommateurs aborigènes a commencé ses activités en 1991.

-- *Formation des entreprises aux problèmes de consommation.* L'État du Queensland a apporté son aide aux petites entreprises en leur donnant une information complète sur la loyauté dans les relations commerciales par l'intermédiaire des associations d'entreprises de l'État. Des discussions ont en outre eu lieu dans les communautés avec les organisations d'aide aux handicapés afin de distribuer du matériel de formation pour les personnes ayant des besoins spéciaux.

La Tasmanie a mis l'accent sur des actions de sensibilisation du public sur les avantages qui découleraient pour les consommateurs d'une amélioration de la connaissance des entreprises sur les questions de loyauté des relations commerciales et de traitement des réclamations. Le ministère compétent a publié en mai 1992 la brochure "Building Business by Fair Trading" (Renforcer les entreprises par la loyauté des relations commerciales).

Le Territoire de la Capitale fédérale a établi une brochure destinée aux vendeurs de véhicules afin qu'ils en remettent un exemplaire aux consommateurs envisageant d'acheter une voiture. En outre, un prix du "Vendeur le plus loyal du mois" (Fair Trader of the Month) a été créé, pour saluer les efforts des entreprises fournissant des services exceptionnels aux consommateurs.

V. Réparations et réclamations

1. Institutions nationales

Compte tenu des restructurations fondamentales des secteurs suivants, le Bureau fédéral a participé à des discussions sur différents mécanismes de résolution des litiges pouvant être envisagés dans ces secteurs :

-- *Assurances*. En 1991, le Conseil des Assurances d'Australie (Insurance Council of Australia) et la Fédération australienne de l'assurance-vie (Life Insurance Federation of Australia) ont introduit des mécanismes de règlement des litiges entre assureurs et assurés. L'introduction de ces mécanismes a fait suite à de vastes consultations entre ce secteur, le gouvernement et les organisations de consommateurs, avec la participation du Bureau fédéral. Ces mécanismes ont commencé à fonctionner en septembre 1991. Dans tous les cas, le consommateur doit commencer par adresser sa réclamation à la société d'assurance et, s'il n'obtient pas satisfaction, la réclamation peut être traitée par deux nouvelles instances - la première qui est un mécanisme de conseil ou de conciliation, la seconde qui constitue une procédure d'arbitrage des litiges en suspens - à savoir la Commission d'examen des réclamations en matière d'assurance-vie (Life Insurance Complaints Review Committee) et le Comité d'experts pour l'examen des réclamations en matière d'assurance générale (General Insurance Claims Review Panel). Ces deux instances sont dotées d'une présidence indépendante et réunissent des représentants du secteur et des consommateurs.

Compte tenu du coût des actions en justice, l'immense majorité des personnes ayant des litiges en matière d'assurance ne disposaient auparavant d'aucun moyen de résoudre leurs problèmes. Il semble que les consommateurs aient eu largement recours aux nouveaux dispositifs. En effet, quelque 8 553 réclamations concernant les produits d'assurance générale ont été déposées auprès du Conseil australien de l'Assurance durant l'année civile 1992, soit plus du double de celles enregistrées en 1991. Les réclamations relatives à l'assurance-vie sont passées de 252 en 1990 à 809 en 1991 puis 1 094 en 1992 (l'efficacité de ce mécanisme fera l'objet d'un examen à la mi-1993).

-- *Mécanisme de règlement des litiges en matière de retraite.* Au second semestre de 1992, le gouvernement a annoncé qu'il créerait une autorité de contrôle externe chargée d'examiner les litiges de tous types ayant trait à la retraite et ne pouvant être traités dans le cadre des fonds de pension. Le Bureau fédéral a participé à des discussions sur la mise au point de ce mécanisme. On s'oriente vers une cour présidée par le détenteur d'une charge légale et comprenant un groupe de gestionnaires de fonds, de représentants des consommateurs et d'autres personnes bénéficiant de l'expérience requise (ce mécanisme devrait commencer à opérer en juillet 1993).

-- *Médiateur du secteur des télécommunications.* Le Bureau fédéral a apporté son concours à la mise au point d'un dispositif permettant à un médiateur d'enquêter sur des réclamations et de régler les litiges dans le secteur des télécommunications. Un Conseil sera chargé de superviser les activités du Médiateur et comprendra deux représentants des opérateurs de réseaux de télécommunications, ainsi que deux représentants des usagers et des groupes d'intérêts publics (ce mécanisme devrait entrer en vigueur au début de 1993).

Actions collectives en justice.

En septembre 1991, une nouvelle loi autorisant des groupes de personnes défendant des droits juridiques communs à s'unir pour se porter à un moindre coût devant les tribunaux a été introduite par le gouvernement du Commonwealth. Le Projet de loi portant modification de la Cour fédérale de l'Australie (Federal Court of Australia Amendment Bill) de 1991 a prévu une nouvelle procédure permettant de déposer des plaintes collectives auprès de la Cour fédérale. Conformément à cette nouvelle procédure, une personne pourra déposer plainte devant les tribunaux au nom d'un groupe de personnes portant des accusations à l'encontre de la même personne pour une même transaction ou affaire ou encore pour des transactions ou affaires analogues ou liées entre elles. Le ministre de la Justice et de la Consommation de l'époque s'était prononcé en faveur de ce projet de loi en déclarant qu'il aiderait considérablement certains groupes, depuis les petits actionnaires et investisseurs jusqu'à des personnes déposant des plaintes sur des cas médicaux ou sur des affaires de consommation.

Mise en oeuvre de la réglementation

La TPC a enquêté sur d'éventuelles infractions aux dispositions sur la loyauté dans les relations commerciales, à savoir :

-- des comportements trompeurs et déloyaux dans le secteur de la construction de logements ;

-- des indications mensongères sur le pays d'origine figurant sur l'étiquetage de produits ;

-- des publicités trompeuses jouant sur deux prix dans le secteur des télécommunications ; enfin,

-- des annonces d'emploi trompeuses.

La TPC a accompli une "première" en utilisant l'International Trade Practices Network (Réseau international des pratiques commerciales) pour alerter ses homologues étrangères à la suite du règlement de la procédure intentée contre Daihatsu Australia. Ce constructeur avait fait de la publicité pour la vente de véhicules "endommagés par une tempête", sans préciser que ces véhicules avaient été arrosés d'eau salée sur les quais d'embarquement lors d'un cyclone au Japon. Un certain nombre d'organismes étrangers ont depuis lors entrepris des enquêtes pour déterminer si de tels véhicules ont été livrés à des vendeurs dans leur pays.

2. Institutions des États et Territoires

Les États et Territoires ont déployé une très grande activité de conseil et d'assistance aux personnes connaissant des difficultés avec des professionnels sur le marché. L'État d'Australie occidentale a ainsi traité, en moyenne, 7 000 réclamations sur la période 1991-92, portant notamment sur : des opérations publicitaires, le conditionnement et l'étiquetage de produits, le crédit, les garanties et les contrats de location. Durant la même période, le Queensland a traité en moyenne 6 000 réclamations par an, la Nouvelle-Galles du Sud a reçu 21 000 réclamations de clients en 1991 et 28 000 en 1992. L'État de Victoria a traité en moyenne 11 000 réclamations pour la même période, concernant l'immobilier, des véhicules et des équipements ménagers. La Tasmanie a adopté une démarche plus incitative de traitement des réclamations mettant plus l'accent sur la fourniture de conseils aidant les consommateurs à régler eux-mêmes leurs litiges.

En 1991, un Tribunal des litiges du secteur de la construction a été créé en Nouvelle-Galles du Sud dont la compétence s'étend aux travaux de construction de logements et aux professionnels de secteurs connexes comme les électriciens et les plombiers. Depuis son entrée en fonction, ce tribunal a traité en moyenne 68 plaintes par mois.

VI. Relations entre la politique à l'égard des consommateurs et autres aspects de l'action des pouvoirs publics

1. *Institutions des États et Territoires*

Stabilité des prix

L'État d'Australie occidentale a poursuivi ses efforts en faveur de la stabilité des prix. Les prix de détail et d'autres biens et services ont fait l'objet d'un suivi par l'Observatoire des prix de l'Australie occidentale (Western Australian Price Monitoring Unit) afin d'encourager la concurrence entre commerçants en matière de prix de façon à contenir la hausse des prix, ainsi qu'à former les consommateurs à faire un usage efficace de leur pouvoir d'achat, par exemple, dans les secteurs de l'épicerie, de l'assurance automobile, des cartes de crédit et des dispositifs de sécurité des logements.

L'État de Victoria a assuré une promotion active de la concurrence sur les prix dans le secteur bancaire grâce à la publication d'une série de brochures destinées à aider les consommateurs à choisir le compte bancaire le plus adapté à leurs besoins. Ce même État a contribué à des enquêtes de l'Autorité de surveillance des prix (Prices Surveillance Authority) sur les prix des entrées de cinéma, des logiciels et des enregistrements sonores.

La Loi sur la cour de contrôle des tarifs publics (Government Pricing Tribunal Act) de 1992 en Nouvelle-Galles du Sud est entrée en vigueur en juillet. Cette cour est habilitée à enquêter et à établir des rapports sur la détermination des prix maxima des services soumis à un monopole public. La première enquête de cette cour a porté sur les tarifs de fourniture de l'eau. Le ministère de la Consommation de Nouvelle-Galles du Sud a fait une déposition devant la commission d'enquête, dans laquelle il affirmait que les consommateurs étaient en droit d'exiger la satisfaction de besoins essentiels et de bénéficier de biens et services à des prix concurrentiels en étant assurés de leur qualité.

Concurrence

2. Institutions nationales

Concurrence : amendement à la législation

Un travail considérable a été mené en 1991-92 pour assurer une efficacité durable au dispositif de la Loi sur les pratiques commerciales de 1974 et de ses effets sur la politique de la concurrence. En conséquence et après bien des consultations ainsi qu'un examen attentif effectué par deux commissions parlementaires, cette loi a été amendée en avril 1992 afin de renforcer son rôle dans les efforts pour introduire plus de concurrence dans l'économie australienne. Dans le cadre de ses fonctions administratives, le Bureau fédéral a recommandé une augmentation du montant maximum des amendes pour infraction aux dispositions de la Partie V de la Loi relatives à la protection des consommateurs. Ces amendes ont été portées de 100 000 dollars australiens à 200 000 dollars australiens pour les sociétés et de 20 000 dollars australiens à 40 000 dollars australiens pour les particuliers. Ces nouveaux plafonds ont été fixés en tenant compte du niveau des amendes prévues par la législation dans d'autres secteurs ainsi que de leur niveau à l'étranger.

Concurrence et réforme micro-économique

En Australie, la concurrence est le moyen essentiel pour réaliser une réforme micro-économique des marchés locaux. Or, une bonne partie du succès ou de l'échec de la réforme micro-économique repose sur les pouvoirs de la Commission des pratiques commerciales, en tant que principal représentant de la loi sur la concurrence, pour faire face efficacement aux nouveaux défis qui se font jour. La TPC continue de répondre aux réclamations qu'elles reçoit des consommateurs, mais elle cherche aussi des domaines dans lesquels les consommateurs sont en situation défavorable tout en s'efforçant de cerner les problèmes nationaux au fur et à mesure qu'ils se manifestent.

Cela a eu deux conséquences importantes : premièrement, la TPC a eu une démarche de plus en plus volontariste, en allant sur le terrain pour y déterminer les causes des problèmes ; deuxièmement, elle a de plus en plus recherché des solutions de portée générale ayant des effets positifs au-delà de l'entreprise concernée. Avec sa charte nationale, la TPC a pu constater que la bataille pour la conquête de parts de marché pouvait conduire à une multiplication des agissements trompeurs, déloyaux ou indélicats, ou autres pratiques déloyales. Elle affirme son rôle de direction et de coordination et cherche à définir des objectifs conjoints et des projets d'actions communes avec les organismes compétents des États et Territoires.

3. Institutions nationales

Protection de l'environnement

La stratégie de la TPC consiste pour une part à traiter les affirmations trompeuses sur les avantages que présente pour le consommateur un produit ou service du point de vue de l'environnement. Ainsi, en 1991-92, la TPC a :

-- publié des principes directeurs précis sur les types d'affirmations acceptables ;

-- mis en place un numéro vert (le 008) pour les réclamations des consommateurs ;

-- intenté des actions en justice contre un fabricant australien de produits blancs pour publicité mensongère ; enfin,

-- modifié des campagnes avec plusieurs autres publicitaires.

La TPC a en outre établi, pour consultation, une recommandation sur la consommation de carburant cette recommandation étant destinée à protéger le consommateur, de même qu'un "manuel des annonces d'emploi mensongères" a été réalisé sous le pilotage du bureau de la TPC de l'Australie méridionale.

AUTRICHE

I. Évolution d'ordre institutionnel

Les années 1991 et 1992 ont été une période de consolidation. Il n'y a pas eu de modification des structures centrales des organismes de protection des consommateurs, y compris les administrations responsables. A la suite d'une recommandation du conseil des ministres de l'AELE, le conseil des consommateurs a été mis en place au sein de l'Institut autrichien des normes en décembre 1991. Ce conseil a le statut d'un comité spécial du conseil d'administration de l'institut autrichien des normes. Ses membres sont désignés pour une période de trois ans. Ils sont nommés par l'association pour l'information du consommateur, le ministère fédéral de la Santé, des sports et de la protection des consommateurs, le ministère fédéral des Affaires économiques, la chambre fédérale des salariés et la fédération autrichienne des syndicats.

Le conseil autrichien des consommateurs prend notamment l'initiative en matière de programmes de normalisation intéressant les consommateurs et les soumet au groupe permanent d'experts ; un autre de ses objectifs est d'étendre la représentation des consommateurs au niveau européen et international.

II. Sécurité des consommateurs

1. Prévention des accidents

La responsabilité en matière d'examen des dommages signalés est passée progressivement du conseil consultatif pour la sécurité des produits à l'administration responsable des affaires intéressant la sécurité des consommateurs. L'administration de la protection du consommateur a reçu notification de plusieurs centaines de cas relevant essentiellement des catégories d'articles suivants : équipement ménager, outillage, équipement de sports et de loisirs, jouets et cadeaux servant à divertir (gadgets).

Les plaintes n'ont pas toutes été révélatrices de l'existence de produits véritablement dangereux ou de l'absence d'une information appropriée. Elles concernaient :

-- des consommateurs maladroits (7)

-- des articles inoffensifs (9)

-- des articles non disponibles en Autriche (9)

-- des enquêtes complémentaires impossibles ou déraisonnables (16)

-- des articles dont la production avait cessé (8).

Le conseil des consommateurs a présenté 36 demandes de renseignements aux instances compétentes en matière de risques. Il a émis :

-- interdictions pour équipements électriques non conformes aux normes autrichiennes de sécurité (48)

-- des mentions de mise en garde (6)

-- des améliorations de produits (7).

Il y a eu quatre rappels de produits et 16 suspensions de dossiers.

En outre, des campagnes d'information concernant notamment l'amiante (comment se débarrasser de produits contenant de l'amiante), les préservatifs et la salmonelle, ont été lancées.

Des mesures de notifications internes concernant des produits relevant de législations spéciales autre que la loi sur la sécurité des produits ont été confiées aux autorités compétentes (ministères fédéraux) :

-- affaires au titre de la loi sur les produits chimiques (9)

-- affaires au titre de la loi sur la circulation (2)

-- affaire au titre de la loi sur les articles pyrotechniques (1)

-- affaires au titre de la loi sur les armes (3)

-- affaires au titre de la loi sur les médicaments (3)

-- affaires au titre de la loi sur les produits alimentaires (8) dont 2 affaires concernant des contrefaçons de produits alimentaires

-- affaires au titre de la loi sur l'électrotechnique (11)

-- affaires au titre de la loi sur les ustensiles de cuisine à pression (5)

-- affaires au titre de la loi commerciale (4)

-- affaires au titre de la loi sur la protection des employeurs (2).

Ces affaires ont été envoyées à leurs ministères respectifs.

2. *Publications*

Avec le concours de l'institut Sicher Leben, deux brochures d'information, dont une était destinée aux bricoleurs et une autre concernant la sécurité domestique, ont été publiées. Une autre brochure relative aux dangers de l'amiante a été envoyée à de nombreux consommateurs confrontés à la difficulté de se débarrasser de revêtements de planchers vétustes et de fours électriques anciens.

3. *Mesures réglementaires*

Certaines de ces mesures ont été mises en application par le Conseil des consommateurs : l'ordonnance BGB1 n° 240/1991, qui régit le stockage de liquides inflammables ; l'ordonnance publiée dans le journal juridique fédéral n° 58/1991 interdisant et restreignant l'utilisation de pentachlorphénol dans le traitement du bois et du cuir ; l'ordonnance concernant l'équipement d'entreprises industrielles en canalisations de gaz pour les conteneurs de gaz fixes (journal juridique fédéral n° 58/1991, "Gaspendenleitungen").

III. Environnement et sécurité des consommateurs

1. *Législation*

De nombreuses réglementations ont été prises, qui concernent l'environnement et la sécurité des produits :

-- loi sur les articles à pression (journal juridique fédéral n° 211/92) ;

-- interdiction du trichloréthane et du tétrachlorocarbone (776/92) ;

-- interdiction du pentachlorephénol (58/91) ;

-- solvants organiques dans les peintures, les vernis, etc., (492/91) ;

-- piles recyclables (3/91) ;

-- destination donnée aux déchets dangereux (49/91) ;

-- évacuation des produits accumulés à la suite de travaux de construction (259/91) ;

-- déchets biogéniques (pour le compost) (66/92) ;

-- étiquetage des emballages fabriqués à partir de produits synthétiques (137/92) ;

-- reprise et traitement de certaines lampes (144/92) ;

-- reprise de réfrigérateurs (408/92) ;

-- interdiction de certaines substances dangereuses et moyens de protection phytosanitaire (97/92) ;

-- émissions des égouts en provenance d'installations manufacturières (179-84/91) ;

-- loi sur le contrôle de la sécurité (415/92) ;

-- étiquetage relatif au brouillard (voitures) (666/92) ;

-- ordonnance relative aux conseils de prudence en cas de brouillard (210/92).

2. *Éco-étiquetage*

En avril 1991, la première directive relative à l'étiquetage en matière d'environnement pour le papier hygiénique fabriqué à partir de papier recyclé a été publiée, et depuis quatorze autres directives ont été arrêtées :

-- huile de chaîne dérivée d'huile végétale ;

-- manuels ;

-- papier hygiénique ;

-- classeurs de bureau produits à partir de papier recyclé ;

-- peintures et vernis ;

-- papier pour photocopieuses et papier à lettre ;

-- réfrigérateurs ménagers et appareils pour le refroidissement ;

-- produits d'entretien ménager ;

-- système d'emballage pour les liquides (boissons) ;

-- produits à base de bois à usage intérieur ;

-- retraitement de modules de toner, de cassettes, de rubans et de cartouches d'encre ;

-- meubles en bois ;

-- réservoirs économes de chasse d'eau fabriqués à partir de plastique ne contenant pas de chlorure ;

-- système de contrôle électronique pour les équipements intérieurs (par exemple les douches) ;

-- vernis fixateurs.

Des critères pour les systèmes d'énergie solaire et photocopieuses seront arrêtés avant juin/juillet 1993.

IV. Protection des intérêts économiques des consommateurs

Dispositions légales

De nombreuses dispositions légales, dans la plupart des cas des amendements à des ordonnances existantes ont été arrêtées ; ce sont notamment les suivantes :

-- amendement à la loi sur le commerce (journal officiel fédéral n° 686/91) ;

-- amendement à la loi sur les mesures (213/92) ;

-- loi sur la comptabilité des coûts calorifiques (827/92) ;

-- loi sur les prix de 1992 (145/92) ;

-- loi sur le marquage des prix (146/92) ;

-- loi sur la transparence des prix (761/92) ;

-- loi sur l'ouverture des magasins (397/91) ;

-- amendement à la loi sur les médicaments (45/91) ;

-- loi sur les articles médicaux (397/92) ;

-- ordonnance sur la fructose sorbique (525/91) ;

-- information relative à l'utilisation des médicaments (525/91) ;

-- catégorie de qualité pour les oeufs de poule (431/92) ;

-- ordonnance relative au contrôle de la qualité (42/93) ;

-- loi sur les vins de 1991 (450/92) ;

-- amendement à la loi sur les produits alimentaires (45/91), non obligatoire ;

Des mesures légales concernant les conditions générales de voyage sont entrées en vigueur depuis le 1er septembre 1992.

V. Information et formation du consommateur

1. La série des publications

Faisant suite à la série de publications concernant la protection du consommateur, des textes ont paru sur les sujets suivants :

-- annuaire 1990-1991 ;

-- données de base pour le consommateur en serbo-croate et en turc ;

-- étiquetage relatif à l'environnement en Autriche ;

-- publications relatives à la sécurité ;

-- produits de beauté ;

-- médicaments.

2. Conférences de presse de l'Association sur l'information des consommateurs (VKI)

Des conférences de presse de l'association ont eu lieu sur les thèmes suivants : bouteilles consignées ; sécurité des supermarchés (incendie, accidents) ; danger croissant de salmonelles ; les contrats-pièges de location-vente ; les agents de lavage.

3. Publications

Les publications de la VKI sur la protection du consommateur comprennent : le mensuel Konsument et trois suppléments spéciaux : "Sécurité des enfants", "photo et vidéo" et "Se protéger contre l'intoxication alimentaire".

VI. Réparation et voies de recours

Depuis 1993, environ 800 affaires relatives à des plaintes de consommateurs ont été portées devant les tribunaux dont plus de 40 affaires plaidées par le VKI. Jusqu'à présent, une dizaine d'actions judiciaires ont abouti. Conformément à la loi autrichienne sur la protection du consommateur, l'Association pour l'information du consommateur est habilitée à engager des actions contre les entreprises qui fixent des conditions violant une interdiction légale ou contraires à la moralité.

VII. Relations entre la politique à l'égard du consommateur et divers aspects de la politique des pouvoirs publics

Le Conseil du Consommateur a entrepris certains travaux de recherche, y compris sur le développement de nouvelles techhnologies de cartes d'achat, et d'équipement ménager fonctionnant avec de l'eau ; de même que sur les réformes de la situation juridique et résultats économiques, sur la loi régissant les contrats d'assurance, sur la loi régissant les agents immobiliers et la réforme de la loi sur les garanties.

VIII. Activités diverses

1. Séminaires

Depuis son inception, le Conseil du consomateurs a inauguré quelques séminaires d'une journée, comme celle sur les avantages et les risques de la technologie génétique dans le contexte de la protection du consommateur et une séminaire au sujet de la protection du consommateur et de l'Europe communautaire. Quatre séminaires d'une semaine sur la formation des conseillers des consommateurs et deux réunions d'une journée rassemblant des fonctionnaires responsables des questions intéressant la protection du consommateur ont eu lieu. L' organisation de la troisième réunion des ministres responsables des affaires intéressant les consommateurs au sein de l'AELE a eu lieu du 17 au 19 novembre 1992, à Vienne.

2. Contacts avec les pays d'Europe centrale et orientale

Les premiers véritables contacts officiels à la suite de l'invitation du ministère du contrôle de la Tchécoslovaquie ont eu lieu en mars 1991, à Prague. En juillet 1991, le Conseil a visité la faculté du Commerce de l'Université de Bratislava. Des étudiants slovaques ont reçu de la documentation au sujet des politiques en matière de protection des consommateurs.

La seconde visite du service slovaque de la consommation a eu lieu en novembre 1991.

En juin 1991, le président de la confédération des consommateurs slovènes et le président du comité de protection des consommateurs au sein de l'assemblée de la république slovène a visité des organismes de protection du consommateur et le ministère fédéral de la santé, des sports et de la protection du consommateur à Vienne.

Du 25 au 28 juin 1991 des représentants de l'inspection tchèque du commerce ont rendu visite à l'institut de recherche sur les denrées alimentaires de Vienne, à la direction de l'inspection des produits alimentaires et des échanges de Vienne et à l'association de surveillance technique ainsi qu'au ministère de la santé, des sports et de la protection du consommateur.

A la suite des contacts de juillet 1991, des étudiants slovaques ont pu participer à un colloque intitulé "La protection des consommateurs et l'Europe communautaire", et visiter le centre d'information du consommateur à Vienne le 12 novembre 1991.

Trente membres du personnel de la municipalité de Bratislava se sont rendus au centre d'arbitrage, à la direction de l'association d'information du consommateur et au bureau d'information de la ville de Vienne à l'hôtel de ville à Vienne, en décembre 1991. Des échanges de vues ont pour objet le projet de publication d'un magazine slovaque consacré aux essais et organisation de moyens d'information.

En janvier 1992 de délégations fédérales tchèques et slovaques ont rendu visite au centre d'arbitrage et d'essais de l'association du consommateur et en mai 1992 des représentants de l'organisme hongrois chargé de la surveillance de la protection du consommateur ont rendu visite au ministère de la santé, des sports et de la protection du consommateur. En septembre 1992, des représentants des services slovaques pour le consommateur ont rendu visite au service de protection du consommateur.

3. Réunions/séminaires internationaux

Organisée avec le concours du ministère fédéral autrichien de la santé, des sports et de la protection des consommateurs, une conférence de l'OCDE sur la protection des consommateurs dans une économie de marché a eu lieu en avril 1991 à Vienne. Plus de 80 participants représentaient des organisations internationales, des pays membres de l'OCDE, des organisations de consommateurs d'Europe centrale et orientale.

Le Conseil autrichien des consommateurs a également participé à un séminaire de l'AELE sur la politique à l'égard des consommateurs dans les pays d'Europe centrale et orientale à Prague du 27 au 29 janvier 1992. En décembre 1992, il a participé à un atelier de travail sur la sécurité des consommateurs organisé par l'OCDE à Budapest.

De plus, le Conseil autrichien des consommateurs a fourni des informations aux organismes suivants : Commission nationale roumaine des normes, de la métrologie et de la qualité, délégation slovaque, tchèque, université slovaque pour les questions économiques, institut national pour le consommateur à Belgrade, organisme de surveillance hongrois pour la protection du consommateur, ministère du Contrôle de la Tchécoslovaquie, ministère polonais pour le Commerce et l'industrie, organisme d'inspection slovaque pour le consommateur, organisme d'information slovaque pour le consommateur, institut bulgare des essais à Sofia et communication systématique des informations aux institutions slovaques intéressées.

BELGIQUE

I. Évolution d'ordre institutionnel

Aucune évolution institutionnelle marquante n'est intervenue en 1991 et 1992. De manière générale, le ministre des Affaires économiques est compétent en matière de politique de la consommation ; toutefois, certaines matières peuvent relever de la compétence d'autres départements, notamment en ce qui concerne la santé et l'environnement.

Au sein du ministère des Affaires économiques, c'est l'administration du Commerce et plus particulièrement le service "Consommation et Crédit" qui est chargé de préparer et d'appliquer la politique suivie. Il est à noter cependant que les problèmes qui touchent les consommateurs étant très diversifiés, d'autres services du département des Affaires économiques sont directement compétents dans des domaines particuliers (prix, concurrence, assurance, métrologie, énergie).

Les compétences du service "Consommation et Crédit" sont assez étendues, dans une société où l'information et la protection du consommateur ont pris une place croissante et où l'offre de nouveaux biens et services souvent complexes, est de plus en plus généralisée et diversifiée.

Son personnel se compose d'une dizaine de fonctionnaires assistés d'agents d'exécution.

Le service "Consommation et Crédit" a pour tâches essentielles aujourd'hui:

-- d'assurer la protection juridique et physique du consommateur ;

-- de collaborer à la conception et à l'élaboration de nouvelles législations et notamment à la transposition en droit belge des directives européennes et à la préparation des arrêtés d'exécution des lois ;

-- d'informer le consommateur par :

. une assistance personnalisée, sur base de demandes individuelles ;

.   une coopération avec les médias pour la préparation d'émissions ou d'articles destinés à informer le consommateur ;

.   la rédaction et la publication de commentaires juridiques sur les nouvelles dispositions en vigueur ;

.   la publication d'une information vulgarisée ou "grand public".

--   d'assurer, enfin, le Secrétariat du Conseil de la Consommation.

Le Conseil de la Consommation, créé en 1964 est un organe consultatif composé de tous les partenaires de la vie socio-économique (consommateurs -- distributeurs -- producteurs) dont la mission principale est de remettre, d'initiative ou non, des avis destinés à éclairer le ministre de tutelle, en l'occurrence le ministre des Affaires économiques, ou tout autre membre du pouvoir exécutif sur les questions qui touchent aux intérêts des consommateurs.

Depuis le 9 décembre 1992, le Conseil de la Consommation est devenu un Conseil paritaire, à l'égal des autres grands Conseils nationaux. Il est composé de 18 membres représentant les 15 organisations de consommateurs reconnues en Belgique et de 18 membres représentant les organisations représentatives de la production, de la distribution, des classes moyennes et de l'agriculture, auxquels il faut ajouter six membres compétents en matière de consommation, d'environnement et de santé publique.

La composition et l'organisation du Conseil en font un organe national de concertation en matière de consommation : les forces économiques et sociales qui s'y expriment se reconnaissent réciproquement comme des interlocuteurs valables entre lesquels un dialogue permanent est instauré.

En 1991 et 1992, le Conseil a émis 20 avis concernant les domaines suivants:

1.   la réforme de la législation relative au prêt hypothécaire

2.   le projet de proposition de directive européenne relative à la publicité comparative

3.   la saisine du juge de paix par requête

4.   la création d'une commission des clauses abusives et d'une commission du code de la publicité écologique prévue dans la loi du 14 juillet 1991 sur les pratiques du commerce et sur l'information et la protection du consommateur

5.   l'indication des tarifs bancaires

6.   la fiscalité de l'assurance

7. les conditions générales de fourniture d'eau à usage domestique

8. la proposition de directive du Conseil des C.E. sur la responsabilité du prestataire de services

9. l'avant-projet de loi sur l'exercice des activités ambulantes

10. les projets d'arrêtés royaux relatifs, d'une part, aux coûts, aux taux, à la durée et aux modalités de remboursement du crédit à la consommation et, d'autre part, au paiement de la commission des intermédiaires de crédit en matière de crédit à la consommation

11. le projet d'arrêté royal portant création d'une commission pour la publicité écologique et d'un conseil de label écologique

12. le projet d'arrêté royal relatif au risque découlant de la perte ou du vol du titre ou de la carte de crédit

13. le projet de décision de la Commission des C.E. relative à la création d'un comité consultatif de la sécurité des produits et des services

14. la proposition de règlement du Conseil des C.E. concernant un système communautaire d'attribution de label écologique

15. le problème posé par l'inclusion des frais d'expédition dans l'indication du prix des produits vendus à distance et sur des modalités particulières concernant le délai de réflexion applicable à certains de ces produits

16. le projet d'arrêté royal portant désignation des services offerts dans le secteur financier qui constituent un ensemble

17. l'amélioration du règlement judiciaire des petits litiges

18. la proposition de loi réglementant les activités des agents immobiliers

19. la structure et le fonctionnement du Conseil de la Consommation

20. les dispositions légales et réglementaires en matière de soldes et périodes de soldes.

Le CRIOC (Centre de Recherches et d'Informations des Organisations de Consommateurs), établissement d'utilité publique fondé en 1975, est financé par une subvention du ministère des Affaires économiques.

Formé de trois services (études, documentation, information-éducation), il est chargé de fournir une aide technique (études et recherches de nature économique, juridique, sociologique et technique) aux organisations de consommateurs, de valoriser la fonction de consommation et de promouvoir la défense du consommateur.

La Commission d'étude pour la réforme du droit de la consommation (CERDC), a poursuivi ses travaux qui ont débuté en 1986 et dont l'objectif est triple :

-- coordonner les dispositions légales et réglementaires formant le droit de la consommation ;

-- codifier ces dispositions ;

-- réformer le droit de la consommation en émettant des propositions de dispositions nouvelles comblant les lacunes de l'actuelle législation en matière de droit de la consommation.

II. Sécurité des consommateurs

1. Loi-cadre (projet)

Une proposition de loi relative à la sécurité des consommateurs vient d'être adoptée par la Chambre des Représentants de Belgique mais doit encore être votée au Sénat. Cette proposition, destinée notamment à transposer en droit belge la directive européenne 92/59/CEE relative à a sécurité générale des produits, prévoit une obligation générale de sécurité à l'égard de tous les produits et services. En outre, des mesures d'interdiction de commercialisation pourront également être prises à l'égard de tout produit ou service présentant un danger pour la santé et la sécurité des consommateurs. Enfin, les professionnels devront également assurer un suivi de leurs produits. De plus, l'apposition d'avertissements et de consignes de sécurité peut également leur être imposée.

2. Loi sur la sécurité des jouets

L'arrêté royal du 9 mars 1991 contient les mesures exécutoires de la loi du 29 juin 1990 relative à la sécurité des jouets en vue de la transposition en droit belge de la directive 88/378/CEE du Conseil des Communautés européennes concernant le rapprochement des législations des Etats membres relatives à la sécurité des jouets.

L'objectif de cette réglementation est d'imposer des règles de sécurité aux professionnels afin que seuls des jouets "sûrs" soient mis sur le marché. A cette fin, il existe une présomption de conformité à ces règles lorsque les jouets sont revêtus de la marque "CE".

Toutefois au cas où un jouet sur lequel a pu être apposée la marque "CE" présenterait néanmoins des risques, une clause de sauvegarde permet au ministre des Affaires économiques de prendre des mesures de retrait du marché, d'interdiction ou de restriction de mise sur le marché, moyennant notification de sa décision motivée à la Commission des Communautés européennes, de même qu'au fabricant intéressé. Il en va évidemment de même pour les jouets non munis de la marque "CE" et qui se révéleraient eux aussi dangereux.

3. *Système EHLASS (European and Leisure Accident Surveillance System) de collecte de données sur les accidents domestiques et de loisirs*

Lors du Conseil européen du 22 octobre 1990, il fut décidé de prolonger ce système de recensement jusque fin 1991. Dans l'avenir, ce système devrait être réorienté et transformé en Système d'Enregistrement Permanent d'Informations sur les Accidents Domestiques (SEPIAD). Dans sa phase actuelle, plusieurs orientations ont été définies afin d'aboutir à un système permanent.

Le "Service Consommation et Crédit" conserve un rôle de coordination globale et s'est, dès l'origine, étroitement associé à la mise en oeuvre de ce système. Le système EHLASS constitue le fondement indispensable à la définition d'une politique cohérente de sécurité des consommateurs, étant donné qu'il rend possible l'identification des secteurs nécessitant des actions prioritaires en matière de sécurité physique des consommateurs. Ainsi, pour 1991 et 1992, en va-t-il du bricolage, du jardinage et des activités de sport.

Depuis le 31 juillet 1991, le CRIOC est chargé d'élaborer un rapport global d'évaluation relatif à l'exploitation des données collectées en Belgique dans le cadre du projet EHLASS. Il convient enfin de remarquer que ce système est instauré de manière permanente par la proposition de loi relative à la sécurité des consommateurs. Au niveau européen, étant donné que le système est arrivé à échéance, une proposition de décision doit être adoptée en vue de le prolonger.

4. *Système d'échange rapide d'informations sur les dangers découlant de l'utilisation de produits de consommation*

Ce système, adopté en 1984 pour une période de quatre ans, a été reconduit jusqu'à l'adoption d'une directive sur la sécurité générale des produits. Sur un plan pratique, le service "Consommation et Crédit assure le traitement des notifications transmises par la Commission européenne et lui fait parvenir les notifications belges, en association avec le ministère de la Santé publique. Ce système fondamental dans le domaine de la sécurité des consommateurs sera totalement opérationnel dans le cadre de la future loi sur la sécurité des Consommateurs ; celle-ci permettra, en effet, d'agir de manière efficace contre n'importe quel produit dangereux dès la réception d'une notification. Enfin, pour 1991 et 1992, 160 notifications ont été communiquées.

III. Protection de la santé des consommateurs

L'importante loi du 22 mars 1989 vise la protection de la santé des consommateurs en ce qui concerne plus particulièrement les denrées alimentaires et les autres produits.

En 1991 et 1992, diverses réglementations ont été adoptées en ce qui concerne notamment :

-- les conditions auxquelles doivent répondre les lieux fermés où sont présentées à la consommation des denrées alimentaires et/ou boissons et où il est autorisé de fumer ;

-- les denrées alimentaires destinées à une alimentation particulière ;

-- les additifs pouvant être employés dans les denrées alimentaires ;

-- la fixation des teneurs maximales pour les résidus de pesticides autorisés sur et dans les denrées alimentaires ;

-- les solvants d'extraction utilisés dans la fabrication des denrées alimentaires ;

-- la fixation des teneurs maximales des denrées alimentaires en certains métaux lourds ;

-- l'étiquetage nutritionnel des denrées alimentaires ;

-- le contrôle officiel des denrées alimentaires et des autres produits ;

-- la mise dans le commerce de nutriments et de denrées alimentaires auxquelles des nutriments ont été ajoutés ;

-- les matériaux et objets destinés à entrer en contact avec les denrées alimentaires ;

-- la production et à la mise dans le commerce des ovoproduits.

Enfin, un Conseil national de la nutrition a été créé par arrêté royal du 19 juin 1991.

IV. Protection des intérêts économiques des consommateurs

De très importantes législations ont été adoptées dans ce domaine, notamment la loi du 14 juillet 1991 sur les pratiques du commerce et sur l'information et la protection du consommateur, la loi du 12 juin 1991 relative au crédit à la consommation, la loi du 25 février 1991 relative à la responsabilité du fait des produits défectueux, la loi du 5 août 1991 sur la protection de la concurrence économique, la loi du 25 juin 1992 sur le contrat d'assurance terrestre et la loi du 4 août 1992 sur le crédit hypothécaire.

1. Loi du 14 juillet 1991 sur les pratiques du commerce et sur l'information et la protection du consommateur

Il s'agit d'une loi très importante pour le consommateur, car elle précise en grande partie ses droits et ses devoirs vis-à-vis d'un vendeur ou d'un prestataire de services. Elle est le fruit d'un travail de longue haleine (le premier projet déposé au Sénat remonte à 1985) et cette nouvelle version retravaillée de la loi de 1971 qui ne donnait plus entière satisfaction, est entrée en vigueur le 29 février 1992.

Les principales caractéristiques et innovations de la présente loi, sont les suivantes :

a) Elle concerne tout vendeur, c'est-à-dire non seulement les commerçants et artisans comme dans la loi du 14 juillet 1971, mais aussi les autres professionnels, personnes physiques ou morales qui vendent des produits (biens meubles corporels) ou des services.

Sont également visés les organismes publics qui exerçant une activité à caractère soit commercial, soit financier ou industriel, vendent des produits ou des services.

Enfin, le consommateur est défini comme "toute personne physique ou morale qui acquiert ou utilise à des fins excluant tout caractère professionnel des produits ou des services mis sur le marché".

b) En matière d'information du consommateur, des normes bien précises sont adoptées notamment en matière d'indication des prix, des quantités ainsi que de dénomination, de composition et d'étiquetage des produits et des services.

c) De profonds changements sont apportés en matière de publicité. Celle-ci voit sa définition actualisée : il s'agit dorénavant de "toute communication ayant comme but direct ou indirect de promouvoir la vente de produits ou de services, y compris les biens immeubles, les droits et obligations, quels que soient le lieu ou les moyens de communication mis en oeuvre".

La loi vise donc tant la publicité qui s'adresse aux consomateurs que celle destinée aux professionnels. Dans cet ordre d'idées sont prévues des interdictions (par exemple, le recours au sweepstake) ainsi que des obligations pour l'annonceur.

d) Une série de clauses abusives sont interdites par la nouvelle loi. Celles-ci au nombre de 21 sont à considérer comme nulles et interdites. De même la création d'une commission des clauses abusives est prévue au sein du Conseil de la Consommation.

e) Certaines pratiques du commerce sont précisées : c'est ainsi notamment que le principe de l'interdiction de la vente à perte est étendu à tous les stades de la distribution ; en matière de ventes en liquidation, les dispositions antérieures sont renforcées et le régime des ventes en solde est sensiblement modifié.

La loi réglemente désormais de nouvelles techniques de vente réunies sous l'appellation de "ventes à distance", c'est-à-dire recourant à une technique de communication à distance, par exemple, téléphone, voie postale, télévision, etc.

f) A remarquer également que la nouvelle loi généralise l'action en cessation à tous les actes constituant une infraction à ses dispositions.

Enfin, la loi innove en organisant une procédure d'avertissement. Celle-ci permet à l'Administration, lorsqu'elle considère qu'un acte est susceptible de donner lieu à une action en cessation, d'adresser au contrevenant un avertissement le mettant en demeure de mettre fin à cet acte. A noter de même que les sanctions pénales sont renforcées par rapport à l'ancienne loi de 1971.

2. *Loi du 12 juin 1991 relative au crédit à la consommation*

Cette loi constitue une étape essentielle dans la réforme des lois des 9 juillet 1957 et 5 mars 1965 qui ne répondaient plus, en de trop nombreux points, aux développements importants du crédit et n'en réglementaient pas, par exemple, les nouvelles formes qui se sont multipliées au cours des dix dernières années. En plus des formes traditionnelles, telles que les ventes, financements et prêts personnels à tempérament, la loi vise à réglementer toutes les formes de crédit à la consommation sans distinction quant à la qualification juridique du contrat : crédit en compte-courant, crédit bancaire, crédit rotatif, location-financement, etc.

Cette loi est d'une importance majeure pour assurer la transparence d'un phénomène important dont les conséquences économiques et sociales sont indéniables.

La loi, par ailleurs, transpose en droit national les directives européennes du 22 décembre 1986 et 22 février 1990 relatives à un rapprochement des dispositions en vigueur dans les Etats membres en matière de crédit à la consommation. La première de ces directives (87/108/CEE) définit le champ d'application, les modalités d'organisation du crédit, ainsi que les dispositions de protection et d'information du consommateur; la seconde (90/88/CEE) s'attache à l'uniformisation des modes de calcul des taux d'intérêts applicables en la matière : le taux annuel effectif global (TAEG).

La loi est scindée en un nombre de dispositions générales applicables à toutes les formes de crédit et un nombre de règles spécifiques d'application à certains contrats de crédit à la consommation qui sont définis dans la loi (vente à tempérament, prêt à tempérament, crédit-bail et ouverture de crédit).

Les dispositions générales qui sont d'application à toutes les formes de crédit concernent entre autre, la publicité et les méthodes de vente, l'obligation d'information du consommateur et celle impliquant un devoir de conseil et d'information du financeur, la délivrance d'une offre de crédit préalable et la faculté de renonciation. De plus la réglementation des activités des courtiers a également été prévue.

Enfin, la loi prévoit des dispositions relatives au traitement des données personnelles concernant le crédit à la consommation, ainsi que le contrôle, la recherche et la constatation des actes interdits par la présente loi.

3. *Loi du 25 février 1991 relative à la responsabilité du fait des produits défectueux*

La loi précitée transpose en droit belge une directive du Conseil des Communautés européennes du 25.07.1985 concernant la responsabilité du fait des produits défectueux.

Cette loi, cosignée par les ministres de la Justice et des Affaires économiques, s'articule autour des principes suivants :

1. le principe de la responsabilité sans faute : la victime ne doit pas prouver que le producteur a commis une faute. Il suffit de prouver le dommage, le défaut et le lien de causalité entre le défaut et le dommage ;

2. l'exclusion des produits de l'agriculture, de l'élevage, de la chasse et de la pêche ;

3. l'exclusion des risques de développement, ce qui signifie l'absence de responsabilité du producteur "s'il prouve que l'état des connaissances scientifiques et techniques au moment de la mise en circulation du produit par lui n'a pas permis de déceler l'existence du défaut" ;

4. l'inclusion d'un plafond d'indemnisation pour l'ensemble des dommages corporels causés par un même défaut.

4. Loi du 5 août 1991 sur la protection de la concurrence économique

La nouvelle loi sur la concurrence fait partie d'un nouveau dispositif de droit économique aux côtés des nouvelles lois sur le crédit à la consommation, le crédit hypothécaire, les assurances, les pratiques du commerce.

Bien que la concurrence apparaisse souvent comme un concept abstrait et distant, qui concerne d'abord les entreprises dans leur rapport entre elles et avec l'autorité publique, elle intéresse les consommateurs dans la mesure où elle a pour objectif la satisfaction de leurs besoins.

La loi a comme caractéristique essentielle de viser l'instauration d'un régime où sont éliminées au maximum les restrictions apportées par les entreprises à une concurrence effective. L'objectif de la loi est double : d'une part, garantir le droit à l'entreprise individuelle d'exercer ses activités sur le marché de son choix dans des limites claires et nettement circonscrites et, d'autre part, créer le cadre pour que les entreprises et les particuliers bénéficient des effets favorables de la concurrence sur les prix et la qualité des produits.

5. Loi du 25 juin 1992 sur le contrat d'assurance terrestre

La nouvelle loi vise, en principe, à mieux protéger l'assuré, du fait de sa réelle position de faiblesse face à ses assureurs. Elle s'attache de plus à prendre en compte le développement, depuis 1874, des assurances terrestres, en particulier en assurance vie et en assurance de responsabilité. L'ancienne loi était axée sur la liberté des parties au contrat, tandis que la nouvelle s'impose à elles impérativement, sauf dans les cas qu'elle prévoit expressément. Ce caractère impératif va s'imposer, malgré l'application du "home country control" (c'est-à-dire le principe de la suffisance du contrôle dans le pays d'origine), aux assureurs étrangers qui pratiqueront la libre prestation de service sur le territoire belge.

La durée des contrats sera désormais limitée à un an, avec ensuite des tacites reconductions annuelles consécutives à moins qu'une des parties y renonce expressément. En assurance vie et en assurance maladie, la durée des contrats peut être supérieure, mais le preneur peut résilier le contrat soit à la date anniversaire de sa prise d'effet, soit à l'échéance annuelle de la prime. Elle peut être supérieure également pour les entreprises importantes.

Les deux premiers chapitres de la nouvelle loi sont consacrés à des dispositions d'intérêt général, communes à toutes les branches des assurances terrestres. Ensuite, la loi traite séparément les dispositions propres aux assurances à caractères indemnitaires et à caractères forfaitaires, aux assurances de dommages, aux assurances de choses et aux assurances de la responsabilité, aux assurances de la protection juridique et enfin aux assurances de personnes, dont l'assurance Vie.

6. Loi du 4 août 1992 sur le crédit hypothécaire

Cette nouvelle loi permettra au consommateur de choisir la solution qui lui convient le mieux en matière d'emprunts hypothécaires.

Quel(s) bienfait(s) le consommateur peut-il attendre de cette nouvelle législation? Tout d'abord, la liberté de choisir entre un emprunt à taux fixe (généralement plus cher) ou un emprunt à taux variable. Le particulier qui choisira la variabilité des taux s'expose à une révision annuelle du contrat. Le législateur a cependant prévu plusieurs mécanismes de protection. Le premier dispose ainsi que la révision doit jouer tant à la hausse qu'à la baisse et dans les limites de taux "plancher et plafond". Ces garde-fous seront déterminés par les établissements de crédit eux-mêmes. C'est sur ce point sans doute que se focalisera la concurrence.

Constatant que les ménages éprouvent l'essentiel des difficultés de remboursement de leurs emprunts au cours des trois premières années, les auteurs de la loi ont prévu que les adaptations de taux en deuxième et troisième années du contrat ne pourraient excéder 2 pour cent à la hausse au total. L'entrée du consommateur dans le système de la variabilité se fait donc très progressivement.

Un troisième mécanisme limite encore les pouvoirs discrétionnaires des organismes prêteurs : l'adaptation (à la hausse bien sûr) des taux est liées à l'évolution d'une liste d'indices de référence (référence au rendement des fonds d'Etat, principal taux directeur sur les marchés financiers belges) .

V. Information et éducation des consommateurs

1. *Étiquetage*

La loi du 14 juillet 1991 sur les pratiques du commerce et sur l'information et la protection du consommateur énonce des obligations d'information en ce qui concerne la dénomination, la composition et l'étiquetage des produits et des services. En 1991 et 1992, des réglementations particulières ont été prises en matière d'indication du prix des denrées alimentaires et des produits non alimentaires, en matière de tarif des services de coiffure et en matière d'indication du prix des produits commercialisés en vrac ou préemballés en quantités variables.

2. *Information*

Le Service "Consommation Crédit" assure une mission générale d'information et d'aide juridique au consommateur sous forme de conseils et d'avis juridiques rendus suite à des plaintes individuelles.

Il assure également cette mission d'information au moyen de publications telles que par exemple :

-- Acheter mieux, vivre mieux

-- Le guide du consommateur

-- Le crédit à la consommation, etc.

En 1991 la brochure intitulée "Adaptés et sûrs" réalisée en collaboration avec le Centre de Recherche et d'Information des Organisations de Consommateurs (CRIOC) qui concerne les jouets et les principes de sécurité auxquels ils doivent répondre.

Enfin, pendant les années 1991 et 1992, le service a encore rédigé, à l'intention des journalistes spécialisés de la radio-télévision de service public (RTBF et BRTN) une abondante documentation contenant les données juridiques dont ils avaient besoin pour préparer des émissions d'information du consommateur diffusées chaque semaine.

3. *Éducation*

L'éducation du consommateur à l'école relève de la compétence des autorités fédérées.

Au niveau national le service info-éducation du consommateur du CRIOC a mis au point des publications et des fardes de formation destinées à l'enseignement et à la formation des adultes. Il a participé à des campagnes de sensibilisation et de formation (dépliants, affiches, brochures.)

VI. Mécanismes de recours et de réclamation

1. *Procédures judiciaires*

La loi du 3 août 1992 modifiant le Code judiciaire a réformé de nombreuses dispositions de procédure dans le but de combattre l'arriéré judiciaire ainsi que le retard injustifié dans la mise en état des affaires.

L'importance de cette réforme pour les litiges de la consommation est liée notamment aux modifications qui concernent :

-- la compétence *ratio summae* du juge de paix, qui est portée à 75 000 BEF ;

-- le montant du dernier ressort, qui est porté à 50 000 BEF en ce qui concerne le juge de paix, et à 75 000 BEF en ce qui concerne le tribunal de première instance ;

-- l'introduction de l'instance par comparution volontaire ainsi que la requête contradictoire (celle-ci est uniforme dans les cas où ce mode introductif d'instance est prévu par la loi) ;

-- les débats succincts ;

-- les délais pour le dépôt des conclusions et la discipline des nullités ;

-- les sanctions (amendes) qui frapperont les appels "téméraires ou vexatoires".

2. *Procédures extra-judiciaires*

Une procédure d'arbitrage (Commission des litiges) a été créée par les consommateurs et les professionnels de trois secteurs spécifiques : agences de voyage, blanchisseries et vente de meubles ; la décision rendue par une Commission des litiges est contraignante pour les parties, comme toute décision arbitrale, et le consommateur qui décide d'entamer la procédure doit payer un montant qui est proportionnel à la valeur du litige.

Le ministre de la Justice et des Affaires économiques vient officiellement de reconnaître d'utilité publique de la Commission des litiges voyages, en mettant notamment des locaux et du personnel administratif à la disposition de celle-ci.

Dans le secteur financier, certaines procédures de traitement des litiges ont été mises en place par les professionnels "Ombudsman" de l'Association Belge des Banques, "Commission des litiges" du Groupement des Banques d'Epargne, (Ombudsman des assurances, Ombudsman de la Bourse) ; ces procédures n'aboutissent pas à une décision contraignante.

En ce qui concerne certains services publics (poste, téléphone et chemins de fer), la loi du 21.03.1991 a prévu la mise en place d'un service de médiation. Les médiateurs ont été désignés par arrêtés royaux du 22.12.1992 et peuvent recourir, à la demande des parties, à l'arbitrage.

3. *Autorités administratives*

L'Inspection Générale économique du ministère des Affaires économiques dispose de compétences étendues en matière d'information, prévention, constatation et poursuite des infractions aux réglementations économiques. Selon la loi du 14 juillet 1991 sur les pratiques du commerce et sur l'information et la protection du consommateur, les agents de l'IGE peuvent adresser au contrevenant un "avertissement", le mettant en demeure de mettre fin à l'infraction. Au cas où il n'est pas donné suite à cet avertissement, le ministère pourra :

a) transmettre le procès-verbal (qui fait foi jusqu'à preuve du contraire) au Procureur du Roi, s'il s'agit d'infractions pénales ;

b) intenter une action en cessation devant le tribunal du commerce.

Les agents commissionnés par le ministre peuvent aussi proposer aux contrevenants le paiement d'une somme qui éteint l'action publique.

Dans le domaine des denrées alimentaires, le pouvoir d'enquête est exercé par l'inspection des denrées alimentaires qui relève du ministère de la Santé publique.

4. *Actions d'intérêt collectif*

L'action en cessation prévue par la loi du 14 juillet 1991 peut être formée aussi à la demande "d'une association ayant pour objet la défense des intérêts des consommateurs et jouissant de la personnalité civile pour autant qu'elle soit représentée au Conseil de la Consommation ou qu'elle soit agréée par le ministre des Affaires économiques"; Cette action est formée et instruite devant le tribunal de commerce, selon les formes du référé ; le jugement est exécutoire par provision, nonobstant tout recours et sans caution.

La cessation peut être ordonnée pour tout acte, même pénalement réprimé, constituant une infraction aux dispositions de ladite loi, dont le champ d'application est très vaste (entre autres, on y réglemente la publicité dans le sens de la directive 84/450/CEE). En plus, ces dispositions "spécifiques" sont complétées par une "clause générale" selon laquelle "est interdit tout acte contraire aux usages honnêtes en matière commerciale par lequel un vendeur porte atteinte ou peut porter atteinte aux intérêts d'un ou de plusieurs consommateurs".

D'autres actions d'intérêt collectif peuvent être intentées par une organisation de consommateurs dans des domaines spécifiques, et notamment :

-- crédit à la consommation (loi du 12 juin 1991) ;

-- services financiers (loi du 4 décembre 1990) ;

-- publicité trompeuses en ce qui concerne les professions libérales (loi du 21 octobre 1992).

CANADA

Consumer and Corporate Affairs Canada (CCAC) (administration canadienne des affaires intéressant les consommateurs et les entreprises), qui est responsable de l'application de l'ensemble de la législation fédérale régissant les opérations effectuées sur le marché canadien est souvent dénommée "ministère du Marché". Ce ministère se compose des quatre bureaux suivants : Affaires intéressant les consommateurs ; Affaires concernant les entreprises et Politique législative ; Politique de la concurrence ; Politique des entreprises et planification stratégique. CCAC a pour mission de favoriser la loyauté et l'efficacité des opérations sur le marché canadien en :

-- élaborant des règles et des lignes directrices régissant la conduite des entreprises et en en gérant l'application ;

-- veillant à l'exactitude des informations pour que les consommateurs puissent prendre leur décision en connaissance de cause ;

-- maintenant et favorisant la concurrence entre les entreprises ;

-- établissant, appliquant et faisant respecter des normes relatives au commerce des marchandises et des services ;

-- assurant une protection contre les risques liés aux produits, et

-- encourageant la divulgation et la diffusion d'informations de nature technique.

En outre, la protection du consommateur est assurée par les gouvernements des provinces, en particulier dans les domaines suivants : information relative aux crédits, contrats concernant des points de vente, législation régissant les rapports entre propriétaires et locataires, assurances, immobilier et opérations de recouvrement de dettes.

I. Évolution d'ordre institutionnel

Le secrétariat pour l'encadrement de la politique à l'égard du consommateur, mis en place en vue de la conception et de l'élaboration d'une stratégie concernant la politique à l'égard du consommateur pour le gouvernement fédéral, a publié un document de synthèse intitulé : "The Marketplace in Transition, Changing Roles for Consumers, Business and Governments" (le marché en transition : évolution du rôle des consommateurs, des entreprises et des administrations) décrivant le contexte du marché auquel le consommateur est confronté et proposant l'étude de certains domaines d'action pour les pouvoirs publics. Ce secrétariat a fusionné avec le Consumer Policy and Services Branch (administration existante de la politique et des services intéressant les consommateurs) par la création de la Consumer Policy Branch (administration de la politique envers les consommateurs).

Grâce à son programme de subventions et d'aides, CCAC a fourni $1 760 000 à des organisations de consommateurs et à des organisations bénévoles afin de renforcer le rôle du consommateur sur le marché. Au cours de la période 1991-1992, 14 organisations ont été financées en vue de l'exécution de 27 projets destinés à protéger les intérêts des consommateurs. Ces projets concernaient les questions intéressant les consommateurs dans les domaines suivants : négociations relatives à la création d'une zone de libre-échange entre le Canada, les Etats-Unis et le Mexique, achats transfrontière, compétitivité canadienne et consommateur, exactitude de l'étiquetage et de la publicité en matière d'environnement, protection des données concernant le consommateur, information fournie par les institutions financières au sujet des redevances et des commissions en contrepartie des services, équité dans le réaménagement des tarifs des appels interurbains, structure et coûts des services de télévision câblée, réparation des voitures endommagées à la suite de collisions, autocollants concernant les prix des voitures neuves, représentation des intérêts du consommateur auprès des fabricants et des distributeurs de jouets, radiotélédiffusion et appareils auditifs pour les malentendants.

II. Sécurité du consommateur

Une étude approfondie de la réglementation relative aux produits chimiques de consommation et aux conteneurs visant à en étendre le champ d'application et l'efficacité, a été poursuivie. Cette réglementation exige la pose d'un étiquetage appelant à prendre des précautions et d'un emballage résistant aux enfants sur certains produits chimiques de consommation qui ont été expressément ajoutés à la Loi sur les produits dangereux. Néanmoins, de nombreux autres produits chimiques tout aussi dangereux ne sont pas actuellement visés par cette réglementation. L'étude a pour objectif essentiel la mise au point d'une réglementation suffisamment générale pour que tout produit chimique dangereux, à utilisation domestique, tombe dans son champ d'application. L'étude en cause porte également sur divers autres thèmes, tels que les moyens de résoudre les difficultés auxquelles les usagers âgés sont confrontés en utilisant des emballages résistant aux enfants et de présenter dans les meilleures conditions les conseils de prudence figurant sur l'étiquette de manière à ce que les mises en garde soient lues, comprises et prises en compte. La réalisation du projet devrait être terminée en 1994.

Une procédure d'essai visant à déterminer la résistance des enfants à l'utilisation des briquets pour cigarettes a été mise au point avec le concours de l'American Society for Testing and Materials (société américaine des essais et des produits) et de la Consumer Products Safety Commission (commission américaine pour la sécurité des produits de consommation). Cette procédure d'essai sera utilisée en vue de la mise à jour de la réglementation existante relative aux briquets.

Le projet de loi C-70, adopté en 1988, établissait les exigences au niveau fédéral du Workplace Hazardous Materials Information System (WHMIS) (Système d'information sur les produits dangereux au lieu de travail). Le 12 avril 1991, une commission parlementaire a présenté un rapport contenant des recommandations sur la destination à donner aux produits ne relevant pas initialement du système. Des recommandations à ce sujet, traduisant une unité de vues entre les représentants de l'industrie, des syndicats et des administrations fédérale, provinciales et territoriales ont été communiquées à la commission parlementaire aux fins d'examen.

Afin de soutenir les efforts du gouvernement fédéral visant à réduire le risque lié au fait d'être exposé au plomb et au mercure, Product Safety Program, Health Canada (organisme chargé de la sécurité des produits) et le Canadian Paint and Coatings Association (CPCA) (association canadienne pour les peintures et les revêtements) ont conclu un accord librement consenti afin d'éliminer l'utilisation du plomb et du mercure dans les peintures utilisées pour les intérieurs par les consommateurs, accord qui est entré en vigueur le 1er janvier 1991. Auparavant, on ajoutait dans les peintures du plomb pour la résistance à la corrosion, en tant qu'agent de dessiccation et de colorant et du mercure contenant des composés chimiques aux fins de conservation du contenu afin de faire obstacle au développement des bactéries et des champignons. Néanmoins, les deux substances sont toxiques, spécialement pour les enfants. Le chiffre d'affaires des firmes affiliées à la CPCA correspond à plus de 90 pour cent des ventes au Canada pour les peintures destinées aux consommateurs. Les études menées par les fonctionnaires chargés de la sécurité des produits ont confirmé que les affiliés de la CPCA avaient renoncé à utiliser le plomb et le mercure pour la fabrication de leurs peintures utilisées par les consommateurs pour leurs intérieurs.

Afin de dissiper les inquiétudes concernant la pollution atmosphérique intérieure dégagée des tapis neufs, l'institut canadien du tapis a mis au point un programme industriel facultatif. Au titre de ce programme, une étiquette spéciale est fixée sur les tapis qui ont été testés et qui dégagent moins de 0.6 mg/m2 à l'heure de produits chimiques volatiles dans l'air.

III. Protection des intêret économiques du consommateur

La loi sur la concurrence contient des dispositions traitant de la publicité mensongère et des pratiques commerciales fallacieuses. Au cours des années civiles 1991 et 1992, plus de 26 000 dossiers ont été ouverts à la suite du dépôt de plaintes au titre de ces dispositions. L'application de ces dispositions est assurée en utilisant une méthode qui vise à équilibrer leur respect volontaire, les poursuites pénales, là où elles sont justifiées, et des mécanismes de règlement amiable des différends. Les dispositions de la loi relatives à la commercialisation à échelons multiples et à la vente à la boule de neige ont été modifiées en 1992 et ces modifications sont entrées en vigueur le 1er janvier 1993. Des mesures pédagogiques ont comporté la publication des *Misleading Advertising Guidelines* (directives concernant la publicité mensongère) en septembre 1991, du *Misleading Advertising Bulletin* (bulletin sur la publicité mensongère), d'une revue trimestrielle Advice, d'une feuille périodique contenant des mises en garde au sujet d'escroqueries actuelles dont les Canadiens sont victimes et d'un bulletin d'information relatif aux nouvelles dispositions en matière de commercialisation à échelons multiples et de ventes à la boule de neige.

IV. Information et formation du consommateur

Programmes de sécurité

La Protect Safety Branch a continué à s'occuper du problème des dommages liés aux produits parmi les consommateurs âgés. L'*Injury Prevention Program for Old Consumers* (le programme de prévention des dommages pour les consommateurs âgés), qui n'était pas destiné à être une initiative réglementaire, comprenait les éléments suivants :

-- SafePro Network (sécurité des produits pour une population vieillissante)

-- Canadian Seniors Packaging Advisory Council (CASPASC) (Conseil consultatif de l'emballage pour les canadiens âgés)

-- Programme de sensibilisation.

La mise en place du SafePro Network était destinée à sensibiliser l'industrie et les concepteurs industriels aux besoins d'une population vieillissante en matière de produits de consommation et à stimuler la conception et l'utilisation de produits plus sûrs et améliorés non seulement pour les aînés mais également pour la population canadienne dans son ensemble. On dénombre actuellement parmi les affiliés de SafePro des associations de personnes âgées, des associations de consommateurs, des centres de mise au point de produits, des associations d'esthétique industrielle, des administrations fédérales et provinciales et des organismes de normalisation. Une brochure intitulée "Product Safety and our Aging Society : Design Considerations for Manufacturers and Designers" (la sécurité des produits et le vieillissement de notre société : considérations en matière de conception pour les fabricants et les concepteurs) a été réalisée avec le concours de l'industrie et diffusée parmi les fabricants et les concepteurs canadiens.

Constitué en 1991, le CASPAC est une organisation bénévole qui regroupe des citoyens âgés, des représentants de l'industrie et de l'administration et est destinée à aborder la question des besoins d'une population vieillissante en matière d'emballage. Il a reçu récemment une subvention de 436 000 $ au titre du nouveau programme Ventures in Independence program of Health Canada. Cette subvention servira au financement de deux projets. Le premier est la mise au point d'un programme de formation des consommateurs âgés à l'utilisation sans risque d'emballages. Ce programme est destiné à bénéficier aux associations de personnes âgées, aux centres communautaires, aux résidences pour personnes âgées et aux maisons de retraite. Le deuxième projet est un programme de sensibilisation pour l'industrie de l'emballage, destiné à aider les concepteurs et les fabricants à prendre conscience des besoins et des caractéristiques des personnes âgées et à s'initier à la conception de l'emballage.

Le rapport scientifique intitulé "Injuries and Seniors : the Canadian Context" (Dommages et personnes âgées : le contexte canadien) a été mis au point et a trouvé un grand écho dans les médias, et il reste très demandé par les associations de personnes âgées, les services de soins de santé et les infirmiers s'occupant des personnes âgées. Une série d'articles sur la sécurité a été réalisée avec le concours de One Voice, une association nationale de personnes âgées pour les publications adressées aux aînés. Ces articles ont également été très demandés et publiés, par exemple, dans Today's Seniors, dont la diffusion atteint 331 000 exemplaires dans la province de l'Ontario. Une bande vidéo intitulée Safety for Seniors est actuellement diffusée et elle est utilisée par des associations de personnes âgées et des inspecteurs chargés de la sécurité des produits dans divers groupes de travail. Des expositions ayant pour thème la sécurité et visant les personnes âgées et la distribution de documentation destinée aux personnes âgées et les analphabètes fonctionnels sont restées un important secteur d'activité.

Quelle que soit la manière dont la sécurité est intégrée dans un produit, des enfants meurent encore ou subissent des dommages liés aux produits de consommation. Un grand nombre de tragédies dans ce domaine tient au manque de connaissance des dangers potentiels, à un mauvais usage de produits qui par ailleurs sont sans risques ou à un entretien insuffisant des produits. Product Safety a lancé en septembre 1990 le KidsCare National Program. Ce programme vise à rendre davantage conscients les parents et les grands-parents, les infirmiers et les enfants des risques théoriques de dommages ou de mort liés aux produits de consommation. Il vise à réduire les risques en les informant des précautions à prendre pour empêcher les dommages aux enfants.

Des programmes de sensibilisation sont une méthode, dont la rentabilité est avérée, pour la communication d'importants messages en matière de sécurité aux publics ciblés. La sécurité des enfants constitue une responsabilité à partager entre les consommateurs, l'industrie et les pouvoirs publics. Dans le cadre de ses divers projets et compagnes de sensibilisation, KidsCare collabore avec d'autres parties intéressées et organismes parrainant afin d'atteindre cet objectif commun. Les principales réalisation de KidsCare comprennent la campagne d'information au sujet des cordons pour aveugles et des cordons de rideau, la campagne d'information sur les dangers liés aux produits chimiques, la campagne "KidsCare Safety Hunt", la campagne "KidsCare Safety Home", la bande vidéo didactique "Home safety with radar" et le manuel intitulé "Is your child safe ?" (votre enfant est-il en sécurité), un manuel et un poster d'information concernant les jouets et la sécurité. Cette documentation incitative et didactique est proposée aux centres de soins journaliers, aux écoles, aux médias, aux infirmiers, dont les activités s'exercent dans le domaine de la prévention des dommages liés aux produits causés aux enfants.

Normes et codes facultatifs

Un groupe de travail officiel de la consommation des produits de l'industrie a achevé la mise au point d'un recueil d'instructions facultatif visant les transferts électroniques de fonds opérés au moyen de dispositifs d'opérations bancaires automatisés et de cartes de débit. Ce recueil a été lancé le 1er mai 1991 et a été mis en vigueur en mars 1993. Il concerne des questions telles que la divulgation des clauses et des conditions, la responsabilité, les recours et la protection des données.

Des travaux ont été entamés en vue de la mise au point d'un code modèle national sur la protection de la vie privée et le transfert transfrontière de données personnelles.

Étiquetage

En mai 1991, le gouvernement fédéral a publié ses Guiding Principles on Environmental Labelling and Advertising (principes directeurs de l'étiquetage et de la publicité en matière d'environnement) qui interdira l'usage d'affirmations en matière d'environnement ambiguës, incomplètes ou non pertinentes, et imposera à l'industrie l'obligation d'apporter la preuve du bien-fondé de ses affirmations par des informations dignes de foi et/ou des méthodes d'essai. Reconnaissant le caractère évolutif des affirmations en matière d'environnement, il s'est engagé à revoir ces principes dans le délai d'un an. Le travail de révision a été entamé en mars 1992 et a comporté également des consultations approfondies avec toutes les parties intéressées.

En octobre 1991, CCAC a engagé une action concernant les affirmations publicitaires relatives aux recommandations en matière de nutrition réalisées par des organismes qui ne contrôlent pas les activités d'emballage ou d'étiquetage des produits alimentaires. Cette politique s'applique aux déclarations et/ou aux affirmations associant les aliments avec les directives canadiennes pour une alimentation saine, les recommandations nutritionnelles pour les Canadiens et/ou les mentions "Healthy Eating", "Healthy Diets", "Healthy Choice" ou des termes synonymes utilisés pour la publicité par des organismes de commercialisation ou de promotion de produits alimentaires. Elle est destinée aux associations de producteurs et de fabricants, aux conseils de commercialisation et aux organisations similaires de promotion d'information sur les produits, qui ne contrôlent pas l'emballage ou l'étiquetage des produits alimentaires en cause ou n'en sont pas responsables.

En septembre 1992, CCAC et Health and Welfare Canada ont lancé conjointement une campagne visant au respect de l'usage des symboles et des affirmations en matière de santé sous forme de coeurs sur les étiquettes des produits alimentaires et dans la publicité des produits alimentaires. Cette campagne complète les directives pour les programmes d'information sanitaire comportant la vente de produits alimentaires lancés en 1991 à la suite des travaux de la commission intersectorielle spéciale sur les programmes d'information sanitaire concernant la vente d'un produit alimentaire et sur l'usage des recommandations nutritionnelles dans l'étiquetage et la publicité des produits alimentaires. Elle est destinée à clarifier davantage la position de CCAC et de la Health Protection Branch (administration de la protection de la santé) concernant l'usage de symboles et des affirmations en matière de santé en forme de coeurs dans l'étiquetage et la publicité des produits alimentaires, dont il n'a pas été spécialement fait état dans les directives.

En octobre 1992, la responsabilité de l'autorisation préalable de la publicité radiodiffusée des produits alimentaires et des boissons a été transférée du gouvernement fédéral à la Canadian Authorizing Foundation (CAF), un organisme du secteur privé. Au sein de sa structure chargée de l'autorisation préalable, la CAF a mis en place une commission consultative en matière de produits alimentaires et une commission de recours. La première est chargée de surveiller les travaux d'autorisation préalable tandis que la deuxième est une instance de recours pour les annonceurs.

En novembre 1992, la réglementation des produits alimentaires et des médicaments a fait l'objet d'un amendement général destiné à davantage tenir compte des pratiques actuelles sur le marché en matière d'étiquetage. Plusieurs amendements avaient déjà été mis en oeuvre par l'industrie alimentaire. Dans l'ensemble, des amendements continueront à veiller à ce que le consommateur dispose d'informations suffisantes pour lui permettre de choisir des produits sur le marché en connaissance de cause. Les amendements intéressant particulièrement la protection du consommateur sont les suivants :

-- une disposition supplémentaire prévoyant la mention explicite dans la 'liste des ingrédients' du sel, du chlorure de potasse, de l'acide glutamique ou de ses sels, de la protéine végétale hydrolysée et de l'aspartame lorsqu'ils sont des composants des ingrédients tels que les dosages de saveur, les assaisonnements, les couleurs, etc.

-- une utilisation plus poussée des noms communs pour les groupes d'ingrédients apparentés, par exemple les sulfites, les ingrédients du lait. C'est là un amendement particulièrement utile pour les personnes exposées à des réactions négatives aux aliments.

Au début de 1992, le Canada a répondu aux propositions en matière d'étiquetage des aliments de l'administration américaine de l'alimentation et des médicaments et du ministère américain de l'agriculture. La proposition commune CCAC/HWC a été rédigée après des consultations du public et la réception d'observations écrites émanant d'une série de parties intéressées. Aux termes de cette proposition, les administrations américaines devraient se rapprocher des normes canadiennes.

Questions diverses

Le bureau des affaires intéressant les consommateurs participe à un examen global des règlements fédéraux. Une attention particulière est prêtée aux doubles emplois et aux empiétements de règlements sur d'autres compétences.

CCAC a participé à la semaine nationale du consommateur en 1992, en plaçant l'accent sur les thèmes suivants : "It's everybody's business" (c'est l'affaire de tout le monde) et "The Wise Use of Credit" (l'utilisation sage du crédit).

V. Réparation et voies de recours

De nombreuses difficultés ou plaintes de consommateurs particuliers relèvent de la compétence des provinces. Les administrations fédérales continuent à acheminer les consommateurs vers les administrations provinciales compétentes en pareil cas. Elles continuent à encourager le secteur privé à mettre au point des moyens de recours pour les consommateurs.

VI. Relations entre la politique de la consommation et divers aspects de la politique gouvernementale

Le bureau des affaires intéressant les consommateurs a participé à des négociations commerciales multilatérales et bilatérales, y compris à celles qui ont débouché sur la conclusion de l'accord nord-américain de libre-échange (ALENA).

CCAC rencontre deux fois par an ses homologues provinciaux. En 1991-1992, les thèmes examinés comportaient un examen de la réglementation, la globalisation des échanges (GATT et ALENA), les contrats types et les formules dont le sens est évident, les marques et les dénominations commerciales, la télécommercialisation, le respect de la vie privée des consommateurs, le coût de la divulgation du crédit, les recours du consommateur, les escroqueries utilisant les services postaux entre provinces, les transferts électroniques de fonds, les produits pharmaceutiques, les télécommunications, les faillites, le partage des informations au niveau fédéral et provincial au sujet des mesures de mise à exécution.

DANEMARK

I.   Évolution d'ordre institutionnel

Le Forbrugerstyrelsen (Agence nationale du Danemark pour la consommation) a été créé le 1er janvier 1988 par le regroupement de trois organismes gouvernementaux : le Forbrugerklagenævnet (Bureau chargé de recevoir les plaintes des consommateurs), le Forbrugerombudsmanden (Médiateur des consommateurs) et le Statens Husholdningsråd (Conseil d'économie domestique du gouvernement danois). Ce regroupement devait permettre d'améliorer la gestion générale des opérations en la rendant plus efficace et en favorisant la coordination et l'efficacité des initiatives prises en faveur des consommateurs. Depuis l'été 1991, ces trois organismes partagent les locaux de l'Agence nationale du Danemark pour la consommation, situés à l'adresse suivante : Amagerfælledvej 56, DK-2300 Copenhague S, Danemark.

Depuis 1992, l'Institut danois chargé de l'étiquetage informatif (Dansk Varefakta Nævn) se trouve à la même adresse. Cette fondation privée oeuvre à la généralisation du recours volontaire à l'étiquetage informatif dans l'intérêt des consommateurs.

La directive de la CE relative à la sécurité générale des produits, adoptée en juin 1992, doit être appliquée au plus tard en juin 1994. L'Agence nationale pour la consommation, qui est l'organisme responsable de la sécurité des produits au Danemark, étudie actuellement les changements organisationnels qui devront être apportés pour permettre l'application de la législation à venir.

II.   Sécurité des consommateurs (sécurité des produits)

La question de la sécurité des produits occupe une place de plus en plus importante dans les activités de l'Agence nationale pour la consommation. C'est l'un des principaux objectifs des plans d'activité du Conseil d'économie domestique tant au niveau des enquêtes qu'il mène, que des informations qu'il publie. Cet organisme a, par exemple, notamment lancé une vaste campagne pour la sécurité des enfants sur le thème : "La sécurité des enfants -nous sommes tous responsables". Il convient d'ajouter que les affaires soumises au Bureau chargé de recevoir les plaintes des consommateurs impliquent souvent des questions de sécurité.

Le Médiateur des consommateurs, l'Agence pour la consommation et les autorités spéciales compétentes ont continué de coopérer étroitement en 1991 et 1992.

Au cours de cette période, un total de 300 notifications a été reçu, dont 66 ont été évaluées par le Médiateur des consommateurs pour déterminer s'il était possible de leur appliquer un régime plus détaillé en vertu des dispositions de la loi sur les pratiques commerciales. L'Agence pour la consommation a traité 33 notifications portant sur des jouets qui ne répondaient pas aux critères de sécurité. Les autres notifications (201 au total) ont été soumises à d'autres autorités spécifiques. Au cours de la période étudiée, le Danemark a adressé à la Commission des communautés européennes 9 notifications qui concernaient tout les appareils électriques.

1. Directive relative à la sécurité générale des produits

Cette directive a été adoptée le 29 juin 1992 et doit être appliquée au plus tard le 29 juin 1994. Les États membres de la CE doivent instituer des autorités chargées de contrôler la conformité des produits aux normes de sécurité fixées par la directive. Au Danemark, c'est à l'Agence nationale pour la consommation qu'incombe la responsabilité d'élaborer la nouvelle législation relative à la sécurité des produits. Un comité a été chargé en 1993 de rédiger un projet de législation avant la fin de l'année. Ce comité est composé de représentants de plusieurs ministères et des milieux d'affaires.

Jusqu'à présent, les questions concernant la sécurité des produits étaient traitées sur la base des législations spéciales existantes (par exemple, loi sur l'électricité, l'environnement etc.) tandis que celles auxquelles aucune législation particulière n'était applicable, étaient soumises à la clause générale de la loi danoise sur les pratiques commerciales. La nouvelle législation dans ce domaine conférera essentiellement de plus vastes pouvoirs aux autorités chargées de la sécurité des produits.

2. Administration de la directive relative aux jouets

La directive sur les règles applicables, en matière de sécurité, aux jouets et aux produits qui, en raison de leur apparence, peuvent être pris pour des produits alimentaires est entrée en vigueur en mars 1992. Elle contient des dispositions régissant le contrôle officiel des jouets sur le marché danois. La responsabilité de ce contrôle incombe à l'Agence nationale pour la consommation, à l'Agence nationale pour la protection de l'environnement et à l'Office danois d'homologation du matériel électrique (DEMKO). L'Agence nationale pour la consommation est chargée d'assurer la coordination administrative.

De nombreux fabricants et importateurs ne sont pas certains de la procédure à suivre pour obtenir le label CE pour leurs produits. Il s'agit parfois de faire approuver le type de jouet. L'Agence pour la consommation a d'ailleurs autorisé deux laboratoires à accorder ces homologations au Danemark. Il s'agit de l'Institut technologique danois (Dansk Teknologisk Institut) et des instituts FORCE (Dantest).

3. Participation à PROSAFE

PROSAFE - The Product Safety Enforcement Forum of Europe - regroupe des spécialistes de presque tous les pays de l'Europe de l'Ouest, membres et non membres de la CE. La Commission des Communautés européennes a un statut d'observateur auprès du PROSAFE. Ce forum se réunit deux à trois fois par an dans le but d'améliorer la sécurité des produits sur le marché européen. Il doit permettre une action plus efficace et plus homogène contre les produits dangereux présents sur les marchés par le biais d'un échange d'informations et d'une confrontation des expériences.

L'Agence pour la consommation participe au PROSAFE depuis la création de celui-ci.

4. Système EHLASS

De 1986 à 1992, le Danemark a participé au projet de démonstration EHLASS - Système européen de contrôle des accidents au foyer et lors des activités de loisir. C'est l'Agence pour la consommation qui est chargée de l'exécution du projet en ce qui concerne le Danemark.

Le système EHLASS permet d'enregistrer les accidents survenant dans les foyers et pendant les loisirs. Il fournit notamment des informations sur les produits en cause, la nature de l'accident et ses circonstances.

Cette information a été utilisée, par exemple, par l'Agence nationale pour la consommation dans le cadre de ses campagnes pour la prévention des accidents dont sont victimes les enfants et les personnes âgées. Le système EHLASS permet aussi de fournir aux consommateurs des produits plus sûrs et il doit être utilisé pour l'administration de la loi en préparation sur la sécurité des produits.

Au Danemark, les données sont réunies dans cinq hôpitaux. Le système EHLASS couvre 15 pour cent de la population danoise, ce qui signifie que les informations rassemblées sont représentatives de l'ensemble du pays.

Le système a été institué en 1987 pour une période de cinq ans qui a, par la suite, été prolongée d'un an. Il est actuellement envisagé de le reconduire à nouveau pour cinq ans. Une décision devrait être prise dans le courant de l'été.

III. Protection des intérêts économiques des consommateurs

1. Institutions financières

Cartes de paiement - cartes de crédit

Un amendement de la loi relative aux cartes de paiement est entrée en vigueur en juin 1992. Il modifie notamment les conditions de compensation en stipulant que le titulaire d'une carte de paiement sera, d'une manière générale, tenu responsable à concurrence de 1 200 couronnes danoises de l'utilisation frauduleuse de sa carte, si son numéro d'identification personnel a été employé. Cette règle s'applique dans tous les cas, c'est-à-dire que le titulaire de la carte ait ou non fait preuve d'imprudence dans l'utilisation de son code confidentiel.

En vertu des nouvelles dispositions, le titulaire de la carte est tenu responsable à concurrence de 8 000 couronnes danoises s'il a lui-même donné sa carte à l'utilisateur abusif ou s'il a fait preuve d'une négligence grossière.

Si l'organisme ayant émis la carte peut toutefois prouver que le titulaire de la carte a communiqué son code confidentiel à l'utilisateur abusif, la responsabilité du titulaire porte sur la totalité de la somme en jeu.

Depuis l'introduction, en 1984, de la carte nationale danoise de paiement, "DANKORT", la loi sur les cartes de paiement régit les paiements électroniques par carte. Cette carte d'utilisation très répandue, offerte par l'ensemble des banques danoises, domine le marché depuis plusieurs années et c'est de loin celle qui est acceptée par le plus grand nombre de magasins et d'établissements du secteur des services. La loi susmentionnée s'applique à la "DANKORT" ainsi qu'à tous les autres systèmes offerts, ou utilisables, dans le pays.

La principale disposition de la loi sur les cartes de paiement stipule que les systèmes de paiement par carte doivent être conçus et fonctionner de manière à assurer à leurs utilisateurs la clarté et le caractère volontaire des opérations et à les protéger contre les emplois abusifs. Il revient au Médiateur des consommateurs de s'assurer du respect de la loi.

Au cours des dernières années, le Médiateur a mené, avec l'aide de comptables, plusieurs enquêtes de sécurité sur les systèmes de paiement par carte offerts aux consommateurs danois. Il en a, par exemple, consacré deux au système national décrit plus haut. Ces enquêtes ont essentiellement eu un but préventif. La première d'entre elles a toutefois été entreprise à la suite d'articles parus dans la presse et faisant état de cas où des cartes avaient été abusivement utilisées alors qu'elles étaient toujours en la possession de leur titulaire. La première enquête a été menée en 1991.

Cette enquête a conclu que le système était fondamentalement en ordre mais qu'il était nécessaire de créer, entre autres, un organe de coordination de niveau relativement élevé, chargé de fixer, pour toutes les banques affiliées, les normes minimales à respecter en ce qui concerne le choix de la technologie, les procédures commerciales et les modalités de contrôle interne. Cet organe est maintenant en place. L'enquête a en outre abouti à la formulation, par le Finanstilsynet (organisme danois de contrôle financier), de directives sur les procédures comptables à suivre pour les systèmes de paiement des banques (PBS) et les centres de données affiliés et une enquête générale a été entreprise sur le niveau de sécurité de ces établissements.

Une autre enquête a en outre été menée sur le traitement des paiements par carte dans les magasins. Elle a notamment fait apparaître qu'il était souvent très facile de prendre connaissance des codes confidentiels et qu'il était nécessaire d'indiquer aux titulaires de cartes, en termes clairs et nets, les précautions importantes à prendre dans l'utilisation de leur carte, la première consistant, par exemple, à vérifier leur relevé de compte. L'enquête a aussi montré la nécessité d'établir, pour les magasins, des directives en ce qui concerne le maniement et la protection des dispositifs destinés à recevoir le code confidentiel.

Une enquête a récemment été consacrée à la sécurité des systèmes de cartes des compagnies de distribution d'essence. Elle a aussi abouti à un verdict satisfaisant dans l'ensemble mais a détecté des faiblesses liées à la possibilité offerte aux titulaires de carte de choisir eux-mêmes leur code confidentiel, lorsque toutes les précautions nécessaires n'étaient pas prises pour en assurer le secret.

Plusieurs cartes internationales de crédit font actuellement l'objet d'une enquête.

Nouveaux types de cartes de paiement

Grâce aux progrès techniques, le système de paiement par carte s'étend maintenant aux téléphones mobiles, avec les cartes à puce qui contiennent des informations sur les titulaires de cartes/abonnés du téléphone.

Danemark

Le Médiateur des consommateurs a établi que ces cartes sont couvertes par la loi relative aux cartes de paiement.

Les cartes prépayées et les télécartes ont fait leur apparition en 1992. Le Médiateur des consommateurs a fait savoir à l'établissement d'émission "DANMØNT" que si les dispositions de la loi relative aux cartes de paiement s'appliquent à ces cartes, celles-ci ne sont pas soumises à l'obligation d'enregistrement.

Banque à domicile

Un comité, nommé par le Ministre de l'Industrie pour étudier le paiement électronique sans carte, a commencé ses travaux à la fin de 1991. L'Agence pour la consommation est représentée dans ce comité qui doit formuler des propositions pour l'introduction d'une législation dans ce domaine.

2. Pratiques commerciales

Durcissement

En 1990, le Médiateur des consommateurs a informé les organisations professionnelles que les infractions aux dispositions de la loi sur les pratiques commerciales ne seraient plus tolérées et que les cas de violation flagrante ou répétée de ce texte seraient portés devant les tribunaux.

Dans la ligne de ce durcissement, le Médiateur a tenu le public informé des cas faisant l'objet d'une enquête de police ou portés devant la justice.

Une fois l'affaire réglée par le paiement d'une amende ou une condamnation, les noms des entreprises en cause ont été divulgués par le Médiateur.

Pour essayer de réduire le nombre de ces infractions, le Médiateur a publié une brochure intitulée "Cadeaux promotionnels et concurrence" qui commente les paragraphes 6 et 8 de la loi sur les pratiques commerciales et les illustre au moyen d'exemples de pratiques commerciales légales et illégales.

Interdiction de limiter le nombre d'articles par client

Il a été proposé, en novembre 1991, d'amender la loi sur les pratiques commerciales en interdisant aux détaillants de limiter le nombre d'articles que chaque client peut acheter. Il a toutefois été suggéré de ne pas étendre cette interdiction aux articles soldés, cela dans le but notamment de limiter le recours aux offres spéciales qui risquent de nuire aux petits détaillants et à leurs clients.

Cette proposition a été adoptée et est entrée en vigueur après publication dans le Lovtidende (le journal officiel) le 19 décembre 1991.

Exception pour les compagnies aériennes

Le 1er avril 1992, un amendement a été apporté à la loi sur les pratiques commerciales afin de dispenser les compagnies aériennes, dans certaines conditions (en plus de celles prévues pour les programmes de fidélisation de la clientèle), des clauses de l'article 6 interdisant les cadeaux promotionnels. Elles ont aussi été dispensées, dans les mêmes conditions, des clauses de l'article 7 concernant les bons de réduction.

Débats autour de la loi sur les pratiques commerciales

Au début de 1992, les annonceurs et les agences de publicité ont émis dans la presse des critiques à l'égard du Médiateur des consommateurs. Ces critiques portaient sur la teneur de la loi sur les pratiques commerciales et son application.

Le Médiateur a alors organisé une réunion avec les organisations professionnelles. A l'issue de cette réunion, il a publié, le 2 avril 1992, une lettre dans laquelle il indiquait qu'il était disposé, à titre expérimental, à examiner les propositions qui seraient formulées pour les activités de marketing et à leur accorder son approbation préalable à condition qu'elles soient compatibles avec les dispositions de la loi sur les pratiques commerciales. Il a souligné que cette approbation préalable ne permettrait que de fixer les grandes lignes des principes généraux à respecter et que les approbations définitives ne seront données que par écrit.

Devant le débat public qui s'est engagé, le Ministre de l'Industrie a chargé, en mars 1992, un comité d'étudier rapidement la loi sur les pratiques commerciales. Ce comité a bénéficié d'un mandat relativement étendu. Son rapport a abouti à la formulation d'un nouveau projet de loi sur les pratiques commerciales.

Ce projet de loi n'a pas été examiné par le Parlement (Folketinget) pendant sa première session de 1993.

Nouvelles directives pour les publicités de caractère sexiste

En 1992 surtout, les règles régissant la publicité de caractère sexiste ont suscité un large débat public. Jusqu'à cette date, les directives fixées dans ce domaine par le Médiateur des consommateurs n'avaient pas soulevé de nombreuses objections de la part des milieux professionnels. Le débat qui s'est engagé a toutefois fait apparaître que ceux-ci considéraient les directives comme dépassées.

Le 28 février 1993, le Médiateur des consommateurs a publié de nouvelles directives pour la publicité de caractère sexiste qui ont été approuvées par les milieux professionnels aussi bien que par les organisations de consommateurs.

Il a été établi que les deux sexes devaient être protégés contre la publicité sexiste mais qu'il n'était plus délictueux de montrer des personnes dévêtues dans les publicités, à condition qu'elles ne soient pas représentées de façon sexiste, ni nécessaire qu'il y ait un rapport direct entre les personnes mises en scène et le produit faisant l'objet de la publicité. Le Médiateur des consommateurs peut en outre désormais intervenir lorsqu'une publicité fondée sur le rôle traditionnel de l'un ou l'autre sexe présente un caractère discriminatoire.

Déontologie des activités de conseil en placement

Il semble que le conseil en placement ait des chances de tenir une place de plus en plus importante à l'avenir dans les activités bancaires, ce qui ne va pas sans soulever un certain nombre de problèmes d'éthique, en raison notamment du double rôle de conseiller impartial et de vendeur que les banques seront ainsi appelées à jouer.

Lors de ses discussions avec le Conseil financier, le Médiateur des consommateurs a estimé qu'il serait utile d'étudier ces problèmes plus attentivement et, peut-être de fixer des règles précises dans ce domaine. Les banques ont accepté d'examiner ces questions et de soumettre une proposition en 1993.

Le Médiateur des consommateurs a soumis au ministère de la Justice un rapport sur les problèmes que soulèvent les accords conclus avec les consommateurs dans le secteur financier.

Sous l'effet de l'évolution récente du secteur financier, il est de plus en plus fréquent qu'un même établissement financier vendent plusieurs types de produits financiers. L'expérience prouve qu'il en résulte un nombre croissant d'entorses à la législation.

Nouvelles directives pour la publicité en matière de contrats d'assurance courants

A la fin de 1992, le Médiateur des consommateurs a publié de nouvelles directives pour la publicité en matière de contrats d'assurance courants. Ces directives visent essentiellement à ce que les annonces publicitaires effectuées dans ce domaine contiennent des informations claires et précises sur les prix pratiqués et les remises consenties dans le cadre des offres globales.

Nouvelles directives pour la distribution d'échantillons

Le Médiateur des consommateurs a publié de nouvelles directives pour la distribution du courrier non adressé. Aux termes de celles-ci, ce type de courrier doit être distribué dans des conditions satisfaisantes et causer le moins de gêne possible à ses destinataires. Il doit être remis en mains propres à un adulte lorsqu'il contient des échantillons.

Publicité écologique ou "verte"

Le Médiateur des consommateurs a enregistré en 1992 plusieurs plaintes contre des annonceurs accusés d'avoir avancé des arguments écologiques mal fondés.

En décembre 1991, la Chambre de commerce internationale a publié le "Code CCI en matière de publicité faisant référence à l'environnement". En dépit de ce code et de l'auto-réglementation qu'il implique, cette pratique semble continuer à se développer.

Le Médiateur des consommateurs a estimé que le code devait être complété et il a donc publié, en mai 1993, des directives pour la publicité écologique.

Pratiques courantes du secteur bancaire

Le Médiateur des consommateurs a essayé à plusieurs reprises d'obtenir du secteur bancaire qu'il modifie radicalement certaines de ses pratiques courantes. Les banques ne sont toutefois pas disposées à revenir sur des conditions commerciales qu'elles appliquent depuis de nombreuses années. C'est pourquoi le Médiateur a décidé en 1991 de soumettre un cas de principe aux tribunaux portant sur les règles bancaires en matière d'imputation des intérêts.

Responsabilité des banques

Au cours des dernières années, le Bureau chargé de recevoir les plaintes des consommateurs a pris plusieurs décisions tendant à permettre aux consommateurs de se tourner, en cas de défaillance, aussi bien contre le vendeur que contre la banque ayant financé l'achat.

Danemark

Cette question est actuellement devant la justice puisque l'une des décisions du Bureau des plaintes a été portée devant les tribunaux. Le Médiateur soutient le consommateur dans cette affaire.

Conférence sur les techniques commerciales [Comité officiel des consommateurs des pays nordiques (NEK)]

En octobre 1991, a été organisée à Copenhague une conférence réunissant des représentants des pays de la CE et de l'AELE ainsi que de la Commission des Communautés européennes et du Conseil nordique sur le thème suivant : "Le contrôle de la commercialisation - Nordique et Européen". Elle avait notamment pour objectif de créer un réseau international de coopération informelle entre les organismes chargés de contrôler la commercialisation dans les différents pays.

Cette conférence s'est notamment intéressée aux problèmes qui peuvent se poser dans le cadre de la commercialisation transfrontalière en raison des difficultés qu'un pays peut avoir à intervenir dans un autre. Il est à souhaiter que ce réseau de coopération favorisera la solution de ces problèmes parallèlement à la libéralisation des échanges internationaux.

3. Loi sur le marquage et l'affichage des prix

En janvier 1991, l'administration de la loi sur le marquage et l'affichage des prix a été transférée à l'Agence nationale pour la consommation. Le contrôle du respect des dispositions de cette loi a en même temps été supprimé.

L'agence pour la consommation émet des avis sur l'interprétation des règles ainsi que sur les nombreuses recommandations émises en vertu des dispositions de la loi et elle répond aux diverses questions qui lui sont posées par téléphone et par courrier.

Elle a aussi été consultée par les autorités des pays nordiques qui adaptent actuellement leur législation aux règlements communautaires.

Lorsque l'Agence soumet à la police un cas d'infraction à la loi sur les pratiques commerciales, elle signale en même temps toute violation éventuelle de la loi sur le marquage et l'affichage des prix.

Affichage et publicité du crédit

En 1992, l'Agence pour la consommation a pris deux décisions concernant l'affichage et l'indication du coût des crédits dans des domaines autres que l'achat de produits. L'une est destinée aux banques et l'autre à tous les autres prêteurs.

Avec ces deux dispositions, le Danemark applique intégralement la directive de la CE sur le crédit à la consommation. Les principaux termes de cette directive étaient déjà appliqués par l'intermédiaire de la loi sur les accords de crédit. Les crédits consentis pour l'achat de produits sont eux couverts par le paragraphe 2 de la loi sur le marquage et l'affichage des prix.

Les nouvelles dispositions qui sont entrées en vigueur en janvier 1993 introduisent le concept d'"expression des coûts annuels en pourcentage" en vertu duquel les dépenses totales liées à un crédit doivent être exprimées en pourcentage annuel. Ce chiffre doit tenir compte de la commission d'engagement, des intérêts, des commissions courantes etc.. Ces dispositions permettent aux consommateurs de pouvoir beaucoup mieux comparer et évaluer les diverses offres de crédit.

Annonces de prix illégales dans le secteur informatique

Sous l'effet de la baisse des prix des ordinateurs personnels, les efforts de vente sont de plus en plus dirigés vers les consommateurs privés. Presque toutes les publicités pour les ordinateurs indiquaient auparavant un prix hors TVA. Or, en vertu du paragraphe 1 de la loi sur le marquage et l'affichage des prix, toute personne qui offre commercialement des produits à la vente doit indiquer clairement par marquage, affichage ou tout autre moyen un prix comprenant la TVA. C'est pourquoi l'Agence pour la consommation a diffusé, en novembre 1992, un communiqué de presse intitulé : "Dernier avertissement au secteur informatique". Elle avertissait ainsi ce secteur que s'il n'indiquait pas ses prix conformément aux dispositions de la loi, les infractions seraient signalées à la police et encourraient de lourdes amendes. Les publicités des grandes multinationales bien connues notamment contrevenaient à la législation.

Les efforts de l'Agence ont été couronnés de succès puisque les annonces de prix sont désormais conformes, dans une large mesure, aux dispositions de la loi sur le marquage et l'affichage des prix.

Bureau danois chargé de recevoir les plaintes des consommateurs

Juridiction du bureau

Dans le cadre de sa juridiction, ce bureau ne peut, en règle générale, traiter que les affaires dans lesquelles le prix des biens ou services en jeu est compris entre 500 et 24 000 couronnes danoises. La limite supérieure de la fourchette a été portée à 82 000 couronnes dans le cas des véhicules automobiles.

Danemark

Le droit à acquitter pour toute plainte déposée auprès du bureau est désormais de 80 couronnes danoises et de 480 couronnes lorsque la plainte concerne le secteur automobile.

Plusieurs domaines n'entrent pas dans la juridiction du bureau. C'est notamment le cas des réparations automobiles et de l'immobilier.

Débat autour du bureau chargé de recevoir les plaintes des consommateurs

En 1992, le ministère de l'Industrie a étudié la possibilité de lancer un appel d'offres public pour la sous-traitance des fonctions de secrétariat de ce bureau. Il s'est toutefois heurté à de très nombreuses difficultés et a dû renoncer à ce projet.

Bureaux de réclamation privés

A côté du bureau national chargé de recevoir les plaintes des consommateurs, plusieurs bureaux privés ont été créés par les organisations professionnelles en coopération avec les organisations de consommateurs. Ces bureaux sont financés par les organisations professionnelles. Ils peuvent être reconnus par le bureau national à condition que l'organisation professionnelle en question soit assez représentative du secteur concerné.

Budget danois type

En 1990, l'Agence nationale pour la consommation a pris l'initiative de mettre au point un budget danois type à la suite du souhait formulé par le Conseil d'économie domestique du gouvernement danois d'accorder la priorité à la fourniture de conseils économiques aux ménages et d'en améliorer l'efficacité.

Le budget type ainsi fixé doit, d'une part, servir de base aux ménages pour planifier leurs dépenses et, d'autre part, aider à fournir des conseils économiques aux ménages qui en font la demande et en ont besoin.

Ce budget type a été mis au point en combinant plusieurs méthodes. Il a, dans un premier temps, été fait appel à des spécialistes de divers secteurs de la consommation qui se sont mis d'accord sur un niveau raisonnable de consommation, sur la base de critères et d'hypothèses clairement définis. Ces avis d'experts ont été complétés par les informations et les connaissances existantes sur les activités et le comportement effectifs de la population. Il a en outre été tenu compte des données officielles disponibles sur les niveaux de consommation et les recommandations les concernant. Enfin, le budget type a fait l'objet de tests approfondis auprès des consommateurs (ménages) et des conseillers avant d'être publié en juin 1993.

IV. Information et éducation des consommateurs

1. Essais comparatifs

Les laboratoires de l'Agence nationale pour la consommation ont été entièrement modernisés en 1991-1992. L'agence y a effectué de nombreux tests, seule, ou en coopération avec la société "International Consumer Research and Testing Ltd" (I.T.). Les résultats en ont été publiés dans le magazine de l'Agence *"Råd & Resultaer"* ("Conseils et résultats").

Les tests ont notamment porté sur les robots culinaires, les fours de cuisine, les lave-vaisselle, les lave-linge, les réfrigérateurs, les congélateurs, les cuisinières, les bouilloires électriques, les grille-pain, les cafetières électriques, les lits d'enfant, les landaus, les produits chimiques ménagers, les pâtes dentifrice et bien d'autres produits de consommation.

2. Services de conseil

L'Agence nationale du Danemark pour la consommation

L'Agence nationale pour la consommation donne gratuitement des conseils par téléphone 5 jours par semaine de 10 à 14 heures. Elle offre chaque année à 50 000 consommateurs des conseils pouvant aller d'une assistance juridique à des recommandations d'achat, dans un grand nombre de domaines.

Elle prépare actuellement un recueil des termes concernant la consommation pour faciliter l'utilisation de l'informatique dans les services de conseil par téléphone.

Étiquetage des produits

En 1991, le ministère de l'Industrie a lancé un projet portant sur l'étiquetage des produits et orienté vers les consommateurs.

Ce projet impliquait, d'une part, une étude des systèmes publics et privés d'étiquetage au Danemark et, d'autre part, une analyse des attitudes des consommateurs à l'égard de l'étiquetage ainsi que de la façon dont ils le comprennent et l'utilisent.

Cette initiative devait permettre d'étudier les possibilités de simplification et d'harmonisation des réglementations en matière d'étiquetage et de faire en sorte que les étiquettes soient le plus utile possible aux consommateurs.

Ce projet s'est achevé en 1992/1993 avec la publication d'un rapport intitulé : "Un étiquetage destiné aux consommateurs". Ce rapport recommande plusieurs améliorations dans le domaine de l'étiquetage et offre un résumé en anglais des deux analyses effectuées.

Sur la base de l'expérience acquise par ces analyses, la Présidence danoise a pris l'initiative d'une résolution du Conseil de la CE sur les mesures à prendre dans l'intérêt des consommateurs en matière d'étiquetage des produits.

La résolution du Conseil a été adoptée par le Conseil des Ministres de la CE en mars 1993.

Cette résolution invite la Commission à examiner le besoin de la fixation de règles communes en matière d'étiquetage informatif pour l'ensemble des produits de consommation et à formuler, d'ici à juin 1994, une proposition précise des conditions d'étiquetage à respecter partout où le besoin s'en fait sentir. Selon cette résolution, l'étiquetage doit satisfaire à un certain nombre de critères essentiels :

-- il doit être facile à comprendre,

-- il doit être clairement séparé des autres informations, de caractère publicitaire notamment, figurant sur le produit,

-- il doit fournir toutes les informations utiles au consommateur et

-- il doit permettre au consommateur de comparer les différents produits d'une même ligne.

Les informations fournies doivent en outre être vérifiables et l'étiquetage être pratique, c'est-à-dire être facile à utiliser pour les fabricants, les détaillants et les services de contrôle.

Dans le prolongement de la résolution du Conseil de la CE, le ministère danois de l'Industrie a organisé les 3 et 4 juin, à Copenhague, une conférence en partie financée par la Commission des communautés européennes. Cette conférence a réuni des représentants des organisations professionnelles et des organisations de consommateurs, des pouvoirs publics, des organismes de recherche, de la Commission des communautés européennes et de l'AELE.

L'objectif de cette conférence était de lancer un dialogue sur les avantages et les inconvénients de l'étiquetage des produits et de fournir à la Commission des CE les informations nécessaires pour l'application des recommandations figurant dans la résolution du Conseil.

Le Conseil des consommateurs (Forbrugerrådet)

Le Conseil des consommateurs est une organisation apolitique, indépendante des pouvoirs publics ainsi que du commerce et de l'industrie.

Il protège activement les intérêts des consommateurs en faisant connaître leurs points de vue, les représentant efficacement, favorisant l'adoption de législations, procédant à des tests et publiant un magazine de consommation.

Essais et services de conseil

Le Conseil des consommateurs a publié en 1991 et 1992 dans sa revue *Tænk* ('Réflexion') le résultat d'essais effectués notamment sur les couches pour bébés, les bandes magnétiques, les chaussures et les raquettes de tennis, les thermomètres, les huiles de bronzage, les perceuses et divers produits alimentaires.

La revue *Tænk* s'est en outre intéressée au secteur financier et notamment aux sociétés de financement, aux assurances et aux retraites. Elle a aussi publié des articles descriptifs sur les services publics tels que les services postaux, le service de santé et le service du téléphone.

Publications

En 1991 et 1992, le Conseil des consommateurs a notamment publié les documents suivants :

-- *Guide de la naissance - où et comment?*. Ce guide couvre des questions telles que le choix du lieu d'accouchement (clinique ou hôpital), les examens effectués par les sages-femmes, les chambres de maternité, les procédures d'hospitalisation, le déroulement normal de l'accouchement, la réduction de la douleur et l'accouchement avec intervention chirurgicale. Il offre aussi une description des services de maternité de tous les hôpitaux/cliniques.

-- *Guide des appareils photographiques et caméscopes* dans lequel sont donnés les résultats des essais et les prix d'environ 150 appareils. Grâce aux descriptions détaillées qu'il donne, ce guide permet de comparer les avantages et les prix des produits au niveau européen. Il donne aussi des conseils pour le choix d'un appareil et la prise de meilleures photos. Il a été établi en coopération avec les organisations de consommateurs de tous les pays européens.

-- *Sur la piste de l'Europe - Faits et opinions* est une brochure éducative destinée aux élèves de dernière année d'école primaire. Elle considère différents aspects de la Communauté européenne tels que son histoire, son organisation, le Marché intérieur, la protection et les droits des consommateurs ainsi que l'union européenne. Elle a été élaborée par le Conseil des consommateurs en coopération avec la Fédération des industries danoises (Dansk Industri).

-- *Pensez à la sécurité de vos enfants* est un dépliant produit en collaboration avec l'organisation européenne des consommateurs (BEUC). Il donne des conseils judicieux pour l'achat d'équipements destinés aux enfants tels que landaus, berceaux et chaises.

L'Institut danois chargé de l'étiquetage

L'Institut danois chargé de l'étiquetage informatif (DVN) publie des labels d'information - notices VAREFAKTA - qui permettent aux consommateurs d'effectuer leurs achats sur la base d'informations comparatives objectives données pour chaque produit. Lorsqu'un produit, qui peut être aussi bien importé que danois, est revêtu du label VAREFAKTA cela signifie qu'il a fait l'objet d'essais et de contrôles.

Le DVN est un organisme privé géré par un conseil, responsable de la politique d'ensemble, un comité exécutif et un secrétariat. Le conseil est constitué notamment de représentants de l'industrie ainsi que des organisations professionnelles et des organismes de consommateurs. Le secrétariat assure la gestion des affaires courantes.

Les labels du secrétariat peuvent être accordés à pratiquement tous les types de produits depuis les denrées alimentaires jusqu'aux articles de literie en passant par les détergents, les antivols pour bicyclettes, les détecteurs de fumée et le mobilier. Ils sont connus sous le nom de VAREFAKTA et comportent un logo spécial.

Ces labels informatifs sont établis selon des règles et procédures définies par la réglementation applicable aux différents groupes de produits. Le DVN a en tout 135 réglementations à respecter.

Les activités du DVN sont financées essentiellement grâce à la vente des demandes de label ainsi que par les contributions d'organisations représentées au conseil et une subvention du ministère de l'Industrie.

L'Institut danois chargé de l'étiquetage informatif assure la promotion des labels VAREFAKTA auprès des consommateurs pour leur faire connaître ces labels informatifs. Il a pour cela recours à des annonces publicitaires à la télévision dans le cadre de programmes d'information, à des publicités dans la presse, à la distribution de brochures et de matériel pédagogique ainsi qu'à la publication de communiqués de presse et d'articles dans les quotidiens, la presse locale, les hebdomadaires et les magazines.

3. Moyens de communication de masse

L'Agence nationale pour la consommation s'appuie largement sur les journaux, la radio et la télévision pour informer et conseiller le consommateur moyen. La plupart des moyens nationaux de communication ont maintenant des journalistes et des sections spécialisés pour les questions présentant un intérêt particulier pour les consommateurs.

L'Agence nationale pour la consommation dirige un programme hebdomadaire d'interrogation par téléphone sur l'une des principales stations de radio (400 000 auditeurs) et participe souvent à des programmes de télévision.

Sa revue *Råd && Resultater* est publiée dix fois par an en format A4. Grâce aux efforts de promotion entrepris, la circulation de celle-ci est en progression constante et plus de 50 000 exemplaires sont distribués à des abonnés.

En 1991, l'Agence a clos sa campagne nationale sur la sécurité des enfants. Elle a lancé en 1992 une nouvelle campagne contre les chutes des personnes âgées à leur domicile.

Elle a aussi mis un terme en 1991 à la campagne axée sur la nutrition qu'elle avait lancée en collaboration avec les organisations sportives nationales des jeunes. En 1992, elle a mené une campagne en faveur d'une alimentation saine dans les jardins d'enfants et auprès des enfants d'âge préscolaire.

4. Autres activités d'information

L'Agence nationale pour la consommation publie chaque année quatre nouvelles brochures sur la nutrition, la sécurité, les problèmes domestiques, la législation en faveur des consommateurs et l'environnement.

En 1991, l'Agence a créé un service spécial bénéficiant aux écoles primaires du pays. Deux fois par an, celles-ci reçoivent du matériel pédagogique sur les questions concernant la consommation avec des idées pour améliorer l'éducation des consommateurs dès l'école. Plus des deux tiers des écoles du pays sont actuellement touchées par ce programme.

ESPAGNE

Les objectifs de la politique de la consommation en Espagne, pendant les années 1991-1992, ont été les suivants :

I. Amélioration de la qualité et de la sécurité des produits et des services.

II. Amélioration de la Défense juridique du consommateur.

III. Relèvement du niveau d'information des consommateurs.

IV. Intégration de la politique de protection du consommateur dans d'autres politiques communes.

Un certain nombre de programmes et d'actions ont été mis en oeuvre pour atteindre ces objectifs.

I. Amélioration de la qualité et de la sécurité des produits et des services

1. Qualité des produits

Activité législative

-- Projet de Décret Royal (D.R.) régissant les garanties et les services après-vente.

— Avant-projet de Loi prenant en considération la Directive sur la responsabilité relative aux produits défectueux (Directive 85/374/CEE), et dans lequel il a été tenu compte des questions de l'assurance et du fonds de garantie faisant l'objet de ce cette loi.

— Adaptation du régime d'interactions et de sanctions à la nouvelle Loi sur le Régime Juridique des Administrations Publiques et des Procédures Administratives en ce qui concerne les procédures de sanctions.

Espagne

— Projet de norme sur la vente des véhicules d'occasion, en rapport avec d'autres projets tels que celui touchant à la garantie.

— Projet de Décret Royal au sujet du contrôle officiel des produits alimentaires, harmonisant les contrôles officiels en la matière, par la transposition de la Directive 89/397/CEE.

Activité d'inspection

— Campagnes à l'échelle nationale (contrôle des produits chimiques à usage domestique, des métaux précieux, de la composition des nougats à élaboration artisanale, etc.).

— Campagnes régionales basées sur la collaboration bilatérale entre l'Institut National de la Consommation et chaque communauté autonome.

— Contrôle systématique du marché.

— Dénonciations et mises en état d'alerte.

— Réception, étude, analyse et élaboration des résumés statistiques mis à disposition par les communautés autonomes et concernant les activités d'inspection et de sanctions.

— Planification de la participation de la politique de la consommation au Programme Coordonné de Contrôle Officiel des Produits Alimentaires, établi au niveau européen.

Activité : essais comparatifs à trois niveaux

— Au niveau international, divers produits tels que les fours à micro-ondes et les shampoings ont été étudiés en collaboration avec la Stiftung Warentest ainsi qu'avec les Instituts Nationaux de la Consommation de France, du Portugal, de l'Espagne et l'Association Italienne pour la Défense des Consommateurs (ADICONSUM).

— Au niveau national, des études ont été réalisées sur des produits tels que des petits appareils électroménagers, des jouets, des sucettes, des lunettes non graduées et des boissons alcooliques.

— Des analyses et des essais comparatifs ont été effectués en collaboration avec les associations des consommateurs sur divers produits industriels et alimentaires.

2. Qualité des services

Activité législative

-- Transposition de la Directive 90/314/CEE sur les voyages organisés.

-- Projet de Décret Royal sur les prestations de services à domicile.

-- Projet de Décret Royal sur les ateliers de réparation de véhicules.

Activité : qualité des services publics

Ce plan prévoit la méthodologie, les axes de travail et la politique de consommation dans le cadre des services publics. Il détermine également les critères et les paramètres nécessaires à une évaluation correcte de la qualité.

3. Sécurité des produits et des services

Activité législative

-- Avant-projet de transposition de la Directive 92/59/CEE sur la sécurité générale des produits.

-- Suivi des travaux de la Communauté européenne sur les préparations dangereuses.

-- Suivi de la problématique et des incidences relatives à l'application du Décret Royal 880/90 qui transpose la Directive sur la sécurité des jouets.

-- Décret Royal 1428 du 27 novembre 1992 transposant la Directive relative aux appareils à gaz.

-- Participation dans les travaux du groupe "Hauts fonctionnaires de la politique de normalisation" pour l'élaboration du manuel des conditions d'obtention de marque CE.

-- Participation aux travaux du projet de directive au sujet de la responsabilité du prestataire de services.

Parallèlement aux autres activités développées dans le cadre du programme de sécurité relatif aux produits et aux services, il y a lieu de mentionner le prélèvement d'échantillons indicatifs lors de l'inspection d'un éventail de produits en fonction de leur nocivité éventuelle ou de leur caractère dangereux, ainsi que la recherche analytique basée sur des nouvelles méthodes d'analyse et de contrôles de qualité dans les laboratoires.

Des notifications de produits dangereux ont été diffusées par le "Réseau d'Alerte" ou système d'échange rapide d'information entre l'INC et les communautés autonomes, la CEE et l'OCDE.

4. Transparence des opérations commerciales

Activité législative

-- Projet de Décret Royal visant les concours, les primes et les cadeaux, développant l'article 9 de la loi Générale pour la Défense des Consommateurs et des Usagers.

-- Avant-projet de loi sur les Ventes de produits à la consommation avec prix spécial.

-- Dans le cadre de la Communauté européenne, suivi des travaux sur les clauses abusives, les ventes par correspondance et la multipropriété.

-- Projet de Décret Royal transposant les Directives 88/314/CEE et 88/315/CEE sur l'affichage des prix.

-- Des échantillonnages sélectifs ont été également prélevés dans le cadre de ce programme ; ils concernent les services les plus fréquemment utilisés par le consommateur et qu'il convient de doter de davantage de transparence tels que les banques, les fonds de placement, les fonds de pensions, les plans de retraite et les rabais.

II. Amélioration de la défense juridique du consommateur

Dans ce chapitre, il convient de relever d'une part les travaux effectués en vue de l'aboutissement du Décret Royal régissant l'arbitrage de consommation, et d'autre part, le programme d'accès au système judiciaire.

1. Système d'arbitrage

Le système d'arbitrage à composition tripartite (administration, consommateurs et entreprise), mécanisme souple et économique pour faciliter l'accès des consommateurs à la justice en vue de la résolution de leurs conflits, a été introduit à travers les comités d'arbitrage constitués aux niveaux municipal, régional et autonome.

Ces comités d'arbitrage ont été élargis pendant les années 1991 et 1992 par la création de nouveau organismes. Divers contacts ont été pris avec d'autres administrations publiques et secteurs sociaux concernés tels que les entreprises.

C'est dans cette optique qu'a eu lieu l'élaboration d'une carte d'implantation des comités d'arbitrage et la mise en œuvre d'un programme d'action. De même, un manuel a été rédigé concernant le fonctionnement du comité d'arbitrage de la consommation dans le but de porter assistance et de rester en étroite collaboration et coordination avec les comités d'arbitrage en fonctionnement.

Les dernières indications sur la situation actuelle font état de l'existence de 22 comités d'arbitrage constitués avec la participation d'un grand nombre d'entreprises et d'associations de consommateurs. Ont été présentées 8 587 demandes d'arbitrage, dont 96 pour cent ont été jugées recevables. Lors des années précitées, le montant moyen des affaires soumises à arbitrage s'est élevé à 39 000 pesetas.

Concernant la formation en matière d'arbitrage, il faut mentionner différents cours qui se sont tenus en collaboration avec d'autres entités pendant les deux années écoulées.

2. *Système judiciaire*

En ce qui concerne l'accès au système judiciaire, la réalisation a été axée sur l'utilisation des fora de discussion sur ce thème par les consommateurs ; cette méthode vise à échanger des critères et à sensibiliser l'opinion publique sur l'utilité de cette action en tant que forme effective de protection des intérêts économiques des consommateurs du fait de l'économie procédurale qu'elle représente.

III. Relèvement du niveau d'information des consommateurs

1. *Au moyen de l'étiquetage des produits*

-- Décret Royal 213/92 qui transpose la Directive 86/594/C.E.E. régissant l'information que doit contenir l'étiquetage des appareils à usage domestique sur leur niveau de bruit.

-- Ordre ministériel sur l'étiquetage des produits pyrotechniques.

-- Décret Royal 212/92 qui transpose la Directive 91/71/CEE relative à l'indication des aromates sur l'étiquette.

Espagne

-- Décret Royal 930/92 qui transpose la Directive 90/496/CEE sur l'affichage des propriétés nutritives des produits alimentaires.

2. Par l'édition de publications

Périodiques

-- Information des consommateurs

-- Études sur la consommation

-- Revue CICC (Centre d'information et contrôle de la qualité)

-- Nouveautés mensuelles du Centre d'information et de documentation de la consommation (CIDOC)

-- Bulletin de documentation du CIDOC (les documents du CIDOC sont distribués mensuellement aux professionnels en matière de consommation)

Non périodiques

-- Collection d'études (sujets divers)

-- Collection ABC (thèmes monographiques)

-- Collection de matériel didactique

-- Brochures (guides sur des sujets divers)

-- Publicité dans d'autres revues.

3. Au moyen de campagnes d'information

-- Campagnes publicitaires

-- Espaces en télévision traitant des sujets de consommation.

-- Participation de l'INC à des programmes de télévision, de radio et dans la presse.

-- Festivals de cinéma et de télévision sur la consommation et la qualité de vie.

Un programme de formation a en outre été proposé pour des étudiants en journalisme en vue de former de futurs professionnels dans le domaine de la consommation.

Dans cette rubrique, il convient aussi de signaler les travaux réalisés par l'INC dans le *suivi de la publicité*, concernant aussi bien le contrôle sanitaire préalable ou la surveillance de la publicité pharmaceutique, que la révision des messages publicitaires en général et l'ouverture éventuelle de dossiers d'enquête s'y rapportant.

IV. Intégration de la politique de la consommation dans d'autres politiques communes

1. *Encouragement du mouvement associatif*

L'INC dispose d'une *ligne de subventions* destinée à des associations sans but lucratif, réunissant les caractéristiques établies au Chapitre VI de la Loi Générale pour la Défense des Consommateurs et des Usagers (LGDCU). Ces aides sont distribuées annuellement en fonction des prévisions de la Loi Générale des Budgets de l'État.

Sous l'angle du développement et de l'essor du mouvement associatif, il faut remarquer la grande importance qu'a comporté la création, à la fin de l'année 1991, de l'organisme intitulé *Conseil des Consommateurs et des Usagers*, dans lequel sont représentées les associations de consommateurs les plus significatives.

2. *Encouragement de la politique municipale de la consommation*

La politique municipale de consommation revêt la plus haute importance en Espagne étant donné le rapprochement des institutions municipales et du citoyen, ce qui suppose une garantie d'efficacité immédiate de leur action, peut-être plus accentuée et plus rapide que dans les autres instances administratives.

A ce propos il faut relever les Conventions de collaboration en matière de consommation signées entre les départements compétents et l'Institut National de la Consommation, ainsi que la Convention conclue avec la fédération des municipalités et des provinces, destinée essentiellement développement du système arbitral.

D'autre part, divers cours ont été organisés, des journées et des rencontres de formation du personnel ont eu lieu au service des bureaux municipaux d'information du consommateur en collaboration avec le ministère de l'administration publique et la fédération des municipalités et des provinces.

3. Consommation et environnement

Dans ce domaine, l'Espagne a participé, au niveau communautaire, aux différents travaux ci-après : proposition de Directive concernant les emballages ; transposition de la Directive au sujet de la consommation énergétique des appareils électroménagers ainsi que suivi des actions destinées à la mise en application du Règlement CE sur l'étiquetage écologique.

D'autre part, l'Institut National de la Consommation entreprend actuellement des travaux en matière de publicité et d'environnement, conjointement avec la direction générale de la politique de l'environnement.

Des analyses et des études ont aussi été réalisés sur les insecticides, sur les substances réduisant la couche d'ozone, sur les piles et accumulateurs contenant des matières dangereuses, mettant l'accent en particulier sur les produits dont l'étiquette affiche leur caractère écologique.

4. Consommation et communautés autonomes

Pour conclure, il faut mettre en évidence les contacts permanents établis entre l'Institut National de la Consommation et les communautés autonomes (CCAA). La coopération et la coordination entre ces institutions se réalise au moyen de conférences sectorielles périodiques sur la consommation et la coopération. Ces réunions sont périodiques et ont pour objet d'établir des actions coordonnées entre les administrations centrale et autonome en matière de consommation.

ÉTATS-UNIS

Le présent rapport décrit les activités de trois grandes instances américaines s'occupant des consommateurs, à savoir le United States Office of Consumer Affairs (USOCA - Bureau des affaires intéressant les consommateurs), la Federal Trade Commission (FTC - Commission fédérale du commerce) et la Consumer Product Safety Commission (CPSC - Commission sur la sécurité des produits pour les consommateurs).

UNITED STATES OFFICE OF CONSUMER AFFAIRS

I.   Grandes lignes du programme

Le US Office of Consumer Affairs (USOCA) conseille le Président sur les questions concernant les consommateurs et coordonne l'action du gouvernement fédéral dans ce domaine. Son Directeur rend compte au Président et dirige et coordonne les activités du Bureau qui :

-- veille à ce que la Maison Blanche et les agences fédérales tiennent dûment compte du point de vue des consommateurs dans l'élaboration de leurs politiques et représente la position du gouvernement devant le Congrès. Le Directeur de l'USOCA coordonne aussi la politique fédérale à l'égard des consommateurs par le biais du Federal Consumer Affairs Council (CAC -- Conseil fédéral chargé des affaires intéressant les consommateurs) qui réunit les représentants de 41 départements et agences indépendantes au niveau des chefs d'agence, des sous-secrétaires d'État (vice-ministres) ou des sous-secrétaires adjoints. Depuis sa création en 1976, le CAC a constitué, pour les différents gouvernements qui se sont succédé, un instrument déterminant dans la direction et la coordination des programmes fédéraux visant à protéger, aider et éduquer les consommateurs ;

131

-- publie le *Consumer's Resource Handbook* et d'autres documents distribués, sur demande, aux Américains par le Consumer Information Center (Centre d'information des consommateurs). Ces publications indiquent aux particuliers comment éviter les pièges du marché et comment obtenir satisfaction en cas de problèmes ou de réclamations ;

-- encourage la coopération entre les entités s'occupant du marché au niveau de la communauté internationale, de la Fédération, des États fédérés, des municipalités, des associations à but non lucratif et du secteur privé. L'USOCA souligne aussi la nécessité d'une éthique des pratiques commerciales, encourage l'adoption de réglementations et de législations lorsqu'il le juge utile et soutient les initiatives de caractère bénévole destinées à défendre les intérêts des consommateurs par le biais de programmes d'éducation, le réglement des différends et la coordination des moyens d'action. Le Directeur de l'USOCA préside la Délégation des États-Unis auprès du Comité de la politique à l'égard des consommateurs de l'Organisation de coopération et de développement économiques (OCDE), au sein duquel sont harmonisés les principes du marché international ;

-- encourage une amélioration des capacités des consommateurs par le biais de programmes éducatifs mettant l'accent sur les applications pratiques de notions acquises dans le primaire, le secondaire et le post-secondaire. L'USOCA soutient aussi les programmes publics et privés visant à traiter des problèmes de consommation spécifiques au moyen de campagnes d'information dans les médias, de séminaires, de fiches synoptiques et d'autres publications ;

-- identifie, analyse et fait mieux connaître les besoins, les intérêts et les problèmes des consommateurs en organisant des enquêtes, des conférences et des groupes de travail, soit indépendamment soit en collaboration avec d'autres agences gouvernementales, des organisations à but non lucratif et le secteur privé.

En 1991, l'USOCA a été réorganisé selon la structure suivante :

-- Bureau du Directeur

-- Division des relations avec les milieux d'affaires, les consommateurs et les instances internationales

-- Division de l'analyse des politiques et des programmes d'éducation

-- Division de la planification, du budget et de l'évaluation

-- Division des affaires publiques et législatives

Les principales activités menées par l'USOCA en 1991-1992 peuvent être regroupées dans les catégories suivantes : protection de la vie privée ; information des consommateurs ; élaboration des politiques ; coordination interorganisations et problèmes particuliers.

II. Protection de la vie privée

Dans la ligne des objectifs du programme qu'il s'était fixé pour 1991-1992, l'USOCA a réuni des représentants des pouvoirs publics, des milieux d'affaires et du public pour débattre de l'impact des technologies nouvelles sur la vie privée des particuliers. De ce fait, le Directeur et le personnel de l'USOCA ont :

-- travaillé avec le secteur privé à la mise en oeuvre de nombreux programmes volontaires visant à mieux protéger la vie privée sans avoir recours à une réglementation fédérale supplémentaire ;

-- participé, avec l'American Association of Community and Junior Colleges (association américaine des collèges communautaires et universitaires) et le Prince George's Community College du Maryland, à la production d'un programme de télévision en deux parties sur les problèmes de protection de la vie privée qui se posent dans le domaine des télécommunications et du crédit. Ce programme devait toucher les personnes âgées directement et/ou par l'intermédiaire d'activités organisées dans les collèges universitaires locaux ;

-- continué d'examiner, avec l'aide d'une équipe spéciale du ministère américain de la santé et des service humains, les questions liées à la protection de la vie privée qui se posent dans le secteur des soins médicaux ;

-- obtenu, grâce à leurs efforts, que les bureaux de conseil aux consommateurs, au niveau des États et des municipalités, et les associations locales de consommateurs de tout le pays fassent de la protection de la vie privée l'une de leurs principales préoccupations pour les années 90.

III. Information des consommateurs

Outre le *Consumer's Resource Handbook*, l'USOCA a mis à la disposition du public, directement et par l'intermédiaire du Centre d'information des consommateurs, des publications sur les thèmes suivants : "Comment choisir une école", "L'accès aux voyages", "Comment protéger votre vie privée", "Comment rester sain et bien portant : guide du consommateur pour le rappel des produits dangereux", "Guide juridique du crédit à la consommation", "Guide des étiquettes de mise en garde", "Comment améliorer la satisfaction du consommateur", "Comment faire appel aux opérateurs du téléphone : ce qu'il faut savoir avant de composer le 'O'", "La fraude téléphonique : nous la payons tous" et "Les allégations de la publicité verte". Certaines de ces publications ont été mises au point avec l'aide d'autres agences fédérales ainsi que de groupements de consommateurs et d' associations professionnelles. Une brochure de ce type, intitulée "Neuf façons de réduire le coût de votre assurance auto" qui a été commanditée par l'USOCA et élaborée par l'Insurance Information Institute (Institut d'information sur les assurances) est actuellement la publication la plus demandée au Centre d'information des consommateurs.

L'USOCA a collaboré avec VISA U.S.A. à un projet destiné à donner aux jeunes les moyens d'affronter la vie et impliquant, de façon très créative, des banques, des modules multimédia interactifs et des élèves du secondaire. Le programme d'études, intitulé "Choix et décisions : comment prendre votre vie en charge", soumet les étudiants à des expériences pratiques dans lesquelles ils sont confrontés aux types de décisions financières et professionnelles qu'ils devront prendre très tôt à l'âge adulte. Les banques locales fournissent gratuitement aux écoles tout le matériel nécessaire. Les étudiants ont réagi de façon extrêmement positive à ce programme, mis au point par Lucasfilm Learning.

L'USOCA organise depuis dix ans, pour chaque nouvelle législature, une présentation des possibilités de recours des électeurs (*Constituent Resource Exposition* ou EXPO) en vue de lutter contre le gaspillage et les doubles emplois provoqués, au sein de l'Administration fédérale, par le mauvais aiguillage des plaintes et des questions des électeurs. La sixième EXPO, organisée le 1er avril 1991 dans les bureaux de Cannon House, a accueilli plus d'un millier d'assistants de membres du Congrès. Des représentants de 37 agences fédérales ont commenté les programmes de leurs agences et distribué des publications. L'USOCA a remis plus d'un millier de copies de l'édition de 1991 de son manuel ("Congressional Liaison Handbook") destiné à orienter les employés du Congrès vers le personnel de liaison et la documentation appropriés des agences fédérales. A la suite d'EXPO, le Directeur de l'USOCA a adressé un exemplaire de ce manuel à chaque parlementaire.

En 1991-1992, l'USOCA a organisé quatre colloques sur le marketing direct qui constitue le principal sujet de récrimination des consommateurs. Ces tables rondes ont réuni des experts des secteurs de la vente sur catalogue, de l'édition, des sociétés de bienfaisance, de la télémercatique, des loteries et des sociétés de marketing direct concernées ainsi que des consommateurs et leurs représentants publics. Elles ont notamment abouti à ce que l'Association du marketing direct (DMA) révise sa brochure d'information des consommateurs intitulée "Le marketing direct ou la porte ouverte à la chance" qui explique simplement comment cette technique de vente exploite les informations. Les loteries doivent, en outre, faire l'objet d'une publication cette année.

En 1992, l'USOCA et la Fédération des consommateurs d'Amérique (Consumer Federation of America) ont parrainé deux rencontres avec les représentants des minorités hispaniques, noires et asiatiques ainsi que d'autres communautés minoritaires. Ces tables rondes avaient pour objet de réunir des représentants des organisations associatives locales et des agences gouvernementales s'occupant des réclamations du public pour considérer les façons de résoudre les problèmes des consommateurs et les stratégies que les agences gouvernementales pourraient adopter pour mieux répondre aux besoins de communautés particulières.

En novembre 1990, l'USOCA a co-parrainé le premier sommet international de la qualité, forum qui a réuni plus de 140 chefs d'entreprises et responsables officiels pour leur permettre de confronter leurs expériences et leurs opinions sur la question de la qualité et de son amélioration. Dans le plan d'exécution qu'elle a mis au point, cette conférence a défini des stratégies permettant de répondre efficacement aux attentes des consommateurs dans les années 90 et de tirer avantage de l'expansion du marché.

Plus de 400 organismes américains et étrangers ont participé, en avril 1991, à la dixième Semaine nationale des consommateurs qui a remporté un vif succès. Le thème adopté "Choix d'aujourd'hui ... possibilités pour demain" mettait à la fois en relief l'importance des choix que nous opérons aujourd'hui et notre responsabilité collective dans la protection des ressources mondiales et la création de conditions favorables pour l'avenir.

En 1992, l'USOCA a parrainé la onzième semaine nationale des consommateurs qui a eu, elle aussi, un succès notable et a impliqué des centaines d'organisations locales, privées et publiques tant aux États-Unis qu'à l'étranger. Le thème retenu "Opération achat judicieux" faisait valoir que des consommateurs éduqués, informés et responsables ont un rôle important à jouer dans le succès du système de libre entreprise. Les affiches et prospectus officiels ont été fournis par Sears, Roebuck and Co et la National Futures Association.

IV. Coordination inter-agences

C'est principalement à l'USOCA qu'il incombe de coordonner l'action du Consumer Affairs Council (CAC) et de la Délégation américaine auprès de l'OCDE.

Le CAC, qui est composé de hauts fonctionnaires s'occupant de la politique à l'égard des consommateurs, désignés par les chefs de 41 ministères et services fédéraux, se réunit chaque trimestre pour débattre de la politique et des initiatives du gouvernement dans ce domaine. En 1991-1992, il a rencontré des personnalités éminentes du gouvernement ainsi que des représentants des consommateurs.

En tant qu'organisme pilote du CAC, l'USOCA est notamment chargé de rédiger et de distribuer chaque mois le CAC Digest. Cette publication de seize pages, qui résume les mesures prises en faveur des consommateurs par les agences membres du CAC, est adressée à tous les représentants de ce Conseil pour améliorer la communication entre les différentes agences et est devenue un moyen d'échange d'informations sur les activités fédérales à l'égard des consommateurs.

Représentant les intérêts des consommateurs américains dans les instances internationales, gouvernementales et privées, le personnel de l'USOCA assiste le Directeur dans ses fonctions de Chef de la Délégation américaine auprès du Comité de la politique à l'égard des consommateurs de l'OCDE et de Vice-Président de ce Comité. L'USOCA a été invité à jouer un plus grand rôle dans ces réunions de l'OCDE et de la CE en raison de l'impact potentiel de la Directive communautaire relative à la protection de la vie privée sur l'emploi et les consommateurs aux États-Unis. En octobre 1991, des membres du personnel de l'USOCA ont fait partie de la Délégation américaine participant à une réunion spéciale d'experts sur la protection de la vie privée, organisée par l'OCDE. En juillet de la même année, le Directeur de l'USOCA avait en outre accompagné une délégation américaine qui s'est rendue à Bruxelles pour examiner les directives proposées par la Communauté européenne dans le domaine de la protection de la vie privée. En avril, il avait présidé la Délégation américaine pour la réunion de printemps du Comité de la politique à l'égard des consommateurs de l'OCDE. L'USOCA a aussi participé, en 1991, à un Séminaire, organisé par l'OCDE, sur la protection des consommateurs dans les économies de marché auquel ont pris part 75 représentants de l'Union soviétique et de l'Europe de l'Est.

Tout au long des années 1991 et 1992, le Directeur de l'USOCA a reçu des délégations étrangères intéressées par la politique fédérale de protection des consommateurs. Plusieurs d'entre elles souhaitaient connaître le point de vue de l'USOCA sur la question de la protection de la vie privée.

Avec la FTC et l'Administration pour la protection de l'environnement (EPA), l'USOCA a formé un Groupe d'étude fédéral inter-agences sur l'étiquetage écologique qui a organisé des consultations dans ce domaine avant de mettre finalement au point des directives. Ces trois agences ont poursuivi leurs efforts en vue d'informer les consommateurs sur les questions concernant les déchets solides. L'USOCA fait en outre partie d'un comité national chargé de mettre au point des normes volontaires pour l'étiquetage écologique.

V. Évolution de l'action entreprise

Le Directeur de l'USOCA est intervenu à deux reprises devant la Sous-commission des consommateurs et de la monnaie de la Commission de la Chambre des représentants chargée des questions bancaires en faveur d'une révision du Fair Credit Reporting Act (Loi sur les conditions loyales de crédit). Les modifications proposées permettraient d'améliorer l'exactitude et la confidentialité des dossiers de crédit et d'informer les consommateurs non seulement des procédures d'enregistrement des informations concernant leurs antécédents en matière de crédit mais aussi des moyens de protection auxquels ils ont le droit de recourir. Elles visent aussi à introduire des changements permettant de rendre les consommateurs plus avisés en leur fournissant des informations pertinentes à des moments appropriés de leur éducation.

En juillet 1991, le Directeur adjoint de l'USOCA est intervenu devant l'EPA et la FTC en faveur de la mise au point de directives que les consommateurs pourraient utiliser pour évaluer la qualité écologique des produits qui leur sont offerts sur le marché.

L'USOCA a été à la tête de la délégation américaine qui s'est rendue à la conférence organisée en 1991 à Helsinki par le Comité consultatif chargé de la politique en matière de consommation (COPOLCO) de l'Organisation internationale de normalisation (ISO). L'ISO a pour membres les organismes de normalisation d'environ 90 pays représentant plus de 95 pour cent de la production industrielle mondiale. Le COPOLCO, pour sa part, adresse des recommandations sur les questions intéressant les consommateurs aux divers comités de normalisation technique de l'ISO et publie des directives dans des domaines tels que l'emballage des produits. Les résolutions adoptées en 1991 ont surtout porté sur les questions concernant les consommateurs et l'environnement, la participation des consommateurs à la mise au point des normes et l'amélioration des notices d'emploi et de précaution d'utilisation des produits.

En 1991, l'USOCA a tenu une conférence sur les numéros '900', en coopération avec la National Consumers League (Ligue nationale des consommateurs). En composant l'indicatif 900 suivi par un numéro donné et en payant un droit qui varie selon les prestataires, les consommateurs peuvent obtenir des informations pour leurs déplacements, sur les cotations en bourse ainsi que dans de nombreux autres domaines. Ce type de numéros est utilisé aussi bien par les organismes de bienfaisance pour collecter des fonds que par les services de messagerie pour adultes pour diffuser leurs enregistrements.

Cette conférence a notamment abordé les questions suivantes :

-- *Protection de la vie privée*

Empêcher les "programmes 900" de se communiquer les noms, adresses ou numéros de téléphone de leurs clients.

-- *Limitation de l'utilisation de techniques de vente déloyales auprès de publics vulnérables*

Empêcher les enfants, les adolescents, les handicapés etc. d'être la proie des distributeurs.

L'une des mesures préventives possibles pourrait, par exemple, consister à bloquer, individuellement ou universellement, les lignes téléphoniques de chaque foyer de façon à ce que l'accès aux numéros 900 ne puisse se faire que sur demande expresse.

-- *Possibilité d'interrompre l'appel avant qu'il soit imputé*

Donner à la personne qui appelle la possibilité de choisir si elle veut ou non vraiment utiliser le service offert et ce, sans avoir à acquitter le moindre droit.

Des parlementaires ayant des projets de loi en instance et de nombreux représentants des consommateurs et de l'industrie ont fait connaître leur point de vue.

L'USOCA a aidé à la préparation de la campagne "Save for America" (Epargnez pour l'Amérique), initiative bénévole destinée à inculquer les avantages de l'épargne aux écoliers. Sa contribution a notamment consisté à amener les agences fédérales à s'intéresser au programme et à offrir des conseils pour la mise au point d'un film vidéo promotionnel.

VI. Sujets de préoccupation particuliers

L'USOCA produit du matériel didactique à l'intention des consommateurs et dirige des ateliers dans un grand nombre de conférences et de séminaires parrainés par des organisations représentant les consommateurs âgés, handicapés, à faible revenu ou appartenant à des minorités telles que le National Caucus and Center on the Black Aged, le National Council on the Aging, l'American Association of Retired Persons, Blacks in Government, le National Energy and Aging Consortium, l'Université Gallaudet et la National Association of Adults with Special Learning Needs.

L'USOCA s'est efforcé de faire davantage prendre conscience aux entreprises des besoins particuliers des consommateurs handicapés et de les sensibiliser à leurs problèmes. Son Directeur a rédigé, pour le bulletin d'information de la Direct Marketing Association, un article intitulé : "les consommateurs malentendants : une ressource inexploitée pour les entreprises". Par le biais de cet article et d'autres interventions, l'USOCA a exposé les avantages qu'apporterait aux entreprises le plein accès des handicapés au marché.

En coopération avec le groupe de travail sur les questions multiculturelles de la Society of Consumer Affairs Professionals in Business et avec l'Association of Historically Black Colleges and Universities, l'USOCA favorise un renforcement de l'importance accordée à la formation des minorités aux carrières des affaires intéressant les consommateurs.

Dans le domaine de la normalisation, l'USOCA est membre du Consumer Interest Committee de l'American National Standards Institute, du Underwriters Laboratories Consumer Advisory Council, du Federal Interagency Committee on Standards Policy et de la délégation représentant les États-Unis auprès du Comité consultatif chargé de la politique en matière de consommation de l'Organisation internationale de normalisation et il se tient en outre en liaison avec la National Conference on Weights and Measures (Conférence nationale sur les poids et mesures). Par le biais de sa participation à ces diverses organisations, il continuera de représenter le point de vue des consommateurs dans les efforts de mise au point, au niveau national et international, de normes d'efficacité et de sécurité pour les produits et les services.

Pour essayer de favoriser la participation des consommateurs à l'élaboration de nouvelles réglementations dans le domaine de l'étiquetage des produits alimentaires, l'USOCA a collaboré avec la FDA (Administration des produits alimentaires et pharmaceutiques), l'USDA (Ministère de l'agriculture) et l'industrie alimentaire à la mise au point de programmes informatifs et éducatifs destinés à aider les consommateurs à utiliser les nouvelles formes d'étiquetage pour améliorer leur régime alimentaire et leur état de santé à long terme.

FEDERAL TRADE COMMISSION

L'exposé qui suit offre une description de la structure de la Federal Trade Commission (FTC) et de ses activités récentes pour la protection des consommateurs.

I. Structure de la FTC

La FTC est un organisme indépendant, investi d'un pouvoir de réglementation, qui rend compte de ses actions au Congrès des États-Unis. Elle est dirigée par cinq Commissaires, nommés par le Président pour sept ans avec la confirmation du Sénat, et présidée par l'un d'eux, sur désignation du Président. Le nombre de Commissaires appartenant au même parti politique ne peut être supérieur à trois.

Les responsabilités de la FTC sont étendues. Elle est principalement chargée de veiller à l'application du Federal Trade Commission Act qui interdit les méthodes de concurrence déloyales et les agissements ou les pratiques déloyaux ou trompeurs ayant une incidence directe ou indirecte sur les activités commerciales. Elle est habilitée, par ses statuts, à faire appliquer la loi dans pratiquement tous les secteurs de l'économie américaine, à l'exception de certaines branches d'activité. Une trentaine d'autres textes statutaires lui confèrent en outre des pouvoirs coercitifs et elle est chargée de faire appliquer des douzaines de règles régissant les pratiques commerciales de secteurs et activités particuliers.

La FTC s'efforce de veiller à ce que les marchés américains fonctionnent dans des conditions assurant le jeu de la concurrence et à ce qu'ils soient vigoureux, efficaces et dénués d'entraves inutiles. Elle cherche aussi à ce qu'ils fonctionnent de façon harmonieuse en empêchant les agissements ou les procédés déloyaux ou trompeurs. Elle concentre généralement ses efforts sur l'élimination de pratiques qui compromettent la possibilité, pour les consommateurs, d'opérer leurs choix en toute connaissance de cause. Elle effectue aussi des analyses économiques destinées à soutenir ses efforts dans le domaine de l'application de la loi et à contribuer aux délibérations du Congrès, de l'Exécutif, des autres organismes fédéraux indépendants et des administrations locales sur les mesures à prendre.

II. Le rôle joué par la FTC dans la protection des consommateurs et, récemment, dans l'application de la législation

Dans le cadre de sa mission de protection des consommateurs, la FTC cherche à maintenir sur le marché des conditions permettant aux consommateurs de prendre leurs décisions d'achat en toute connaissance de cause. Pour cela, elle s'efforce : de rendre la publicité plus utile aux consommateurs en veillant à ce qu'elle soit honnête et non trompeuse ; de réduire le recours à des pratiques de vente et de marketing frauduleuses et fallacieuses ; et d'empêcher enfin les créanciers de recourir à des procédés répréhensibles lorsqu'ils accordent des crédits, informent sur les conditions de leur octroi, recouvrent des créances et appliquent leurs systèmes de crédit. La FTC s'efforce aussi d'informer les consommateurs et les entreprises de leurs droits et obligations au regard des lois et règlements qu'elle est chargée de faire respecter. Elle collabore, enfin, avec d'autres autorités au niveau fédéral et local comme à celui des États pour mener à bien sa mission de protection des consommateurs.

Dans la plupart des cas, la FTC choisit l'instance appropriée pour faire appliquer la législation et empêcher les infractions. Elle soumet les litiges à des juges administratifs employés par elle et porte parfois certaines affaires devant un tribunal fédéral. Les affaires réglées par les juges administratifs peuvent faire l'objet d'un recours exercé devant la FTC elle-même ou devant un tribunal fédéral. Les sanctions administratives peuvent notamment revêtir la forme d'une ordonnance de ne pas faire alors que les tribunaux fédéraux sont habilités à émettre des injonctions, à ordonner le dédommagement des consommateurs et même à imposer des pénalités civiles, en cas de violations des réglementations commerciales ou des ordonnances de la FTC.

Dans le cadre de sa mission de protection des consommateurs, la FTC applique cinq programmes fondamentaux portant sur les pratiques en matière de publicité, de prestation de services, de marketing et de crédit ainsi que sur l'application de la législation. Chacun de ces programmes est examiné ci-dessous.

1. *Pratiques en matière de publicité*

Dans le cadre de ce programme, la FTC s'efforce de veiller à ce que les annonceurs ne fassent pas d'allégations trompeuses, mensongères ou infondées. Une publicité honnête et non fallacieuse aide les consommateurs à faire des achats judicieux sur la base d'informations exactes. Pendant l'exercice budgétaire 1991, la FTC a pris des mesures à l'encontre de sociétés, et parfois de leurs agences de publicité, qui avaient avancé des arguments publicitaires mensongers ou sans fondement dans le domaine alimentaire et nutritionnel. Elle est aussi intervenue contre des publicités et des services trompeurs offerts par l'intermédiaire de lignes téléphoniques payantes (les "numéros 900") et contre des annonces publicitaires vantant les qualités écologiques de divers produits.

Dans le domaine de la publicité portant sur des produits alimentaires, la FTC a accepté, sous leur forme provisoire ou définitive, les engagements pris par des entreprises à la suite d'allégations mensongères ou trompeuses faites sur les bienfaits pour la santé de produits tels qu'une huile végétale, une soupe, des céréales, de l'eau minérale, des vitamines et d'autres compléments alimentaires. Dans la première action intentée contre un fabricant de boissons alcoolisées pour l'utilisation d'une publicité et d'un conditionnement jugés trompeurs, la FTC a obtenu que le producteur d'un produit à base de vin, remonté en alcool, change son conditionnement. Le produit en question était en effet présenté dans un emballage ressemblant à celui d'une boisson rafraîchissante à base de vin peu alcoolisé alors qu'il avait une forte teneur en alcool.

En ce qui concerne les services téléphoniques payants, la FTC a contesté la publicité faite auprès des enfants pour les services d'information pouvant être obtenus avec les numéros "900" et a accepté les engagements de deux autres sociétés à ne pas proposer de tels services à la suite d'accusations analogues. La FTC a en outre lutté contre la déloyauté ou la duperie liée aux "infomercials", c'est-à-dire aux annonces publicitaires payantes qui peuvent être abusivement présentées à la télévision comme faisant partie d'un programme indépendant. Le règlement de ce type d'affaires a impliqué non seulement les personnes présentées dans les annonces mais aussi leurs producteurs.

En raison de l'intérêt grandissant manifesté par le public pour l'environnement, les publicités de produits utilisent des termes généraux et mal définis tels que "biodégradable", "recyclable" et "sans danger" pour l'environnement ou la couche d'ozone. La FTC a contesté plusieurs de ces allégations comme étant fausses ou insuffisamment fondées. Dans les deux premières actions qu'elle a intentées contre des allégations écologiques, elle a obtenu, par accords et ordonnances, que les entreprises concernées s'engagent à ne pas avancer des arguments trompeurs sur l'innocuité pour l'environnement de produits en aérosol.

La FTC a non seulement demandé à des sociétés de justifier leurs allégations écologiques, le cas échéant, cas par cas, mais elle a aussi mis au point et promulgué des lignes directrices pour les arguments publicitaires d'ordre écologique. Elle a organisé des consultations publiques pour déterminer s'il serait opportun qu'elle publie, à l'échelon national, des lignes directrices volontaires pour la publicité écologique afin d'empêcher les entreprises de contrevenir aux réglementations des États et de faire en sorte que les consommateurs reçoivent des informations fondées et exactes. Elle a constitué, avec l'EPA (Agence pour la protection de l'environnement) et l'USOCA (Bureau des affaires intéressant les consommateurs), un groupe de travail chargé d'étudier les questions soulevées par les arguments publicitaires d'ordre écologique. Des guides exhaustifs ont été publiés le 17 juillet 1992 sur la publicité écologique.

2.   *Pratiques en matière de prestation de services*

Les activités entreprises dans le cadre de ce programme visent essentiellement les indications fallacieuses fournies lors de la vente de biens et de services constituant un investissement tels que des métaux précieux, des pièces de monnaie rares, des objets d'art et des projets miniers. La FTC prend non seulement des mesures à l'encontre de ceux qui vendent directement ce type de biens et de services, mais elle examine et met en litige des cas impliquant des entreprises et des individus qui favorisent des actions frauduleuses en fournissant les produits en question ou toute autre forme d'aide substantielle. Ils peuvent, par exemple, fournir des contrefaçons ou des évaluations trompeuses de biens d'investissement tels que des pièces de monnaie rares, des timbres et des pierres précieuses.

Des initiatives sont aussi prises, dans le cadre de ce programme, pour empêcher toute duperie dans la publicité et la vente de soins médicaux. De nombreux personnes fondent en partie leur choix en matière de soins médicaux sur les informations fournies par les professionnels de la santé. Les arguments de vente que la FTC a contestés donnaient une idée fausse de l'efficacité ou du succès de certaines procédures médicales ainsi que de l'inconfort, des risques et des inconvénients qui les accompagnaient. La FTC a, par exemple, obtenu gain de cause contre un médecin qui effectuait des opérations de chirurgie esthétique et qui donnait une idée fausse des risques, de la douleur, de l'inconfort et du temps de convalescence liés à ce type d'intervention. Dans un autre cas, la FTC a obtenu une injonction préliminaire contre une chaîne de cliniques d'amaigrissement qui faisait croire à leurs clients qu'ils pourraient modifier leur métabolisme et perdre jusqu'à une livre et demie par jour avec le régime qui leur serait prescrit. La FTC a, en outre, obtenu de trois fournisseurs de traitement contre la stérilité qu'ils s'engagent à ne plus donner une idée fausse de leur taux de succès ou à ne plus faire valoir sans preuve le nombre de naissances ou de grossesses obtenues.

3.   *Pratiques en matière de marketing*

Ce programme est axé sur l'utilisation frauduleuse de la télémercatique pour la vente de biens et de services de consommation. C'est aussi en vertu de ce programme que la FTC applique plusieurs ensembles importants de règles commerciales, telles que celles régissant les funérailles qui obligent les entreprises de pompes funèbres à communiquer à leurs clients leurs prix entre autres renseignements essentiels, et celles concernant les franchises qui exigent que les franchiseurs communiquent aux franchisés éventuels des informations cruciales telles que le niveau des gains.

Les exemples de l'étendue des activités de la FTC dans ce domaine sont nombreux. La FTC a contesté, pour leur caractère trompeur, les pratiques utilisées pour la commercialisation de produits tels que des purificateurs d'eau, des voyages tous frais compris, des prix ou récompenses "gratuits", des services de promotion d'inventions, des fournitures pour photocopieurs entre de nombreux autres services commerciaux. Dans un autre domaine, la FTC a accusé le distributeur d'un prétendu remède contre le SIDA d'utiliser des arguments fallacieux sur l'efficacité de ce produit. Elle a aussi accusé un distributeur-franchiseur de formuler des allégations mensongères sur la fiabilité d'un alcootest utilisé dans les bars et les boîtes de nuit pour détecter les taux élevés d'alcool dans le sang des clients.

Comme dans le cas des fraudes dans le domaine des biens d'investissement, la FTC enquête non seulement sur les distributeurs directs mais aussi sur ceux qui organisent, alimentent et facilitent les opérations frauduleuses en fournissant des services essentiels ou une aide substantielle. Dans une affaire, un tribunal fédéral a condamné un fabricant de détecteurs de chaleur à rembourser un minimum de 7,59 millions de dollars à ses clients. Cette mesure de réparation a été prise après que la FTC eut statué que la société en question trompait les consommateurs en leur faisant croire que les détecteurs de chaleur leur permettraient de sortir indemnes de la plupart des types d'incendies domestiques en les avertissant suffisamment tôt du danger.

Du fait que nombre de ces affaires frauduleuses resurgissent rapidement après avoir été condamnées à disparaître, la FTC s'est alliée à d'autres organismes chargés de faire appliquer la loi au niveau de la fédération, des États et des municipalités pour constituer un groupe d'action contre la télémercatique frauduleuse et une base de données contenant des informations sur les entités et les personnes impliquées dans la télémercatique et ayant fait l'objet de mesures légales.

4.   Pratiques en matière de crédit

Les nombreux textes et réglements relatifs aux crédits à la consommation que la FTC est chargée de faire appliquer assurent aux consommateurs la possibilité d'obtenir et d'utiliser des crédits pour l'achat de biens d'équipement ménager ou destinés à leur usage personnel, de biens immobiliers et d'autres types de services.

De manière à permettre que les forces de la concurrence jouent efficacement sur le marché du crédit, le Congrès des États-Unis a promulgué le Truth in Lending Act et le Consumer Leasing Act qui sont destinés à préserver, pour les consommateurs, la possibilité de comparer les prix et les conditions des différentes sources de crédit disponibles. Ces deux lois sont conçues de manière à offrir aux consommateurs un cadre commun leur permettant de comparer le coût d'autres sources de financement en exigeant des créanciers qu'ils leur révèlent le coût des crédits et des crédits-bails avant la conclusion de toute opération.

La FTC fait aussi appliquer l'Equal Credit Opportunity Act ("ECOA") qui a pour objet d'assurer que les créanciers américains n'utilisent que des critères équitables pour déterminer la capacité d'endettement d'un consommateur. En vertu des dispositions de l'ECOA, un créancier ne peut exercer une discrimination à l'encontre d'un demandeur de crédit sur la seule base de l'âge, du sexe, de la situation de famille, de la race, de la couleur, de la religion ou de l'origine nationale de celui-ci ni parce qu'il bénéficie d'une aide financière de l'État fédéral. Un créancier ne peut en outre pas refuser d'accorder un crédit à un consommateur ou à une consommatrice qui a fait valoir ses droits au regard de la législation protégeant le crédit à la consommation.

Le Fair Credit Reporting Act ("FCRA") protège le droit des consommateurs de corriger les informations figurant dans le dossier récapitulant leurs antécédents en matière de crédit. Ces dossiers sont détenus par des sociétés privées, les bureaux de crédit, qui réunissent des informations sur les consommateurs concernant notamment la façon dont ils remboursent généralement les sommes qui leur sont prêtées, les procès ou les arrestations éventuels dont ils ont pu faire l'objet ainsi que tout autre facteur susceptible d'influer sur les chances qu'ils ont de rembourser l'argent emprunté. Du fait que ces informations peuvent nuire considérablement aux consommateurs si elles sont inexactes, le FCRA oblige les créanciers à faire savoir aux consommateurs si c'est en raison de leurs antécédents qu'ils leur refusent un crédit de manière à leur donner la possibilité de redresser une erreur éventuelle dans leur dossier. De plus, ces dossiers contenant des informations personnelles délicates, le FCRA empêche les bureaux de crédit de les divulguer sauf dans des conditions étroitement définies.

La FTC assume des responsabilités importantes dans l'application du FCRA et a récemment entamé une procédure de demande d'engagement avec un grand bureau de crédit qui n'avait pas su respecter les procédures requises pour assurer que les informations qu'il communiquait présentaient un niveau raisonnable d'exactitude. La FTC a en outre obtenu des décisions contre des intermédiaires ou des tiers qui achètent les dossiers d'information aux principaux bureaux de crédit pour les revendre ensuite. En vertu de ces décisions, les intermédiaires sont désormais obligés de prévoir des procédures appropriées pour avoir l'assurance que leurs clients sont bien habilités à prendre connaissance des informations sur les antécédents des consommateurs en matière de crédit.

La FTC fait appliquer non seulement ces dispositions mais aussi un certain nombre d'autres textes réglementant le crédit et les opérations commerciales tels que le Fair Credit Billing Act, le Fair Debt Collection Practices Act, l'Electronic Transfer Fund Act et la Credit Practices Rule.

La FTC s'efforce aussi, par ses actions coercitives, d'empêcher toute duperie dans la promotion des cartes et des services de crédit. La tromperie fait souvent partie de l'utilisation de numéros "900" ou payants pour commercialiser des cartes de crédit et des publicités en faveur de services permettant de "revaloriser les dossiers de crédit". Ces services sont censés permettre de "revaloriser" les dossiers médiocres contre le paiement d'une commission. Pendant l'exercice 1991, une société a accepté de payer 20 000 dollars au Trésor des États-Unis après avoir été accusée d'avoir donné une idée fausse des services qu'elle pouvait offrir pour revaloriser des dossiers de crédit.

La FTC a aussi lutté très activement contre la prolifération des systèmes qui sont censés permettre à leurs utilisateurs d'obtenir des prêts moyennant le versement anticipé d'une commission. L'intermédiaire supposé obtenir le prêt disparaît alors avec la commission sans avoir rempli sa mission.

5. *Application de la législation*

Dans le cadre de ce programme d'action, la FTC veille à l'application non seulement de ses ordonnances d'interdiction mais aussi de la majorité de ses dispositions réglementant les activités commerciales et des textes particuliers qui régissent des procédures telles que l'étiquetage des produits textiles, lainiers et de pelleterie. Ce programme implique aussi qu'elle entreprenne des enquêtes et des contrôles périodiques du respect des dispositions et, le cas échéant, qu'elle contribue à la mise au point de réglementations. L'éducation des consommateurs et la fourniture de conseils aux industries concernées sont aussi importantes pour le succès de ce programme. Parmi les nombreuses initiatives qu'elle a prises récemment pour s'assurer du respect de la législation, la FTC a entrepris une étude de l'ensemble du secteur de la distribution d'essence pour déterminer si le règlement qui oblige les raffineurs, les importateurs, les producteurs, les distributeurs et les vendeurs d'essence à garantir et à afficher les indices d'octane, était bien appliqué. Cette étude a constitué un moyen économique de contrôler environ 200 000 détaillants et distributeurs et complète les enquêtes suivies menées par la FTC dans les cas où elle suspectait des fraudes dans l'étiquetage des indices d'octane. La FTC a aussi publié une fiche d'information à l'intention des automobilistes pour leur expliquer les différents indices d'octane de l'essence et comment déterminer celui qui convient à leur véhicule.

La FTC a également entrepris une étude afin d'établir si les entreprises d'isolation des habitations respectaient bien le "R-value Rule", règlement qui régit la publicité en matière d'isolation des logements. Elle a lancé des enquêtes complémentaires sur certains fabricants suspectés de violer le règlement et pris des mesures coercitives à leur encontre.

La FTC a décidé d'importantes actions coercitives en vertu de plusieurs de ses dispositions réglementant les activités commerciales. Elle a, par exemple, lancé des opérations "coups de filet" auprès de plus de 500 revendeurs de voitures d'occasion de quatre États et six villes pour déceler les violations de sa réglementation (Used Car Rule) qui oblige les revendeurs de voitures d'occasion à fournir des informations importantes sur les véhicules qu'ils proposent. Ces efforts se sont également soldés par de nombreuses actions coercitives.

Enfin, la FTC a activement veillé à l'application de son réglement concernant la vente par correspondance (Mail Order Rule) en vertu duquel les entreprises de vente par correspondance sont obligées d'informer leurs clients de tout retard dans l'expédition des marchandises et de leur laisser la possibilité d'annuler leur commande lorsque celle-ci ne peut pas être livrée dans des délais raisonnables. La FTC envisage actuellement d'amender ce réglement pour l'étendre aux marchandises commandées par téléphone.

6. *Éducation des consommateurs*

L'Office of Consumer and Business Education (OCBE, Bureau pour l'éducation des consommateurs et des entreprises) a produit et révisé 39 publications à l'intention des consommateurs et des entreprises, dont certaines rédigées en espagnol pour aider les Américains d'origine hispanique. Plusieurs de ces publications, ainsi que d'autres projets, sont le fruit d'une collaboration avec les secteurs public et privé. La FTC a distribué plus de trois millions d'exemplaires de ses publications destinées aux consommateurs et aux entreprises.

L'OCDE a collaboré avec la National Association of Attorneys General (Association nationale des attorneys généraux) à la production d'un film vidéo sur les escroqueries aux revalorisations de dossier de crédit qui a été communiqué, par satellite, à un millier environ de stations de télévision. L'OCBE a aussi coopéré avec l'Alliance Against Fraud in Telemarketing (Alliance contre les méthodes frauduleuses de télémercatique) pour produire des annonces radiophoniques qui ont été distribuées à 500 stations sélectionnées et qui visaient à mettre en garde les consommateurs contre les "informercials", ces publicités qui peuvent être prises pour des programmes d'information. L'OCBE a en outre participé à des projets conjoints avec la National Coalition for Consumer Education (Coalition nationale pour l'éducation des consommateurs) et avec l'Alliance Against Fraud in Telemarketing.

III. Le Programme international de protection des consommateurs de la FTC

Les commissaires et le personnel de la FTC participent à diverses conférences et réunions consacrées à l'application des lois et de la politique concernant les consommateurs. En octobre 1992, la FTC a participé activement à la conférence de Londres qui a abouti à la création de l'International Marketing Supervision Network et elle représente les États-Unis dans ce réseau international de surveillance des pratiques de marketing. En 1991-1992, elle a continué à travailler avec plusieurs de ses partenaires de l'OCDE sur diverses opérations transatlantiques de marketing de caractère frauduleux ainsi que sur une escroquerie internationale en matière de crédit.

CONSUMER PRODUCT SAFETY COMMISSION

I. Sa structure

A l'automne de 1972, le Congrès a adopté le Consumer Product Safety Act (CPSA, loi sur la sécurité des produits pour les consommateurs) qui avait pour objet de protéger le public contre les préjudices corporels et les décès provoqués par des produits de consommation. C'est dans le cadre de ce texte de loi qu'a été créée la Consumer Product Safety Commission (CPSC) qui a officiellement commencé à fonctionner le 14 mai 1973.

La CPSC a pour objectif de réduire le nombre de préjudices corporels et de décès dus chaque année à des produits de consommation. Elle couvre 15 000 types de produits. Elle s'occupe aussi des produits qui posent des risques chroniques pour la santé à l'intérieur comme à l'extérieur du foyer, tels que les décapants de peinture contenant du chlorure de méthylène et les peintures contenant du plomb.

Cette Commission exerce non seulement les pouvoirs que lui confère la CPSA mais elle réglemente les produits couverts par le Flammable Fabrics Act (loi sur les tissus inflammables), le Federal Hazardous Substances Act (loi fédérale sur les substances dangereuses), le Poison Prevention Packaging Act (loi sur les conditionnements destinés à empêcher les empoisonnements) de 1970 et le Refrigerator Safety Act (loi sur la sécurité des réfrigérateurs).

Malgré la modicité de ses moyens -- environ 500 salariés et un budget annuel d'environ 40 millions de dollars -- la CPSC a joué un rôle important au cours des vingt dernières années en permettant d'éviter des milliers de décès et des dizaines de milliers de préjudices corporels. En dix ans seulement (entre 1977 et 1986), le nombre de décès liés à des produits de consommation a diminué de 13 pour cent, tombant de 25 000 à 21 600 par an. Le taux moyen de décès pour 100 000 consommateurs a chuté dans le même temps de 23 pour cent.

Les efforts déployés par la CPSC contre les électrocutions, les empoisonnements, les accidents dus aux tondeuses électriques et les risques d'incendie contribuent à eux seuls à une économie annuelle d'environ 2,5 milliards de dollars pour la société, ce qui rend très rentable l'investissement consacré par le gouvernement fédéral à la sécurité des produits de consommation.

La responsabilité de l'amélioration de la sécurité des produits incombe à la fois à l'industrie, aux consommateurs et aux pouvoirs publics qui forment le "triangle de la sécurité". En collaborant, ils peuvent permettre d'améliorer la sécurité des produits et de leur utilisation. Les fabricants reconnaissent de plus en plus que la sécurité se vend bien. La demande des consommateurs pour des produits sûrs montre que les Américains considèrent que la sécurité est une qualité qu'il recherche dans les produits.

La démarche adoptée par la CPSC pour réduire les préjudices corporels et les décès liés aux produits de consommation comporte plusieurs aspects. Elle implique notamment de :

-- rechercher les risques potentiels présentés par les produits offerts sur le marché ;

-- publier et faire appliquer des réglementations obligatoires, le cas échéant;

-- collaborer avec les pouvoirs publics et l'industrie à la mise au point de normes volontaires, par consensus réalisé au niveau national ;

-- rendre sûrs, rappeler et/ou réparer des produits de consommation qui présentent des risques importants ou immédiats pour leurs utilisateurs ou qui ne respectent pas les réglementations de la Commission ;

-- coopérer avec tout un réseau de correspondants au niveau de la fédération, des États et des collectivités locales pour améliorer la sécurité des produits sur le marché ;

-- coopérer, au niveau international, avec d'autres gouvernements et groupes de pays pour améliorer la sécurité des produits importés ; et

-- gérer des programmes d'information destinés à avertir les consommateurs des risques potentiels présentés par les produits et à leur montrer comment utiliser les produits en toute sécurité.

Les travaux de la Commission sont exposés ci-dessous sur la base des mesures prises.

II. Principales réalisations

-- en 1992, la Commission a évalué les performances et les caractéristiques de fonctionnement des câbles chauffants. Ces évaluations permettront de recommander les améliorations à apporter à la conception de ces câbles électriques qui chauffent les tuyaux afin de réduire les risques d'incendie qu'ils présentent surtout dans les mobile homes.

-- des études réalisées sous contrat pour le compte de la CPSC ont permis d'identifier la présence de plus de 40 produits chimiques dans les moquettes utilisées dans les écoles et les logements. Il est prévu de poursuivre les recherches pour déterminer ceux de ces produits qui peuvent être éventuellement liés aux symptômes que les consommateurs associent à ces moquettes.

-- la CPSC a examiné les statistiques et les rapports d'enquête concernant 681 cas de morts subites de nourrissons (syndrome de la MSN) et de suffocation d'enfants en bas âge dans le cadre d'une étude rétrospective sur la suffocation des jeunes enfants. Elle a ainsi identifié les produits de consommation susceptibles d'avoir joué un rôle dans ces accidents. Elle a en outre établi que certains cas qui avaient été classés comme des syndromes de la MSN étaient en réalité des cas de suffocation. Une étude approfondie avec enquêtes sur les lieux de décès a été entreprise pour différencier les morts d'enfant par suffocation, liées à des produits, des cas de syndrome de la MSN en interrogeant les parents et en testant en laboratoire les produits effectivement mis en cause dans ces accidents.

1. *Réglementations obligatoires concernant des produits particuliers*

-- En 1992, la Commission a interdit les coussins destinés aux nourrissons et garnis de granulés en plastique expansé ou de tout autre matériau granulaire. La CPSC a établi que ces coussins ont été impliqués dans 35 accidents mortels et un cas de lésion cérébrale dont des nourrissons ont été les victimes.

-- En vertu du Poison Prevention Packaging Act, la CPSC a exigé que les préparations orales d'"ibrupofen", un anti-inflammatoire, soient dotées d'un emballage à l'épreuve des enfants.

-- La CPSC a décidé d'achever la mise au point des définitions et principes directeurs concernant l'étiquetage des risques chroniques liés aux fournitures pour travaux artistiques et aux produits chimiques à usage domestique (publiés le 9 octobre 1992).

-- La CPSC a aussi proposé un certain nombre de nouvelles réglementations y compris une disposition obligeant à ce que les briquets jetables et fantaisie soient à l'épreuve des enfants.

2. *Mise au point de normes volontaires*

-- La Commission a apporté son soutien technique à la mise au point, la révision ou la réaffirmation de 14 normes volontaires de sécurité qui ont été approuvées en 1992.

-- La Commission a collaboré avec la société Underwriters Laboratories Inc. à la mise au point d'une nouvelle norme de sécurité pour les détecteurs d'oxyde de carbone. Cette norme a été établie en un temps record. On espère que les détecteurs la respectant contribueront à réduire le nombre des décès (300 environ) qui sont dus chaque année à des empoisonnements à l'oxyde de carbone liés à l'utilisation d'appareils domestiques à combustion.

-- Le personnel de la CPSC a réussi à faire approuver l'insertion, dans le National Electrical Code, de nouvelles dispositions exigeant une plus grande protection des consommateurs contre les risques d'électrocution présentés par les bassins de détente et pour bains chauds.

3. Rappels et mesures correctives

En 1992, la Commission a obtenu 302 mesures correctives impliquant plus de 19 millions de produits de consommation. 153 d'entre elles ont concerné quelque 16 millions de produits présentant des risques importants et ont notamment impliqué du matériel pour terrains de jeu, des appareils électriques ainsi que du mobilier et des produits destinés aux enfants.

-- Les 149 autres mesures correctives ont concerné plus de trois millions de produits ne respectant pas les réglementations et les normes de la CPSC. Il s'agissait essentiellement de jouets et de produits destinés aux enfants.

4. Réseaux de sécurité

-- En 1992, le personnel de la CPSC a collaboré avec plusieurs organismes concernés par la sécurité des véhicules tout-terrains tels que le National 4-H Council, le National Off Highway Vehicle Conservation Council et le Specialty Vehicle Institute of America. Ceux-ci ont aidé la CPSC à formuler, pour les États, une législation modèle sur la sécurité des véhicules tout-terrains.

-- La CPSC a assuré la gestion de l'ensemble du National Smoke Dectector Project (Projet national sur les détecteurs de fumée), regroupant près de 200 participants des secteurs public et privé désireux d'accroître le nombre de détecteurs de fumée en état de marche dans les logements. La CPSC a co-parrainé ce projet et lancé deux études sur le mode de fonctionnement de ces appareils ainsi que la campagne "For Pete's Sake" ("Pour l'amour de Peter"). Ce programme a également impliqué l'U.S. Fire Administration (Office américain de lutte contre l'incendie) et le Congressional Fire Service Institute (Institut du Congrès pour la lutte contre l'incendie).

-- En 1992, la CPSC a collaboré avec plusieurs États dans divers domaines tels que l'application de la législation relative aux feux d'artifice, l'inspection de pharmacies, la réalisation de tests sur des jouets et le contrôle de l'efficacité des rappels de produits.

-- La CPSC a fourni des informations à des juridictions d'États et de municipalités envisageant l'adoption de législations sur l'installation de barrières de sécurité autour des piscines et des bassins de détente. Plus de trente juridictions ont inséré dans l'annexe au Uniform Building Code (code général de la construction) l'obligation d'installer des barrières autour des piscines afin de réduire le nombre de noyades d'enfants dans les piscines privées.

5. *Activités internationales*

-- Le personnel de la Commission a collaboré, avec les représentants d'autres organismes, à l'élaboration des dispositions de l'Accord de libre-échange nord-américain concernant les normes.

-- La Commission poursuit ses travaux dans le cadre du Comité de la politique à l'égard des consommateurs de l'OCDE. Elle a surtout fait porter ses efforts sur la mise au point et l'harmonisation, au niveau international, de méthodes de tests ainsi que de systèmes de classification et d'étiquetage des produits chimiques.

6. *Information des consommateurs*

-- En 1992, la CPSC s'est associée à plusieurs groupements tels que l'Indian Health Service, la National Retail Hardware Association, l'American Society of Home Inspectors et le National 4-H Council pour assurer la dissémination d'informations sur la sécurité des produits par l'intermédiaire de leurs réseaux nationaux.

-- La Commission a lancé une campagne nationale multimédia destinée à accroître le nombre de logements équipés de détecteurs de fumée en état de marche. Le programme "For Pete's Sake" adresse aux parents et aux enfants des conseils pour la prévention des incendies. Il a impliqué l'organisation de conférences d'information dans tout le pays, la diffusion d'annonces publiques à la télévision et à la radio et la rédaction de publications à l'intention des consommateurs.

-- La CPSC a encouragé l'utilisation d'interrupteurs de circuit mis à la terre en collaborant avec la National Electrical Manufacturers Association à la mise au point et à la distribution d'un message vidéo. Un rapport technique (GFCI Technical Report) ainsi que des articles portant sur ces interrupteurs ont été communiqués aux associations d'agents immobiliers et d'assureurs ainsi qu'aux compagnies d'assurance et aux inspecteurs de logements.

-- Suite à une déclaration du Président de la CPSC, des fabricants et des détaillants ont accepté de commencer à inclure des informations sur la sécurité des produits dans leur documentation destinée à la clientèle. Quatre sociétés - Toys 'R' Us, Fisher-Price, Hasbro et Mattel - ont décidé d'inclure les informations de sécurité de la CPSC dans les brochures sur leurs produits et les documentations distribuées dans leurs points de vente. Cette initiative s'inscrit dans le cadre d'efforts visant à encourager l'industrie à "vendre la sécurité" dans ses campagnes promotionnelles et de marketing.

-- En 1992, la Commission a reçu 160 000 appels sur sa ligne d'information gratuite. 2 000 environ des appels traités par les opérateurs avaient pour objet de déclarer des accidents ou de formuler des réclamations concernant des produits dangereux ou défectueux. Le reste des appels portaient sur des demandes d'information afférentes à des rappels de produits ou aux risques présentés par certains articles.

-- En 1992, la Commission a adressé aux consommateurs, sur leur demande, environ un million de documents d'information sur la sécurité des produits.

III. Recherche

-- La Commission entreprend des études et des enquêtes sur les décès, les préjudices corporels, les maladies et les pertes économiques liés aux produits de consommation. Ces travaux de recherche permettent d'identifier les produits dangereux et de mettre au point des stratégies permettant de réduire efficacement les risques présentés par les produits.

-- La CPSC réunit des informations sur les préjudices corporels liés à des produits par l'intermédiaire d'un échantillon national d'hôpitaux participant au système national de surveillance électronique des préjudices corporels (NEISS). En 1992, ce système a fourni la matière de nombreux travaux de la Commission et notamment d'études importantes sur les empoisonnements d'enfants et les tondeuses électriques.

Le NEISS continue de servir de modèle à de nombreux pays du monde. Des systèmes s'inspirant de lui fonctionnent désormais au Japon, en Nouvelle-Zélande et dans la Communauté européenne.

En 1992, la CPSC a conclu quatre accords visant à partager avec d'autres agences fédérales les données obtenues grâce au NEISS en échange contre leur participation aux frais de gestion du système. Dans le cadre de ces accords, elle a réuni des informations sur les préjudices corporels liés aux armes à feu et au canotage, sur les accidents du travail et les réactions allergiques aux gants de caoutchouc.

FINLANDE

I. Évolution d'ordre institutionnel

Les conseils en matière de consommation font désormais partie des services offerts par les municipalités à leurs habitants. Toutes les municipalités ont en effet été invitées à organiser ce type de services sur leur territoire avant le début de 1992. Elles doivent conseiller gratuitement leurs habitants. Le financement de ces services est assuré en partie par les municipalités et en partie par l'État. Les municipalités peuvent disposer d'un ou de plusieurs conseillers ou choisir de se regrouper pour organiser un service conjoint. Les habitants peuvent bénéficier de conseils généraux destinés à faire d'eux des consommateurs plus avisés, de conseils individuels donnés sur rendez-vous ou d'une assistance dans le réglement des différends les opposant à des entreprises afin d'éclaircir la situation ou d'obtenir un réglement amiable. En cas d'échec des tentatives d'arrangement à l'amiable, le consommateur est invité à s'adresser au Bureau chargé d'enregistrer les plaintes des consommateurs ou à saisir le tribunal de première instance.

A la fin de 1992, les services de conseils aux consommateurs étaient assurés par 157 conseillers dans 450 des 460 municipalités du pays. Ils couvrent maintenant 98,5 pour cent de la population finlandaise. Ils ont accordé, en 1992, quelque 103 000 consultations dont 60 pour cent portaient sur des réclamations et 40 pour cent sur des demandes d'information. Ils ont en outre organisé des cours, des expositions et des conférences. L'Administration nationale de la consommation assure une formation poussée aux conseillers municipaux et elle leur fournit la documentation dont ils ont besoin. Elle publie également un rapport annuel sur les services municipaux finlandais de conseils aux consommateurs.

Deux organisations de consommateurs continuent de coexister en Finlande sous le nom de l'Association des consommateurs finlandais (Suomen Kuluttajaliitto) et de l'Association pour les consommateurs (Kuluttajat - Konsumenterna). La première comptait 63 associations locales à la fin de 1992.

II. Protection physique (sécurité des produits)

1. Législation

En 1991, plusieurs décrets adoptés en vertu de la Loi sur la sécurité des produits sont entrés en vigueur. La Loi sur les jouets de même que celle sur la fabrication des produits cosmétiques, la Décision du Ministère du Commerce et de l'Industrie sur la fabrication des produits cosmétiques ainsi que le Décret sur la résistance au feu des matériaux utilisés pour le rembourrage des sièges sont entrés en application au début de l'année. Le Décret sur la résistance au feu des matelas a lui pris effet au 1er juillet 1992.

Le Décret sur les imitations dangereuses de produits alimentaires est entré en vigueur le 1er avril 1991. Ses termes sont conformes à la directive correspondante adoptée par la CE en 1987.

La Loi sur la responsabilité du fait des produits est entrée en application le 1er septembre 1991. Ses termes sont conformes à la directive correspondante de la CE.

Une réforme de la Loi de 1987 sur la sécurité des produits a été entreprise à partir de 1991 sur la base de la directive de la CEE relative à la sécurité générale des produits. Les nouvelles dispositions prendront effet en 1993.

2. Contrôle de la sécurité des produits en Finlande

L'Administration nationale de la consommation est le principal organe de contrôle de la sécurité des produits en Finlande. Elle peut interdire la fabrication et la vente d'un produit si elle estime que celui-ci est dangereux pour la santé ou les biens des consommateurs. Elle peut aussi enjoindre à un fabricant d'informer le public du risque présenté par un produit ou ordonner la destruction d'un produit dangereux.

En 1991, elle a surtout contrôlé et testé les produits couverts par les décrets entrés en vigueur au début de l'année (jouets, produits cosmétiques et meubles à siège rembourré). En 1992, elle a eu pour objectif de préparer le terrain en vue de l'entrée en vigueur de l'accord sur l'Espace économique européen en améliorant notamment le contrôle du marché et d'examiner les possibilités de création d'un système spécial d'enregistrement des accidents causés par des produits. Elle a aussi cherché à améliorer les possibilités de participation des consommateurs dans la fixation des normes. Pendant la période sous revue, les essais ont surtout porté sur les équipements sportifs et les équipements de protection personnelle.

3. Interdictions de produits

En 1991, l'Administration nationale de la consommation a émis quatre interdictions de produits. Deux d'entre elles visaient des poussettes équipées d'un parasol. La vente de ces poussettes a été interdite parce que les essais de sécurité pratiqués ont révélé qu'elles pourraient être dangereuses à l'usage en raison de la faiblesse de leur structure et de l'insuffisance de leurs dispositifs de sécurité. Les deux autres interdictions de vente ont concerné un berceau dont la structure n'était pas assez solide et un détecteur de fumée. Ce dernier a été interdit parce que le son de l'alarme n'était pas assez fort pour réveiller une personne endormie.

En 1992, l'Administration nationale de la consommation a interdit la vente de deux produits. Il s'agissait, d'une part, d'un casque de sécurité pour enfants qui n'ayant pas résisté aux essais aux chocs, a prouvé qu'il n'offrait pas une protection suffisante en cas d'accident et, d'autre part, d'un gel pour le blanchiment des dents qui contenait du peroxyde d'hydrogène. La réglementation finlandaise sur les produits cosmétiques interdit l'emploi de peroxyde d'hydrogène dans les produits destinés à blanchir les dents.

L'interdiction de vente n'est pas la seule solution dont dispose l'Administration nationale de la consommation face à un produit dangereux. Elle peut négocier avec le fabricant et essayer de le persuader de retirer de sa propre initiative le produit du marché. Ce type de négociation a abouti à 71 retraits volontaires en 1991 et à 160 en 1992.

4. Notifications de produits dangereux

En 1991 et 1992, l'Administration nationale de la consommation a enregistré 103 plaintes contre des produits dangereux vendus sur le marché. Ces plaintes ont émané de consommateurs, de conseillers municipaux à la consommation, d'inspecteurs sanitaires et d'entrepreneurs. Des informations sur les produits dangereux ont aussi été obtenues par le biais de notifications.

5. Projets de recherche

En 1991, les activités de recherche ont été axées sur des projets visant particulièrement à améliorer la sécurité des enfants. Des études ont été consacrées au bruit produit par certains jouets et à la sécurité des poussettes, poupées, voitures miniatures et peintures à étendre avec les doigts. La sécurité des appareils de musculation à domicile, la sécurité quant aux risques d'incendie des lampes à bougie ainsi que la teneur en nickel de la bijouterie fantaisie ont elles aussi été examinées.

En 1992, l'Administration nationale de la consommation a dirigé des études sur la sécurité des crics, des casques de protection pendant les loisirs, des chaises-berceuses et des luges et toboggans ; sur la résistance au feu des matériaux utilisés pour le rembourrage des sièges ; sur les risques sanitaires présentés par les produits bronzants et les agents chimiques bronzants ainsi que par l'utilisation des solariums et des activateurs chimiques pour solariums.

6. *Contrôle du marché*

Lorsque l'accord sur l'Espace économique européen entrera en vigueur, les modalités de contrôle de la sécurité des biens de consommation seront modifiées. Ce sont les producteurs et les importateurs qui assureront le contrôle des produits primaires tandis que les autorités chargées de veiller à la sécurité des produits devront surveiller le marché. Afin de mettre au point le système de contrôle du marché, l'Administration nationale de la consommation a procédé à une expérience de contrôle dans trois provinces en 1992. Cette expérience a porté sur des articles appartenant à cinq groupes de produits soumis à des réglementations et des normes précises. Ont ainsi été contrôlés les oeufs en chocolat contenant un jouet-surprise, la résistance au feu des matériaux utilisés pour le rembourrage des sièges, la teneur en formaldéhyde de produits textiles, l'étiquetage de certaines catégories de jouets et les informations portées sur les étiquettes des lampes à bougie et des bougies chauffantes.

7. *L'enregistrement des accidents provoqués par des produits*

En 1991, a pris fin une enquête, menée conjointement par l'Administration nationale de la consommation et le Centre finlandais de recherche technique, sur la meilleure façon de réunir des informations sur les blessures provoquées par des produits et sur les possibilités de création d'un système d'enregistrement des accidents liés à des produits. Un tel système est nécessaire non seulement pour empêcher ce type d'accident mais aussi pour permettre de déterminer les domaines dans lesquels les efforts de contrôle et de recherche devraient porter à l'avenir pour assurer la sécurité des produits. Sur la base de l'enquête qu'ils ont menée, l'Administration nationale de la consommation et le Centre finlandais de recherche technique ont décidé d'obtenir auprès de dix hôpitaux et centres de soin les informations sur les accidents provoqués par des produits.

A l'automne de 1992, un programme informatique pour l'enregistrement des accidents a été mis au point en coopération avec le Centre finlandais de recherche technique. La collecte d'informations sur les accidents liés à des produits a commencé auprès de trois établissements à l'automne de 1992.

8. *Normalisation*

En vue d'augmenter les possibilités, pour les consommateurs, d'exercer leur influence dans le domaine de la normalisation, l'Administration nationale de la consommation et l'Association finlandaise de normalisation (SFS) ont signé, en 1991, un accord en vertu duquel elles ont décidé de créer un nouvel organe de coopération, appelé Comité des consommateurs sur la normalisation et destiné à remplacer l'ancien Conseil consultatif de la SFS sur les affaires intéressant les consommateurs. Ce comité a pour but de favoriser l'expression du point de vue des consommateurs dans la fixation des normes ainsi que la participation de représentants des consommateurs dans les efforts de normalisation aux niveaux national, européen et international. Il sert d'organe de coopération entre les organismes officiels s'occupant des consommateurs, les établissements de recherche pour les consommateurs, les groupements de consommateurs ainsi que la SFS et ses différentes antennes intervenant dans ce domaine. Il est présidé par un représentant de l'Administration nationale de la consommation qui est aussi chargée d'assurer ses travaux de secrétariat. Ses activités sont financées par la SFS.

En 1992, le Comité des consommateurs sur la normalisation a fixé les domaines prioritaires dans lesquels il faudrait faire valoir, à court terme, le point de vue des consommateurs et a déterminé les personnes, les institutions et les organismes dont les compétences seront sollicitées pour participer aux efforts de normalisation.

L'Administration nationale de la consommation a participé, en 1991 et 1992, aux efforts de normalisation entrepris au niveau européen pour les jouets, les articles de puériculture, les casques de protection des joueurs de hockey sur glace et des skieurs alpins ainsi que pour les équipements de terrains de jeux.

9. *Contrôle de la sécurité des produits exercé par le laboratoire des douanes*

En vertu de la réglementation finlandaise relative à la sécurité des produits, c'est au service des douanes qu'il revient de s'assurer de la sécurité des biens de consommation importés. Celui-ci peut interdire l'importation de biens de consommation considérés comme dangereux. Cette décision revient au laboratoire des douanes qui teste aussi les produits importés. Pendant la période sous revue, les contrôles ont principalement porté sur les jouets, les textiles, les produits cosmétiques et les accessoires de table. Environ 1 pour cent de tous les envois de produits de consommation qui entrent en Finlande fait l'objet d'un contrôle. En 1991, 11.7 pour cent des produits vérifiés se sont révélés non conformes aux réglementations et en 1992, ce chiffre est passé à 14 pour cent.

III. Protection des intérêts économiques des consommateurs

En 1991, deux lois sur la gestion de la dette ont vu le jour, l'une concernant le surendettement des particuliers et l'autre celui des sociétés. Ces deux textes sont entrés en vigueur le 8 février 1993. Le premier vise à ce que le débiteur et ses créanciers s'accordent sur les modalités de remboursement de la dette. En cas d'échec des négociations, le débiteur a la possibilité de porter l'affaire devant la justice. S'il s'avère alors que le débiteur satisfait aux conditions préalables requises pour le réglement de la dette, le tribunal peut fixer lui-même le calendrier de remboursement.

La loi relative à la restructuration des sociétés, qui porte, elle, sur la gestion de la dette des sociétés, fixe les conditions préalables à la normalisation des comptes des établissements qui peuvent être considérés comme viables malgré de graves difficultés financières. Le processus de normalisation doit se substituer à la mise en faillite chaque fois que la crise peut être évitée par l'adoption de mesures appropriées dans le cadre d'un programme de réglement de la dette. L'objet de ce dispositif est de permettre l'assainissement des activités des sociétés endettées et de s'assurer de la réalisation des ajustements nécessaires de la dette.

Un groupe de travail, mis en place par le Ministère de la Justice a annexé à son rapport un projet de loi sur la vente de logements. Ce texte vise à améliorer la protection légale dont jouissent les acquéreurs d'un logement.

En 1991, un comité a été chargé d'envisager les possibilités de réforme de la législation relative au crédit à la consommation. Il a publié deux rapports intérimaires en 1991 et 1992 et son rapport final au début de 1993. Il a suggéré plusieurs changements qui visent tous à améliorer la position du consommateur débiteur et qui sont dans la ligne de la directive correspondante de la CE.

Le Médiateur des consommateurs est en train de préciser le statut des utilisateurs de cartes bancaires dans une affaire portée devant les tribunaux et concernant la perte d'une de ces cartes.

Le projet de clarification des informations à faire figurer sur les factures et relevés de cartes bancaires est en cours de réalisation. Dans la situation économique actuelle, les entreprises sont toutefois réticentes à modifier leurs programmes informatiques. Le Médiateur des consommateurs a proposé qu'en attendant il soit expliqué aux consommateurs comment lire ces factures et relevés. Cette suggestion a été bien accueillie par les entreprises. Le Médiateur participe aussi à un projet de recherche sur les informations et les services financiers dont le consommateur a besoin pour prendre ses décisions. Le rapport final sera terminé en 1993.

Le Médiateur des consommateurs a examiné les conditions des prêts d'études accordés aux étudiants, émis son avis sur les conditions générales des accords de paiements de transfert établis par l'Association des banques finlandaises et fait connaître son point de vue à l'organisme de contrôle des banques sur les contrats utilisés par les banques pour les comptes bancaires. Il s'est en outre mis d'accord avec l'Association des banques finlandaises sur une classification des services bancaires les plus courants pour faciliter les comparaisons de tarifs. Il a aussi contribué à la mise au point des principes directeurs qui doivent régir les méthodes de recouvrement de la dette.

Le tribunal de commerce s'est prononcé sur deux affaires portant sur des prêts ou des crédits bancaires. Dans le premier cas, une offre de crédit avait fait l'objet d'un message publicitaire à la télévision dans lequel il n'était fait mention ni du coût du crédit ni de son montant minimum. Le crédit était en outre qualifié de "crédit rentable". Le Médiateur des consommateurs a fait valoir que les publicités doivent préciser les conditions de crédit et qu'un prêt ne peut être qualifié de "rentable" que si la banque peut prouver les bénéfices qui peuvent en être retirés. Le tribunal de commerce a estimé que les publicités télévisées n'ont pas à fournir d'informations détaillées sur les conditions de crédit si elles sont d'ordre général. L'emploi du terme "rentable" a, par contre, été considéré comme déloyal. (Le jugement a été prononcé par 6 voix contre 3).

Dans le second cas, un prêt avait été commercialisé en exagérant l'effet qu'il aurait sur la vie du consommateur. L'annonce publicitaire soulevait aussi la question des informations détaillées requises par le Médiateur. Le tribunal de commerce a estimé, dans cette affaire, qu'un certain humour et une certaine exagération étaient permis dans les publicités concernant les prêts. Il a aussi considéré que l'établissement financier n'avait pas à préciser le détail des conditions de crédit dans un message publicitaire télévisé du fait que celui-ci est fourni lors de la signature du contrat. (Le jugement a été prononcé par six voix contre trois).

En 1991-1992, le Médiateur des consommateurs a approuvé les conditions fixées pour la commercialisation des services financiers en ce qui concerne :

-- les annonces de prix,

-- les comparaisons de rentabilité.

La dévaluation et le flottement du markka ont posé, pour les consommateurs, plusieurs problèmes qui appelaient une solution urgente. Le Médiateur a tout d'abord pris une décision en ce qui concerne l'effet du flottement de la monnaie sur les voyages organisés. Il a ensuite pris position à l'égard de l'exploitation de la dévaluation dans les annonces de prix.

IV. Information et éducation des consommateurs

1. *Étiquetage*

Décision concernant les prix unitaires

La Décision sur l'indication des prix unitaires des produits offerts à la vente, prise en 1990 par l'Administration nationale de la consommation, est entrée en vigueur le 1er mars 1991. En 1992, cette administration a préparé une nouvelle décision qui étendra considérablement l'obligation d'indiquer les prix unitaires.

2. *Essais comparatifs*

L'Institut pour l'efficacité au travail a été invité à effectuer des essais comparatifs sur les produits suivants :

-- machines à coudre

-- détergents pour lave-vaisselle

-- silos à compost avec isolation thermique

-- centrifugeuses à vapeur

-- pichets isothermes

Il a en outre été demandé au Centre national de recherche sur la consommation d'entreprendre un essai comparatif des prix et de la qualité des mouchoirs en papier et des produits de lessive vendus sous le label "éco-produits".

En 1992, l'Administration nationale de la consommation est devenue membre de l'International Consumer Research and Testing Ltd.

3. *Comparaisons de prix*

L'Administration nationale de la consommation a commencé à procéder à des comparaisons de prix à partir du début de 1990-1991 afin de fournir aux consommateurs des informations sur les prix leur permettant de prendre plus facilement leurs décisions. Cet exercice ayant encouragé la concurrence par les prix, il a favorisé une baisse des prix à la consommation en Finlande.

L'hostilité que les comparaisons de prix ont suscitée, au départ, a montré que les entreprises commerciales et les industriels n'avaient pas l'habitude de se livrer concurrence par les prix. Les réactions ont été plus favorables par la suite et l'intérêt manifesté pour les comparaisons de prix a augmenté.

L'Administration nationale de la consommation a procédé à 20 comparaisons de prix en 1991 et à 34 en 1992. Les comparaisons ont porté sur les combustibles liquides et les produits sanitaires, en dehors des principaux groupes de produits tels que les denrées alimentaires, les articles d'épicerie et les biens et services destinés aux consommateurs. Les résultats de chaque comparaison ont été publiés séparément.

En 1992, l'Administration nationale de la consommation a mis au point un panier modèle de la ménagère pour comparer les niveaux et les gammes de prix des magasins d'alimentation et des épiceries. Ce panier a été utilisé dans cinq des comparaisons de prix réalisées en 1992. Trois d'entre elles ont été effectuées à Helsinki et dans ses environs et les deux autres, ailleurs dans le pays.

En 1991-1992, l'Administration nationale de la consommation a mené une intense campagne d'information à Kuopio afin d'établir comment les consommateurs réagissaient à l'information qui leur est communiquée et l'effet de ce type d'information sur leur niveau de connaissance, leurs attitudes et leur comportement. Le principal objectif était d'aider les consommateurs à mieux percevoir les prix. Cet objectif a été atteint ; les consommateurs étaient davantage conscients des prix et ils étaient mieux informés. En se montrant plus disposés à comparer eux-mêmes les prix, ils sont aussi devenus plus critiques à l'égard des informations de prix en général. Cette campagne a eu d'autres résultats positifs dans la mesure où le marquage des prix s'est amélioré chez les détaillants et où les consommateurs ont davantage eu conscience des services offerts par les conseillers municipaux à la consommation. Cela s'est traduit par un accroissement du nombre des consultations.

4. Moyens de communication de masse

Le magazine "Kuluttajatietoa" (Information des consommateurs), publié par l'Administration nationale de la consommation a été remanié et rebaptisé "Kuluttaja" (Le Consommateur). Le nombre de numéros publié chaque année a en même temps été porté de six à huit. Alors que "Kuluttajatietoa' était essentiellement destiné aux éducateurs et aux conseillers à la consommation et était envoyé gratuitement à des municipalités choisis par l'éditeur, le nouveau "Kuluttaja" se veut une publication spéciale destinée à tous les consommateurs. Il est diffusé par abonnements payants. Il a principalement pour but de fournir des informations sur la qualité, les prix, la sécurité et l'impact sur l'environnement des produits et des services. L'Administration nationale de la consommation étant récemment devenue membre de l'IT (International Consumer Research and Testing Ltd), elle est en mesure de publier, dans "Kuluttaja", les résultats des essais comparatifs entreprise par celle-ci.

Le Médiateur des consommateurs continue de publier "Kuluttajansuoja" (Magazine de protection du consommateur) qui est une revue spécialisée essentiellement destinée aux milieux d'affaires. Il relate les décisions du tribunal de commerce, du Médiateur des consommateurs et de la Commission chargée d'examiner les plaintes des consommateurs. La fréquence de parution a été portée de quatre à cinq numéros par an.

5. *Éducation des consommateurs et autres activités d'information*

En 1991, l'Administration nationale de la consommation a mené des campagnes sur les thèmes suivants : "Passez du jetable au durable" et "L'éducation du consommateur pour une croissance viable". Leur objectif était de guider la consommation privée de manière à réduire son poids sur l'environnement et d'aider concrètement les consommateurs à choisir des produits écologiques et à changer leurs habitudes de consommation.

Un film vidéo sur l'environnement et l'avenir de la planète a été réalisé pour les dernières années d'enseignement dans les écoles polyvalentes. Il évoque les liens entre la consommation, l'appauvrissement du globe et la dégradation de l'environnement. Il cherche à faire comprendre aux jeunes l'importance des choix individuels et à les inciter à assumer leur part de responsabilité dans l'avenir du monde.

Au début de la campagne, l'Administration nationale de la consommation a publié un guide sur l'éducation des consommateurs, destiné aux enseignants et a invité l'ensemble des élèves des écoles polyvalentes à participer à un concours portant sur la production d'un film vidéo. Le film qui a remporté le premier prix pour les classes élémentaires a aussi gagné la médaille d'or dans un concours international organisé en Italie en 1992.

A la mi-mars, plusieurs écoles ont consacré une semaine à une campagne de sensibilisation des élèves aux questions liées à la consommation.

En 1992, l'Administration nationale de la consommation a participé à la réalisation et au financement d'un programme télévisé d'information sur l'environnement. Elle a aussi réalisé une étude qualitative et quantitative des questions concernant la consommation qui avaient été abordées en classe par les enseignants. A l'automne, elle a participé à la production d'un programme de télévision destiné à tester les connaissances des élèves des classes terminales des écoles polyvalentes.

Un guide intitulé "Comment planifier son accession à la propriété" a été mis au point à l'intention des jeunes. Il contient des informations sur le logement, l'acquisition de biens matériels, l'argent, la sécurité et l'environnement. Il s'accompagne d'une série de diapositives et peut être utilisé par les enseignants.

Parmi les autres matériaux d'information et d'enseignement mis au point par l'Administration nationale de la consommation on peut notamment citer des opuscules, brochures et diapositives sur les effets de l'intégration européenne sur la position du consommateur.

V.   Mécanismes de recours et de réclamation

En 1991-1992, la Commission chargée d'enregistrer les plaintes des consommateurs a reçu 6 024 réclamations écrites et émis 5 844 recommandations en vue de leur règlement. Elle a enregistré 269 plaintes de moins en 1992 qu'en 1991 (2 877 en tout). Cette évolution permet de penser que les services de conseil obligatoirement offerts par les municipalités aux consommateurs à partir du début de 1992 constituent un moyen efficace de régler, au niveau local, les différends opposant les consommateurs aux entreprises. Le ralentissement de l'activité économique s'est aussi reflété dans le nombre de certaines catégories de réclamations.

Le Médiateur des consommateurs a reçu 2 715 nouveaux rapports et plaintes portant sur l'application de conditions commerciales et contractuelles inadéquates. Il a examiné 238 affaires de plus qu'il n'en avait enregistrées, ce qui signifie qu'il a considérablement rattrapé le retard accumulé au cours des dernières années. Un grand nombre des plaintes émanant de particuliers portait sur des services financiers, la vente des crédits à la consommation et les annonces de prix.

Pendant la période considérée, le Médiateur des consommateurs a répondu à 106 demandes d'avis émanant, pour la plupart, de ministères. L'importance de ce chiffre donne une idée de l'étendue et de l'intensité du travail législatif.

En 1991-1992, le Médiateur des consommateurs a émis 28 injonctions concernant, par exemple, des fausses réductions, des annonces de prix trompeuses, la fourniture d'informations insuffisantes sur des crédits à la consommation et des publicités de prêt. Dix-neuf affaires ont été portées devant le tribunal de commerce. Celui a statué sur dix-huit d'entre elles. Les injonctions concernaient notamment un message publicitaire télévisé pour un prêt bancaire et la promotion d'un crédit.

VI. Relations entre la politique à l'égard des consommateurs et autres aspects de la politique gouvernementale

La nouvelle loi sur les entraves à la concurrence est entrée en vigueur le 1er septembre 1992. Elle a essentiellement permis d'aligner les divers textes réglementant la concurrence sur les régles de la CE dans ce domaine.

Le Conseil consultatif permanent sur les affaires concernant les consommateurs, agissant de concert avec le ministère du Commerce et de l'Industrie, a publié en décembre 1991 un Programme d'action en faveur des consommateurs. Celui-ci fixe plus de 30 objectifs pour les années 1992 à 1995. Le Conseil consultatif doit s'assurer de leur réalisation.

FRANCE

Plus encore que les années précédentes, la politique de la France à l'égard des consommateurs s'est centrée en 1991 et 1992 sur un objectif prioritaire : permettre aux consommateurs d'être des acteurs économiques responsables, suffisamment informés pour agir. Deux inflexions majeures ont marqué la réflexion et l'action de la politique française : une accélération de la préparation du marché unique, la consolidation du dispositif existant pour donner aux consommateurs les moyens de faire valoir pleinement leurs droits.

I. Évolution d'ordre institutionnel

La Direction Générale de la Concurrence, de la Consommation et de la Répression des Fraudes (DGCCRF) a soutenu la réforme de certains organismes et a maintenu son aide financière aux associations de consommateurs.

L'Institut National des Appellations d'Origine

La loi du 2 juillet 1990 a étendu les compétences de l'Institut National des Appellations d'Origine (INAO), limitée jusqu'à-là au secteur des vins, à l'ensemble des produits agricoles et alimentaires d'appellation d'origine contrôlée. En 1991, un décret et trois arrêtés ont précisé l'organisation et le fonctionnement du nouvel institut. L'INAO est composé de trois comités spécialisés. Chaque comité doit proposer, pour les produits relevant de sa compétence, les règles de production qui seront ensuite concrétisées par décret.

La Commission des Clauses Abusives

Afin d'intensifier la lutte contre les clauses abusives dans les contrats proposés aux consommateurs, une réflexion poursuivie tout au long de l'année a abouti au décret du 10 mars 1993 qui améliore le fonctionnement de la Commission des Clauses Abusives (CCA) : meilleure représentation des

167

partenaires concernés par le droit des contrats -- consommateurs, professionnels, juristes -- plus grande souplesse de fonctionnement avec des rapporteurs permanents et possibilité de siéger en formations restreintes. Ce décret permet également une meilleure articulation avec les tribunaux puisque le juge a désormais la faculté de saisir la CCA, pour avis, à l'occasion d'une instance dans laquelle est évoquée une clause douteuse d'un contrat prérédigé. La capacité d'expertise de la Commission sera ainsi mise à la disposition du juge.

Subventions aux associations de consommateurs

Le soutien financier aux associations de consommateurs s'est maintenu à un niveau élevé en 1991 (69 000 000 Frs soit + 20 pour cent) et en 1992 (66 000 000 Frs). Une partie importante de ces subventions a été affectée à l'Institut National de la Consommation (INC) : 48 000 000 Frs en 1991 et 47 000 000 Frs en 1992 ce qui représente environ 25 pour cent de ses recettes.

Par ailleurs, soutenu par la Direction Générale de la Concurrence, de la Consommation et de la Répression des Fraudes, le dialogue entre consommateurs et professionnels s'est poursuivi activement au plan national au sein du Conseil National de la Consommation (CNC) et à l'initiative des comités départementaux de la consommation (CDC).

II. Sécurité des consommateurs

Les pouvoirs publics se sont attachés à adapter le droit national à la réglementation européenne et à renforcer les actions de prévention et d'élimination des risques.

1. La transposition des directives européennes

La DGCCRF a poursuivi son action de transposition des directives européennes, dans les domaines suivants :

a) La sécurité alimentaire

Le décret du 11 avril 1991 fixe les conditions d'usage et de dénomination des arômes. Précurseur en Europe, le décret du 26 avril 1991 sur l'hygiène des végétaux a été élaboré dans l'esprit de la "nouvelle approche". Il fixe des exigences hygiéniques essentielles applicables à des produits aussi divers que les végétaux crus dits de la IVème gamme, les aliments végétaux pasteurisés, surgelés ou congelés, les conserves végétales, les produits céréaliers et de biscuiterie, les produits sucrés, les boissons alcoolisées ou non.

La transposition de la directive-cadre et la mise en oeuvre du décret du 18 septembre 1989 réformant le système d'autorisation des additifs ont été menées à bien avec la publication des arrêtés des 14 octobre et 5 novembre 1991.

Le décret du 8 juillet 1992 transcrit la directive relative aux matériaux au contact avec les denrées alimentaires. Des arrêtés, pris en 1992, visent plus particulièrement les matériaux plastiques et les élastomères de silicone.

b)   La sécurité des produits industriels

Le décret du 26 juin 1992 porte sur la compatibilité électromagnétique des appareils électriques et électroniques et ceux du 29 juillet 1992 sur les équipements de travail et moyens de protection.

Enfin, le décret du 9 septembre 1992 relatif à la prévention des risques résultant de l'usage de certains produits imitant des denrées alimentaires interdit les produits susceptibles d'être confondus avec des denrées alimentaires du fait de leurs principales caractéristiques (forme, couleur, odeur...) et qui comportent certaines substances toxiques. Leur taille doit être suffisante pour ne pas provoquer d'étouffement.

2.   La prévention et l'élimination des risques

Les pouvoirs publics français ont poursuivi leur action en vue de renforcer la sécurité des consommateurs selon deux axes principaux :

--   privilégier la prévention par des actions spécifiques et l'édiction de mesures permanentes,

--   éliminer les risques nouveaux par des mesures temporaires ou des injonctions.

Ces actions ont été complétées par un important programme d'enquêtes destiné à vérifier le respect permanent par les professionnels des règles de sécurité.

a) Campagne d'information sur les accidents domestiques

L'action de sensibilisation menée depuis 1988 s'est poursuivie, axée plus particulièrement sur quatre risques liés au bricolage, et au jardinage, aux loisirs d'été, au chauffage et à l'habitat. Le nombre d'entreprises associées à la campagne s'est considérablement accru passant de 23 en 1991 à 52 en 1992. Les statistiques les plus récentes révèlent une baisse des décès de 10 pour cent depuis 1985 (source INSERM) et une diminution sensible du nombre des entrées en service d'urgence dues aux accidents domestiques et de loisirs (source EHLASS).

b) Édiction de mesures-permanentes

Des décrets ont fixé de nouvelles exigences de sécurité. Le décret du 13 novembre 1991 relatif à certains objets interdit définitivement les montres-bracelets comportant un briquet incorporé, les briquets reproduisant un véhicule miniature et les masques de plongée comportant un tuba incorporé muni d'une balle de ping-pong. En outre, il fixe des exigences de sécurité pour les briquets imitant un autre objet, les sapins de Noël artificiels, les bougeoirs et compositions décoratives de bougies et les vélos tout terrain.

Le décret du 20 décembre 1991 relatif à la prévention des risques résultant de l'usage des articles de puériculture impose la conformité des produits aux normes existantes ou, à défaut, la vérification par un organisme indépendant que les produits répondent bien aux exigences de sécurité.

Le décret du 4 juin 1992 relatif à la sécurité des matériels mis à la disposition du public dans les laveries automatiques oblige les exploitants à s'assurer, au moins une fois par jour, du bon fonctionnement des dispositifs de sécurité que doivent comporter les appareils, à consigner leurs observations sur un registre spécial tenu à la disposition des agents de contrôle et à apposer dans les locaux une affiche mentionnant un numéro de téléphone où peuvent être signalées les anomalies de fonctionnement des appareils.

Le décret du 10 septembre 1992 relatif à l'interdiction des kits de cyclomoteur interdit la commercialisation d'ensembles de pièces détachées destinés à augmenter la puissance des cyclomoteurs.

Le décret du 10 décembre 1992 relatif aux poêles mobiles à pétrole lampant leur impose d'être conformes à des exigences de sécurité évitant tout risque d'asphyxie, d'incendie ou de brûlure. Une plaque fixée sur l'appareil doit signaler aux consommateurs sa conformité aux exigences de sécurité et leur rappeler différents conseils de sécurité.

c)   Mesures temporaires et mises en garde pour des risques nouveaux

En 1991, huit arrêtés ont suspendu pour un an la commercialisation et ordonné le retrait de produits de consommation : jouets ou articles de divertissement, à cause de la toxicité de certaines substances (jeux contenant du sulfate de cuivre), des risques de blessure (bombettes fumigènes, bracelets magiques) ou de brûlure (aérosols de décoration et de divertissement contenant des composants inflammables), appareils ménagers en raison de risques d'électrocution (certaines bouilloires électriques), produits utilisés comme compléments alimentaires (deux arrêtés ont renouvelé et étendu l'interdiction des produits contenant du L-Tryptophane, dans l'attente d'une meilleure connaissance des causes des accidents survenus avec l'ingestion de ce produit) ou même denrées alimentaires toxiques (conserves de champignons en provenance de Chine).

Deux arrêtés ont imposé l'apposition de mises en garde sur leurs conditions d'installation ou d'utilisation : il s'agit des générateurs d'aérosols contenant des composants inflammables autres que ceux visés par l'arrêté d'interdiction ainsi que des foyers et inserts de cheminée.

En 1992 quatre arrêtés ont suspendu la commercialisation de produits de consommation : produits industriels (certaines jantes métalliques pour véhicules en raison de risques de cassure, certains appareils d'orthodontie en raison des risques de blessure et de perforation de l'oeil et un robot ménager importé de Pologne en raison des risques de coupure), compléments alimentaires renfermant des tissus d'origine bovine et ovine en raison du risque de transmission à l'homme de l'encéphalite spongiforme dite maladie de la vache folle.

Deux autres arrêtés ont imposé l'apposition de mises en garde sur des produits en attendant la modification des normes les concernant : conteneurs poubelles en raison du risque de strangulation pour les enfants et centrifugeuses à jus de fruits et de légumes en raison du risque de coupures.

Par ailleurs, dix injonctions ou mises en garde ont été adressées en 1991 à des professionnels en vue de faire cesser des risques inhérents à l'utilisation de produits : risques d'incendie ou de brûlures (cuisinière à gaz, casserole), risque d'ingestion ou de blessure pour les enfants (boulier fixé sur une chaise haute, produits d'hygiène corporelle présentés dans des emballages ressemblant à des jouets, toboggan sur une aire de jeux), et risques liés à la sécurité routière (pneumatiques rechapés).

En 1992 neuf mises en garde ont visé à faire cesser les risques suivants : risques de blessure ou d'étouffement pour les enfants (poussettes pour enfants, réducteur de siège toilette, confiserie en forme de sucette de puériculture), risques de brûlure ou d'intoxication (aérosols unidoses ou "brouillards" en vue d'en réserver la vente aux seuls professionnels, brûleurs tous usages de type lance-flammes, charbon de bois), risques de blessure (laisses de chien rétractables) et risques alimentaires (mise en garde générale adressée aux grands groupes de la distribution afin de contribuer à enrayer l'épidémie de listériose).

III. Protection des intérêts économiques des consommateurs

Les pouvoirs publics se sont efforcés au cours des années 1991-1992 de compléter le dispositif législatif et règlementaire existant, de donner au consommateur les moyens de faire valoir pleinement ses droits et de garantir son rôle d'arbitre économique.

La loi du 18 janvier 1992 et ses décrets d'application

La loi s'inscrit dans une évolution législative engagée graduellement depuis de nombreuses années pour améliorer les droits des consommateurs et faciliter leurs possibilités d'action en justice.

Elle améliore l'information du consommateur (caractéristiques essentielles des produits, délais de livraison, vente à distance, publicité comparative), interdit certaines pratiques abusives (abus de faiblesse, contrats sans accord préalable), facilite la défense des intérêts du consommateur en justice (action en représentation conjointe) et porte création du Code de la consommation.

Le décret du 13 octobre 1992 fixe à 3 000 F. le montant à partir duquel les contrats doivent indiquer obligatoirement la date limite de livraison d'un produit ou de fourniture d'un service. Si cette date est dépassée de plus de sept jours, le contrat peut être rompu par lettre recommandée avec demande d'avis de réception.

Le décret du 9 décembre 1992 précise les sanctions applicables aux offres de vente à distance ne comportant pas le nom, l'adresse réelle et les coordonnées téléphoniques de l'entreprise. Il permet de s'opposer aux domiciliations de circonstance, du type boîte postale, qui sont des entraves délibérées à la prévention et au règlement des litiges.

Le décret du 11 décembre 1992 décrit les conditions d'exercice de l'action en représentation des consommateurs, notamment les obligations des associations agréées agissant en justice pour le compte de plusieurs personnes ayant subi des préjudices individuels.

Le code de la consommation

La loi du 18 janvier 1992 a posé le principe de la création du code de la consommation regroupant, dans un document unique, les principaux textes relatifs au droit de la consommation.

Le livre premier définit les règles de formation des contrats (information du consommateur, pratiques commerciales, conditions générales), le livre deuxième détermine la notion de qualité des produits et services (conformité et sécurité), le livre troisième regroupe les dispositions relatives à l'endettement des consommateurs (crédit à la consommation, crédit immobilier, surendettement) le livre quatrième concerne les associations de consommateurs (agrément, action en justice), le livre cinquième regroupe les textes relatifs aux institutions de la consommation (Conseil National de la Consommation, Comités Départementaux de la Consommation, Institut National de la Consommation).

La partie législative du code a été promulguée par la loi n° 93-949 du 26 juillet 1993. La partie réglementaire est en cours d'élaboration.

L'aide aux familles surendettées

Depuis leur mise en place, les commissions départementales de surendettement ont reçu une moyenne mensuelle de 5 300 dossiers. Sur les 222 000 dossiers déposés, 57 pour cent ont pu aboutir à la signature d'un plan de rééchelonnement.

Pour améliorer cette situation, une circulaire du 22 janvier 1993 prévoit le renforcement de l'efficacité des procédures prévues par la loi, le traitement des dossiers les plus délicats et une meilleure coordination avec les fonds de solidarité pour le logement.

La loi du 13 juillet 1992 sur les voyages à forfait

Cette loi décloisonne les activités liées à la vente de séjours et de voyages en autorisant hôteliers, agents immobiliers, transporteurs à proposer des forfaits touristiques. Elle renforce, par ailleurs, la protection du consommateur en prévoyant l'établissement d'un contrat-type, des prix fixes, sauf en cas de variations du coût des transports, des devises ou de certaines taxes, et la possibilité pour le consommateur empêché de céder son voyage à un tiers.

IV. Information du consommateur

Comme par le passé, les pouvoirs publics se sont attachés à favoriser l'arbitrage économique exercé par le consommateur et à en faire un élément essentiel d'une meilleure concurrence.

Développer le rôle d'arbitre du consommateur suppose qu'il soit objectivement et suffisamment informé des prix et conditions de vente pratiqués. Complétant l'action réglementaire importante réalisée les années précédentes, deux arrêtés ont été adoptés en 1991/1992 pour améliorer l'information du consommateur sur les tarifs des géomètres experts et ceux appliqués dans le secteur de la location de véhicules.

Outre l'action régulière des services de contrôle, des enquêtes importantes ont été menées pour veiller au respect des règles d'information du consommateur et empêcher les comportements contrevenant à la transparence du marché (publicités mensongères, faux rabais, ventes avec primes, ventes liées, jeux et loteries, etc.).

Par ailleurs, la DGCCRF informe directement sur les droits des consommateurs :

-- les émissions télévisées "Infoconsommation" et "Flash Infoconso" diffusées deux fois par semaine informent les consommateurs sur les problèmes qu'ils peuvent rencontrer, leurs droits et leurs recours. Elles touchent un public d'environ 2,6 millions de personnes ;

-- son serveur télématique "3614 Consom" donne des informations sur les prix, le surendettement, la qualité et la sécurité de produits et services : en 1992, 42 000 connexions ont été réalisées ;

-- une banque de données réglementaires sur micro-fiches permet à toute personne d'avoir accès à l'ensemble des réglementations actualisées, appliquées par la Direction Générale de la Concurrence, de la Consommation et de la Répression des Fraudes.

Enfin, un groupe de travail permanent sur l'amélioration de l'information du consommateur dans le domaine des prix de l'Institut National de la Consommation (INC) a porté ses réflexions, notamment sur les secteurs de la location des véhicules, des véhicules d'occasion, des prestations topographiques ainsi que sur l'évolution des prix.

V. Mécanismes de recours et de réclamation

Deux décrets permettent aux consommateurs l'un de confier leur défense à une association nationale de consommateurs, l'autre de résoudre un litige de consommation par voie de conciliation.

Le décret du 11 décembre 1992 permet à plusieurs consommateurs identifiés ayant subi des préjudices individuels causés par le fait d'un même professionnel et ayant une origine commune, de confier leur droit d'agir en justice à une association nationale agréée de consommateurs.

Le décret du 25 février 1993 ouvre la possibilité de conciliateurs spécialisés dans le domaine de la consommation, à côté des conciliateurs généralistes institués par le décret du 20 mars 1978. Par sa souplesse de fonctionnement, la conciliation complète les mécanismes judiciaires de protection des droits des consommateurs.

VI. Relations entre la politique à l'égard des consommateurs et la politique de la concurrence

Les pouvoirs publics ont activement poursuivi en 1991 et en 1992 une politique de libéralisation des monopoles de fait ou de droit.

Ainsi, dans le secteur des services funéraires, une réforme de la législation a été entreprise, afin d'ouvrir cette activité à la concurrence en permettant au consommateur d'être mieux informé sur le contenu et le prix des prestations, et de disposer d'un plus large choix de prestataires de services. Cette réforme a été adoptée par une loi du 8 janvier 1993.

Au-delà des mesures législatives ou réglementaires tendant à optimiser la concurrence, les Pouvoirs publics complètent leur action par une veille constante du fonctionnement des marchés, afin de réprimer les comportements anticoncurrentiels qui affectent non seulement les relations entre professionnels, mais aussi les intérêts des consommateurs.

Ainsi, sur une centaine de saisines ministérielles du Conseil de la Concurrence faites en 1991 et en 1992, 28 dossiers se rapportaient à des pratiques affectant directement les consommateurs.

A titre d'exemple, des pratiques relevées dans des secteurs aussi divers que la distribution de produits de beauté, d'ameublement, de prêt-à-porter, des jeux vidéo ou des services de pompes funèbres, de déménagement, de location de voitures sans chauffeur et de la réparation automobile, ont été soumises à l'examen du Conseil de la concurrence.

GRÈCE

I. Évolution d'ordre institutionnel

Aucune évolution institutionnelle majeure n'a été enregistrée en 1991 et 1992. La responsabilité de la protection des consommateurs incombe essentiellement au Ministère du commerce, mais plusieurs autres ministères servent également leurs intérêts.

La loi générale, attendue depuis longtemps, sur la protection du consommateur est entrée en vigueur en 1991 (loi n° 1961/91). La direction du contrôle technique pour la protection du consommateur a participé activement à toutes les phases de son élaboration et c'est pour l'essentiel cette direction qui est responsable de son application. La loi n° 1961/91 est un texte législatif dont la portée est tant horizontale que verticale, puisque, d'une part, elle vise à protéger les droits fondamentaux du consommateur en général et que, d'autre part, elle intègre plusieurs directives des Communautés européennes, qui sont les suivantes :

-- directive 85/374/CEE sur la responsabilité des produits,

-- directive 84/450/CEE sur la publicité mensongère,

-- directive 85/577/CEE sur le démarchage,

-- directive 93/13/CEE sur les conditions contractuelles contraires à l'équité.

II. Sécurité du consommateur

1. Le ministère du Commerce

La loi susvisée comprend également certaines dispositions sur la sécurité générale des produits qui constituent une version simplifiée de la directive

92/59/CEE. Ces dispositions, à côté du titre relatif à la responsabilité des produits, constituent un train de mesures juridiques destinées à sauvegarder la sécurité physique du consommateur.

2. *Le ministère de l'Industrie, de la recherche et de la technologie*

-- Dans le domaine de la sécurité des jouets, le ministère a modifié la décision ministérielle qu'il avait arrêtée en 1990 en vue de l'application de la directive 88/378/CEE. En outre, le secrétaire général a arrêté une décision en 1991, laquelle fixe les modalités de contrôle de l'échantillonnage.

-- La législation existante sur l'équipement électrique a été également modifiée. Conformément aux nouvelles dispositions, les échantillons prélevés sont envoyés aux fins de contrôle à l'ELOT (Organisation grecque de certification).

-- Une décision ministérielle est également entrée en vigueur en 1991 et elle fixe les limites supérieures des niveaux de bruit émis par les tondeuses à gazon.

-- Enfin, plusieurs décisions ministérielles ont été arrêtées en vue de l'adaptation de la législation existante à certaines directives de la CEE (indiquées entre parenthèses) relatives à divers objets. Il faut mentionner plus particulièrement :

  . la décision ministérielle 1533/91 sur les appareils ménagers au gaz (90/396/CEE);

  . la décision ministérielle 1479/414/91 sur les conteneurs à pression (93/404/CEE et 90/488/CEE).

3. *Le ministère de la Santé, de la protection et de la sécurité sociale*

La protection de l'hygiène publique était une des principales responsabilités de ce ministère pendant toute la période en cause. A cet effet, ce ministère a arrêté une série d'ordonnances en matière de santé et deux décrets présidentiels qui sont les suivants :

-- l'ordonnance présidentielle n° 10276/91 en matière de santé, sur l'interdiction des plaques d'amiante dans les boulangeries;

-- le décret présidentiel n° 169/92 relatif à la création et à l'exploitation de salons de coiffure;

-- le décret présidentiel n° 369/92 sur l'ouverture et l'exploitation de boulangeries et de points de vente de pain.

D'autre part, l'application de la loi est assurée dans un cadre régional par les directions de la santé de diverses préfectures.

La participation de la Grèce au système EHEASS (système européen de surveillance des accidents survenant à domicile et au cours des activités de loisir) s'est poursuivie en 1991 et en 1992, nonobstant certaines difficultés au niveau de la gestion. Les données sur les accidents domestiques recueillies dans un hôpital d'Athènes ont été rassemblées sous une forme normalisée et ont été communiquées à la Commission des Communautés européennes.

4. *Électricité*

L'entreprise publique de l'électricité (DEH), contrôlée par l'Etat, a poursuivi ses activités pendant la période de deux ans consacrée à la mise en place du système national de contrôle de l'énergie ultramoderne, dénommé anti-occultation, lequel lorsqu'il sera réalisé, permettra le contrôle automatisé de toutes les unités de production et des lignes de transport d'électricité.

En vue du règlement partiel des problèmes écologiques auxquels Ptolemaic, une ville provinciale du nord-est, qui est le siège d'une des plus importantes unités thermoélectriques de DEH, est confrontée, des filtres électrostatiques d'une capacité de rétention de 99,8 pour cent des particules flottantes de poussières de charbon ont été mis en place.

III. Protection des intérets économiques du consommateur

1. *Ministère du Commerce*

La direction du contrôle technique pour la protection du consommateur a définitivement mis au point et arrêté, au début de 1991, la décision ministérielle n° 01-983/91 sur le crédit à la consommation, qui oblige notamment les organismes de crédit à révéler aux consommateurs demandant un crédit le niveau du coût total du crédit exprimé en pourcentage annuel. Fondée largement sur deux directives communautaires applicables, cette décision ministérielle vise à améliorer la transparence du marché et à aider les consommateurs à choisir la proposition de crédit la mieux adaptée à leurs besoins. Malheureusement, son exécution a jusqu'à présent été très problématique et une récente décision ministérielle a conféré au ministre du commerce le pouvoir d'infliger aux délinquants des amendes pouvant atteindre au maximum 20 millions de drachmes.

Le ministère du Commerce a également arrêté plusieurs ordonnances concernant le marché afin de réglementer des questions telles que l'étiquetage, la dénaturation de l'huile d'olive, la dénaturation du diesel au moyen d'huile de chauffage, les dates d'expiration de la consommation des produits alimentaires et, enfin, les conditions de commercialisation des tuiles utilisées pour les murs et les planchers.

La tendance en faveur de la libéralisation et de la déréglementation du marché s'est poursuivie au cours des années examinées. Dans ce contexte, la direction des produits alimentaires et des boissons a arrêté en 1992 une ordonnance concernant le marché afin de déréglementer intégralement les prix de vente et de détail des produits alimentaires, des boissons et des services de toute nature, excepté pour les produits de boulangerie, les fruits et légumes, les aliments pour enfants et les médicaments. En considérant la boulangerie comme une profession fermée faisant obstacle à une concurrence saine, le gouvernement a décidé, après un certain temps, de prendre des mesures complémentaires afin d'achever la déréglementation de l'ensemble du secteur. Il a donc arrêté l'ordonnance régissant le marché n° 22/92 qui, à côté du décret présidentiel n° 369/92 et de la loi n° 2062/92, a mis fin au contrôle du prix du pain et autorisé la fabrication et la distribution du pain aux entreprises extérieures et plus particulièrement aux grandes surfaces.

Enfin, il faut signaler qu'à la suite d'une modification de la législation applicable, les amendes sanctionnant les infractions des ordonnances régissant le marché oscillent désormais entre 50 000 et 10 millions de drachmes, ce qui veut dire que la limite supérieure a décuplé.

Les rapports entre locataire et propriétaire sont assez tendus depuis une dizaine d'années en raison d'une pénurie de logements, principalement à Athènes et dans les autres grandes villes; d'autre part, le niveau des loyers a toujours été une source de litiges. En s'efforçant tant d'accroître l'offre de logements que de juguler quelque peu le taux d'inflation, le gouvernement a complètement déréglementé le marché de certains types de logements, c'est-à-dire les constructions récentes, les habitations achetées au moyen de devises fortes, les logements dont la surface dépasse 120 m2, les habitations dont la valeur dépasse 30 000 drachmes, les habitations dont l'architecture est traditionnelle, etc. et a également approuvé une hausse du loyer de 20 pour cent étalée sur une période de deux ans (12 pour cent pour 1991 et 8 pour cent pour 1992). La surveillance du respect de la loi incombe à la direction des prix des services.

La direction susvisée est également compétente dans le domaine des ventes et des offres spéciales. Conformément à la loi n° 1989/91, les ventes ne peuvent avoir lieu que deux fois par an (ventes d'hiver et d'été) et, d'autre part, le magasin peut présenter une offre spéciale à tout moment après une notification préalable à son association professionnelle.

La direction de la métrologie a procédé en 1992 à son contrôle annuel des poids et des mesures utilisés dans les opérations commerciales. En outre, elle a arrêté des ordonnances régissant le marché afin d'améliorer la transparence dans le secteur des combustibles liquides, en particulier l'huile de chauffage, en ce qui concerne la qualité et la quantité.

Afin de mettre en oeuvre la directive 84/5/CEE, l'administration compétente pour les entreprises d'assurances a arrêté le décret présidentiel n° 264/91 sur les assurances de responsabilité civile liée au trafic automobile. Ce texte réglementaire prévoit un abaissement du plancher de la couverture d'assurance obligatoire ainsi que l'indemnisation des passagers des voitures dans certains cas.

2. Électricité

L'entreprise publique d'électricité (DEH) a déployé des efforts afin de se moderniser en vue tant de l'amélioration de la qualité des services qu'elle propose que de l'abaissement de ses coûts d'exploitation. A cette fin, elle a signé un accord avec l'entreprise française Electricité de France et son homologue allemand.

Afin de mieux servir les usagers, DEH a adopté d'autre part deux nouveaux mode de paiement des factures d'électricité, sous forme d'ordres permanents et de chèques personnels, ce qui évite donc aux consommateurs l'inconvénient d'avoir à faire longuement la queue.

En ce qui concerne les tarifs de l'électricité, DEH fait valoir qu'en termes réels au cours de la période des deux années, les frais d'électricité supportés par les consommateurs ont été réduits de 12 pour cent.

3. Télécommunications

L'organisation grecque des télécommunications OTE, gérée par l'État, a longtemps été la cible de critiques, au motif qu'il lui fallait beaucoup de temps pour mettre en place une ligne téléphonique dans une habitation et que les factures semblaient quelquefois artificiellement élevées.

En ce qui concerne le délai d'attente, l'OTE est absolument convaincue que la situation s'améliorera rapidement dès l'achèvement du programme de remplacement intégral du clavier existant par des claviers numériques. En cas de plainte des consommateurs, d'autre part, en ce qui concerne les factures "gonflées", l'OTE gère le litige en cause dans le cadre d'une procédure en trois étapes au cours de laquelle le consommateur a le droit de s'abstenir de payer alors que son habitation reste reliée au réseau. S'il est établi qu'une facture est anormalement élevée, l'OTE fait payer au consommateur un montant égal à la facture moyenne pour la période antérieure de douze mois. Si, d'autre part, la facturation s'avère correcte, quoiqu'élevée, le consommateur peut ensuite de manière commode la régler par versements échelonnés mensuels.

IV. L'information du consommateur

1. Électricité

Afin d'améliorer son image, DEH a envoyé en 1992 à tous les consommateurs une brochure d'information sur le fonctionnement de la firme au cours des deux dernières années sous l'angle technique, financier et administratif.

V. Rapports entre la politique envers le consommateur et les autres aspects de la politique gouvernementale

1. Politique de la concurrence

Pendant plus d'une décennie la politique de la concurrence avait été fondée sur les dispositions de la loi n° 703/1977. Celle-ci a été modifiée et complétée par deux textes législatifs, à savoir la loi n° 1934/1991 et la loi n° 2000/1991, ce dont le service de la concurrence de l'OCDE a été informé. La responsabilité de la surveillance du respect de la loi incombe à la direction des études de marché et de la concurrence dépendant du ministère du commerce.

ITALIE

I. Évolution d'ordre institutionnel

L'Italie n'a pas connu de modifications d'ordre institutionnel, au cours de la période de deux ans 1991-92, notamment pour les structures du secteur de la politique des consommateurs.

En particulier, aucune réglementation-cadre n'a été encore adoptée pour assurer notamment une adaptation des structures des organes publics compétents au niveau central et local dans le domaine de la consommation.

La nécessité d'adopter une loi-cadre pour la protection des consommateurs est fortement ressentie, à différents niveaux institutionnels, comme le démontrent les nombreuses propositions et les projets de loi présentés au Parlement.

En particulier, au cours de la dernière législature, comme cela avait déjà été mentionné lors du précédent rapport, une des deux branches du Parlement avait approuvé une proposition unifiée, qui prévoyait, entre autres, l'institution d'un Secrétariat auprès de la Présidence du Conseil chargé de promouvoir la coordination des activités de défense des consommateurs et des usagers dans les rapports avec les différents organismes. Cette proposition, a perdu toute valeur avec la fin de la législature.

Au demeurant, des propositions de loi dans ce domaine ont été à nouveau déférées à l'examen des Chambres et sont actuellement en cours de discussion.

Au cours de cette période de deux ans, une politique à l'égard des consommateurs n'en a pas moins été suivie par de nombreux ministères, organes et administrations de la fonction publique, qui sont chargés de traiter au niveau central et local, et dans le cadre de leurs compétences, les problèmes relatifs à la santé et à la protection des intérêts économiques des consommateurs.

Au niveau central, les institutions suivantes exercent leurs compétences : le ministère de la Santé, de l'Agriculture, des Rapports Sociaux, du Tourisme et on signalera, en particulier le ministère de l'Industrie, du Commerce et de l'Artisanat dont le service pour la défense des consommateurs représente depuis longtemps le point de référence pour les nombreux problèmes qui se posent tant au niveau national, qu'au niveau international, dans ce secteur. Ce service exerce notamment des activités liées à la préparation et à la promulgation des réglementations dans le secteur de la défense des consommateurs dans le cadre de la CEE (le Ministre représente l'Italie auprès du Conseil des ministres "Défense des Consommateurs" de la CEE) et il est chargé d'introduire les réglementations de la CEE dans la législation nationale.

II. Sécurité des consommateurs

Au cours des dernières années, de nombreuses règles relatives à la sécurité des consommateurs-usagers ont été promulguées en Italie même pour la mise en applications des directives communautaires. On signalera, pour la période 1991-92, les dispositions relatives aux secteurs suivants :

a) Jouets

Le décret législatif No. 313 du 27 septembre 1991 complété par le Décret ministériel du 14 janvier 1992 a harmonisé la législation italienne avec la réglementation communautaire relative à la sécurité des consommateurs.

b) Contrefaçons

Le décret législatif No. 73 du 25 janvier 1992 a introduit l'interdiction de vente des produits qui, par leur imitation de produits d'utilisation courante (la plupart du temps sous forme de farces et attrapes), peuvent constituer un risque pour la santé et la sécurité des consommateurs.

c) Matériel et appareils électriques et à gaz

Le décret législatif No. 447 du 6 décembre 1991 a été approuvé par le règlement d'application de la loi No. 46 du 5 mars 1990 intitulé "Normes pour la sécurité des usagers". Un certificat de conformité doit être delivré au consommateur.

Les travaux pour la mise en application de la Directive générale de la Commission des communautés européennes sur la sécurité des produits de consommation ont commencé en 1992. Cette directive est incluse dans le projet de loi de la Communauté pour 1973 et doit être approuvée par décret législatif.

III. Protection des intérêts économiques des consommateurs

L'Italie a donné, au cours de la période 1991-92 une impulsion considérable à la protection des intérêts économiques des consommateurs avec l'adoption d'une série de dispositions réglementaires en application d'importantes directives communautaires.

A partir de 1990, une procédure a été adoptée permettant l'introduction rapide des directives communautaires grâce à l'adoption, tous les ans, d'une disposition de loi dénommée "loi communautaire". Cette loi établit les modalités pour l'acceptation de la réglementation communautaire, en autorisant aussi l'attribution de la délégation de pouvoirs au gouvernement pour promulguer des décrets législatifs. Au cours de l'année 1992, et conformément aux critères de délégation contenus dans la loi No. 428 du 29 décembre 1990 (loi communautaire pour l'année 1990), des décrets législatifs ont été promulgués pour réglementer certains secteurs importants relatifs à la défense des intérêts économiques des consommateurs, dont on a déjà parlé dans les rapports précédents. Il s'agit en particulier :

Décret législatif No. 50 du 15 janvier 1992

Mise en application de la directive 85/577/CEE relative aux contrats négociés à l'extérieur des locaux commerciaux ;

Décret législatif No. 74 du 25 janvier 1992

Mise en application de la directive No. 84/450/CEE relative à la publicité mensongère ;

Décret législatif No. 75 du 25 janvier 1992

Mise en application de la directive 87/356/CEE relative aux gammes de quantités nominales et capacités autorisées pour certains produits pré-emballés ;

Italie

Décret législatif No. 76 du 25 janvier 1992

Mise en application de la directive No. 88/315/CEE relative à l'indication des prix des produits alimentaires pour la défense des consommateurs ;

Décret législatif No. 78 du 27 janvier 1992

Mise en application de la directive No. 88/314/CEE relative à l'indication des prix des produits non alimentaires pour la défense des consommateurs ;

Décret législatif No. 106 du 25 janvier 1992

Mise en application de la directive No. 88/316/CEE relative au pré-conditionnement en volume de certains liquides dans des pré-emballages.

En 1992, la loi No. 142 du 19 février 1992 (loi communautaire pour l'année 1991) a absorbé les directives No. 87/102/CEE et 90/88/CEE relatives au rapprochement des dispositions législatives, réglementaires et administratives en matière de crédits à la consommation.

En outre, des travaux, sont en cours pour l'introduction de la directive 90/314/CEE réglementant la défense du consommateur pour les voyages, les vacances et les circuits de voyage "formule tout compris", ainsi que la directive 93/13/CEE, concernant les clauses abusives dans les contrats passés avec les consommateurs.

IV. Information et éducation des consommateurs

1. *Dispositions réglementaires*

Les innovations réglementaires introduites au cours de la période 1991-92 en matière d'étiquetage concernant en particulier :

a) *Étiquetage des produits alimentaires*

Par le décret législatif No. 109 du 27 janvier 1992, les directives No. 89/395/CEE et No. 89/396/CEE sont relatives à l'étiquetage, la présentation et la publicité des produits alimentaires. La matière était déjà réglementée par le décret du Président de la République No. 322 du 18 mai 1982.

b) Étiquetage nutritionnel

Le décret législatif No. 77 du 16 février 1993 promulgue une nouvelle réglementation sur l'étiquetage nutritionnel qui est entrée en vigueur à partir du 1er juillet 1993. Les règles établissent que l'étiquetage nutritionnel des produits alimentaires (valeur des calories, protéines, graisses, hydrates de carbone, etc.) est facultative, mais devient obligatoire lorsque sur l'emballage ou la publicité une information nutritionnelle est reportée (par exemple : "sans sucre", "sans gras saturés", "sans sel", etc.)

c) Information du consommateur

Comme le précédent rapport de 1991 l'avait indiqué, une réglementation de caractère général a été promulguée en matière d'étiquettes : la loi No. 126 du 10 avril 1991 relative aux "Règles d'information du consommateur".

Cette loi prescrit l'obligation d'apposer une série d'indications définies par la loi sur les produits ou sur les emballages de produits destinés au consommateur, qui sont commercialisés sur le territoire national. Ces indications, spécifiées par la loi, doivent figurer en langue italienne.

Cette disposition, par ailleurs, devra être modifiée pour devenir pleinement compatible avec les dispositions communautaires et, par conséquent, les délais de son applicaiton ont été différés.

d) Médicaments

Les décrets législatifs No. 540 et No. 541 du 30 septembre 1992 ont renouvelé la réglementation de l'étiquetage et de la publicité des médicaments. Pour l'étiquetage, les règles particulières concernent une information plus détaillée du consommateur sur les médicaments sous forme de blister et dans des emballages plus petits, ainsi que sur les notices d'utilisation, où devront notamment figurer la catégorie pharmaceutique et les avis de dépassement de date de péremption. Le concept de publicité a été étendu aussi au travail de persuasion des représentants des laboratoires auprès des médecins, avec l'interdiction d'offrir des cadeaux et des avantages économiques ou en nature et avec l'extension des sanctions aux représentants des entreprises, ainsi qu'aux médecins). L'interdiction de publicité des médicaments devrait être prescrits par ordonnance médicale et de ceux du guide thérapeutique a été confirmée. En outre, il est interdit aux médecins et à leurs accompagnateurs d'être logés gratuitement dans les congrès organisés par les entreprises pharmaceutiques.

e) *Transparence bancaire*

La loi No. 154 du 17 février 1992 a été adoptée et les décrets d'application ont été promulgués pour réglementer les relations entre les banques et les usagers aux fins d'une plus grande transparence, en attibuant aux usagers les droits suivants :

-- remise d'une copie du contrat ;

-- transparence et publicité, sur des affiches prévues à cet effet, des commissions et des revenues des titres, des taux d'intérêts maximum pour les opérations actives et des taux d'intérêts maximum pour les opérations actives et des taux d'intérêt minimum pour les opérations passives et les autres conditions pratiquées ;

-- indication dans les contrats du taux d'intérêt et de tout autre prix ou conditions pratiqués ;

-- acceptation spécifique de la clause de variation dans le sens défavorable du taux d'intérêt ;

-- communication écrite de la variation mentionnée ci-dessus (à l'exception du cas de variation qui a suivi la modification du taux officiel d'escompte) et possibilité de résilier le contrat dans les 15 jours sans pénalités ;

-- nullité des clauses de renvoi aux usages et inefficacité des variations contractuelles non communiquées ;

-- valeur des devises à partir du jour de versement pour les chèques circulaires émis par la même banque ou pour les chèques bancaires tirés au même guichet ;

-- résumé au moins annuel relatif aux taux d'intérêt, la date de valeur des devises, la capitalisation des intérêts, les retenues légales, et les autres sommes débitées ou créditées quelqu'en soit la raison ;

-- possibilité de contester par écrit les extraits de compte dans les 60 jours à partir de la date de réception ;

-- possibilité d'obtenir, dans les 60 jours à compter de la demande et avec remboursement préalable des dépenses administratives, copie de la documentation relative à chaque opération effectuée dans les cinq jours précédents.

2. Autres initiatives

Pour les autres initiatives réalisées au cours des années mentionnées ci-dessus pour l'éducation et l'information des consommateurs, on signalera tout d'abord que ces activités sont rompues aussi bien par les administrations publiques dans le cadre de leurs ouvoirs que par des organismes publics au niveau central ou local, tels que les Régions, les Provinces et les Communes et les Unités de Santé Locales, ainsi que par des organismes privés, notamment les associations de consommateurs.

Compte tenu du nombre important d'initiatives réalisées, on fournit ci-après une liste indicative de certaines initiatives réalisées ou en cours de réalisation.

a) ministère de l'Agriculture et des Forêts

La loi No. 752 du 8 novembre 1986, relative à l'application d'interventions dans le domaine de l'agriculture, a notamment défini les modalités pour le financement d'initiatives dans les secteurs de la consommation et de l'éducation alimentaire prescrites par le ministère de l'Agriculture et des forêts.

Ces financements sont destinés, en particulier, à la réalisation de campagnes d'éducation et d'information par les organes exerçant dans le secteur, tels que l'Institut National de la Nutrition et d'autres organismes de promotion de produits de qualité (par exemple les vins DOC), et certaines associations de consommateurs (Federconsumatori, Unione Naxionale Consumatori e Utenti, etc.).

Dans ce contexte, on soulignera une initiative de l'Institut National de la Nutrition, lancée en 1986 et complétée en 1992, qui consiste dans une campagne destinée à informer les familles sur les caractéristiques d'une alimentation saine. Dans un premier temps, elle a été réalisée en distribuant aux médecins de base et aux pharmacies des brochures indiquant des "lignes directrices" pour une alimentation saine (environ 8 millions d'exemplaires ont été distribués), et dans une deuxième phase, en diffusant auprès des écoles des cassettes audio-visuelles accompagnées de ces mêmes brochures. Le contenu de ces cassettes a aussi fait l'objet d'une diffusion sur les canaux de la télévision italienne (RAI) dans le cadre d'un programme d'information.

b) ministère de l'Instruction publique

En application de la Résolution CEE du 9 juin 1986, relative à l'éducation du consommateur dans l'instruction primaire et secondaire dans les Pays de la CEE, le ministère de l'Instruction Publique a lancé une série d'initiatives. Un "recensement" des initiatives en matières d'éducation à la consommation déjà adoptées dans les différentes écoles a été commencé en 1990 avec l'envoi d'un questionnaire à tous les Inspecteurs d'Académie. Cette opération a été promue par un Comité spécifique d'Académie. Cette opération a été promue par un Comité spécifique d'étude chargé de la préparation des lignes d'orientation pour la réalisation de la Résolution CEE mentionnée ci-dessus.

En outre, la première phase pour la réalisation d'une campagne d'éducation en matière de sécurité, destinée aux enfants de 10 à 14 ans, a été engagée avec la distribution dans les écoles, par les enseignants, de fiches d'éducation dénommés "safety pack" traitées par le service de politique des consommateurs, et concernant la prévention d'accidents causés par des produits ou des comportements dangereux.

Cette première phase, commencée en juin dernier, a déjà permis d'obtenir l'avis d'universitaires sur la pertinence de l'initiative et sur l'adaptation des instruments prévus pour leur mise en oeuvre dans les écoles.

c) *ministère de la Santé*

Au cours des années de référence, le ministère de la Santé a promu une série d'initiatives en matière d'éducation et d'information alimentaire à travers les structures du système de santé national et d'autres instruments.

En particulier, on rappellera la préparation d'un traité de vulgarisation sur la "théorie et la pratique d'une alimentation saine" et la publication de brochures destinées à l'ensemble de la population sur différents thèmes parmi lesquels l'alimentation équilibrée ; la salubrité des aliments de la production à la consommation ; le manuel d'hygiène pour les services de restauration ; le rôle du lait dans l'alimentation humaine, etc.

En outre, ce ministère est chargé, en collaboration avec les associations des consommateurs, de la diffusion par vidéo et par le biais de la presse périodique, de brochures en matière d'alimentation et d'organisation de cours et de séminaires.

D'autres administrations ont aussi lancé, dans le cadre de leurs secteurs de compétence, des actions pour l'information des consommateurs. Par exemple, le ministère du tourisme a financé une campagne d'information sur les droits du touriste réalisée par le "Mouvement des consommateurs".

En même temps que les initiatives réalisées à un niveau national, il faut signaler les activités réalisées au niveau local par les régions et les provinces, esssentiellement destinées à l'éducation alimentaire, à la prévention des accidents et à la défense des intérêts économiques des consommateurs, et par les unités de santé locales, en particulier dans le domaine de la prévention des accidents.

Dans ce contexte, on rappellera aussi, comme nous l'avons déjà souligné, que certaines régions et provinces ont promulgué des règles qui prévoient, en particulier, le financement d'associations et d'organismes pour des initiatives en faveur des consommateurs, et plus particulièrement, celles qui sont destinées à l'éducation et à l'information.

Enfin, on rappellera que dans le secteur de la protection des consommateurs l'action des nombreuses associations italiennes a progressé, au cours de ces dernières années, aussi bien au niveau national qu'au niveau local.

Parmi les principales activités couvertes, les initiatives pour l'information et l'éducation ont pris une importance particulière non seulement dans la réalisation de campagnes spécifiques, dont on vient de donner quelques exemples, mais aussi dans la publication de brochures d'information sur certains thèmes particuliers et de périodiques d'information, dont certains ont atteint une large diffusion.

V. Mécanismes de recours et réclamations

1. Réformes des procédures d'ordonnancement

Deux dispositions différentes (la loi No. 353 du 26 novembre 1990 contenant des dispositions urgentes pour la procédure civile, et la loi 374 du 21 novembre 1991 qui a institué le juge de paix) ont récemment réformé la procédure civile et introduit en Italie la nouvelle figure du juge de paix.

L'entrée en vigueur de ce texte a été en partie retardée par la loi 477 du 4 décembre 1992, si bien que les effets de la réforme ne pourront être pleinement évalués que pour les procédures lancées en janvier 1994.

Les aspects les plus importants de la nouvelle réglementation des procédures, du point de vue du consommateur-usager, peuvent être résumés en quatre points :

a) Les juges de paix

La procédure devant le juge de paix est régie par les dispositions spéciales (articles 316 et suivants du Code de procédure civile) qui reprennent en partie les dispositions déjà en vigueur pour la procédure devant le juge conciliateur.

En particulier : la demande peut être proposée même verbalement (le juge de paix en fait rédige le procès-verbal, notifié avec citation à comparaître à l'audience fixe) et les délais à comparaître sont réduits de moitié ; au cours de la première audience le juge de paix interroge librement les parties et fait une tentative de conciliation (si elle réussit, le procès-verbal rédigé constitue un titre exécutoire) ; si la conciliation ne réussit pas, le juge de paix invite les parties à préciser définitivement les faits, les défenses et les exceptions, à produire les documents et à demander d'éventuelles preuves à l'appui ; si l'instruction l'exige, il fixe une fois pour toutes une nouvelle audience ; quand il considère que l'affaire est "mûre", il invite les parties à préciser les conclusions ; le jugement est rendu dans un délai de 15 jours à compter de la discussion.

La solution du différent sans contentieux, déjà prévue par les dispositions en vigueur pour le juge conciliateur, sera possible même devant le juge de paix et le procès-verbal constituera un titre exécutoire si le différend relève des ses pouvoirs (dans le cas contraire, il aura valeur d'écriture privée reconnue au moment du jugement).

La compétence du juge de paix (cinq millions de lires, et 30 millions pour les demandes de remboursement des dommages causées par la circulation de véhicules et d'embarcations) est telle qu'il peut couvrir un pourcentage important des différends relatifs au droit de la consommation.

Cependant, pourront passer en jugement devant le juge de paix seules les personnes dont les demandes représentent une valeur ne dépassant pas 1 million de lires (pour les plaintes de valeur supérieure il sera nécessaire d'obtenir l'autorisation du juge) ; en revanche, le jugement d'équité est limité aux plaintes dont la valeur ne dépasse pas 2 millions de lires.

b)   Les dispositions provisionnelles

Tous les juges de premier degré pourront prendre des dispositions provisionnelles dans le cadre des procédures instaurées à partir de janvier 1993. Le nouvel article 186 ter du Code de procédure Civile revêt une importance particulière car il permet au juge de prononcer par ordonnance une injonction de paiement ou de remise, en créant une situation mieux équilibrée du point de vue du consommateur.

c)   La négociation de l'affaire

Le nouveau régime de forclusions (et en particulier les modifications de l'article 184, du Code de procédure civile) marque le retour au principe de "concentration", en limitant ainsi la dilatation anormale des délais liés à la procédure. Ce régime (par effet de la loi No. 477 du 4 décembre 1992) entrera en vigueur en 1994.

d) L'exécution provisoire

Pour les procédures engagées à partir de janvier 1993, la jugement de premier degré est provisoirement exécutoire ; l'exécution du jugement ne pourra être suspendu par le juge d'appel qu'en présence de "raison graves" (article 283 du Code de procédure civile).

Le caractère immédiatement exécutoire de la sentence de premier degré devrait, dans les intentions du législateur, limiter le phénomène des appels de renvoi purement dilatoires.

2. Les procédures extérieures au jugement

L'arbitrage, en raison des coûts qu'il comporte habituellement, constitue rarement un choix possible sur le plan économique pour chaque citoyen. Dans la plupart des cas, ce sont les entreprises qui utilisent cet instrument qui permet d'obtenir une décision à caractère obligatoire dans des délais plus brefs de ceux de la justice ordinaire.

Une tentative d'identifier des formes spécifiques d'arbitrage pour les différends relatifs au service téléphonique a été lancée sur la base d'un accord (24 juillet 1989) signé avec la SIP (Société italienne pour les télécommunications) et par 12 organisations de consommateurs.

Le projet, lancé sur une base expérimentale en Lombardie et en Sicile, a été récemment étendu à plus de six régions et selon la volonté des signataires, devrait bientôt couvrir l'ensemble du territoire national.

Un accord semblable, signé entre la *Confcommercio* (Confédération Nationale des associations de commerçants) et les associations de consommateurs, n'a pas été appliqué jusqu'à présent.

De même un autre accord est en cours de définition avec la *Confesercenti* (autre organisation de catégorie du secteur de commerce et des établissements publics). Le protocole d'accord prévoit que la *Confesercenti* nomme dans les différents sièges provinciaux ou régionaux un représentant chargé de résoudre par la voie de la conciliation les contentieux entre les consommateurs et les commerçants. Si le différend n'est pas résolu, les parties ont la possibilité de recourir à des formes d'arbitrage ou, au choix, au juge de paix.

En outre, il importe de signaler aussi un accord relatif à la création d'un observatoire sur les différends liés aux contrats négociés à l'extérieur des locaux commerciaux, signé le 15 avril 1992, entre les associations de consommateurs ayant adhéré à la CNCU (Conférence natinale des consommateurs et des usagers -

Consulta Nazionale dei Consumatori e degli Utenti), l'ADEVISCO (Association pour les entreprises qui exercent la vente à domicile), l'ANIPAV (Association Nationale Entreprises Promotion Achats Voyages), et entre l'AIE (Association italienne des Editeurs), .

En outre, on notera l'existence du Jury d'Autodiscipline dans le secteur de la publicité, qui gère la conciliation des différends. Il s'agit d'un organisme fondé par l'Institut d'autodiscipline publicitaire, déjà opérationnel depuis plusieurs années.

Dans le secteur bancaire, enfin, l'ABI a promu récemment un "Accord pour la création du Bureau des réclamations de la clientèle et de l'ombudsman bancaire".

Cet accord prévoit en premier lieu que tout organisme bancaire s'engage à constituer un Bureau des réclamations et à adhérer à un organisme collégial, dénommé "ombudsman bancaire". Ces structures sont destinées à gérer, dans le cadre de leurs pouvoirs, les problèmes avec la clientèle, découlant de la réalisation d'opérations et de la prestation de services.

Le bureau des réclamations, en particulier, a le pouvoir d'examiner les réclamations présentées par la clientèle qui doivent être envoyées à l'établissement bancaire ou présentées au guichet où est effectuée l'opération. Les réclamations doivent être traitées dans les 60 jours à compter du jour de réception.

En outre, parmi les instances auto-disciplinaires créées dans le but de prévenir ou de limiter les différends entre citoyens et administration publique, on peut aussi citer la personne du défenseur civique régional.

En particulier, le défenseur civique intervient dans la défense de tout citoyen qui s'est d'abord adressé aux bureaux régionaux ou aux organismes ou entreprises dépendant de la Région sans avoir reçu de réponse ou ayant reçu une réponse peu satisfaisante. Il est chargé de remplir une fonction d'assistance, de consultation et de requête auprès des organes régionaux, en demandant des informations ou des éclaircissements, et de procéder, dans certains cas, à un examen conjoint avec les fonctionnaires régionnaux des dossiers qui concernent le citoyen.

3. Défense juridictionnelle des intérêts généraux

Le code de procédure civile n'attribue pas en général aux associations représentant les intérêts collectifs ou généraux le droit d'ester, qui leur a été par ailleurs reconnu, dans certains secteurs, par une législation plus recente.

L'adoption d'une loi-cadre en matière de défense des consommateurs, que l'on mentionnée dans les autres points, permettra aussi, comme cela est souhaité par de nombreuses parties, de réglementer de façon précise le droit des associations de consommateurs de participer aux procédures.

En matière de publicité mensongère, le décret No. 74 du 25 janvier 1992 (en application de la Directive CEE 84/450) établit que les consommateurs, leurs associations et leurs organisations, le Ministre de l'Industrie ainsi que toute autre organisation intéressée en fonction de ses tâches institutionnelles peuvent demander à l'Autorité garante de la concurrence et du marché évoquée à l'article 10 de la loi No. 287/1990, que les actes de publicité mensongère soient interdits et que leurs effets soient éliminés (article 7, alinéa 2).

L'Autorité intervient avec effet définitif (article 7, alinéa 6) mais dans un cas d'urgence particulière elle peut aussi décider, par une disposition motivée, l'interruption provisoire de la publicité (article 7, alinéa 3) ; l'agent publicitaire qui ne se plie pas aux dispositions d'urgence ou d'interdiction ou de suppression est puni par une peine d'emprisonnement pouvant aller jusqu'à trois mois et par une amende jusqu'à 5 millions de lires (article 7, alinéa 9).

4. Projets pilotes

Un projet dénommé "accès des consommateurs à la justice", promu par le Comité de Défense des Consommateurs et par la Commission des Communautés Européennes, a été lancé à titre expérimental dans la ville de Milan en janvier 1991. Le service rendu dans le cadre du projet est totalement gratuit et un secrétariat est ouvert au public tous les après-midis.

Ce service consiste principalement dans l'information des consommateurs sur la législation en vigueur et sur les remèdes disponibles dans un cas concret : si la réclamation est fondée et le consommateur le demande, il est fait recours à une tentative de solution extrajudiciaire afin de parvenir à une solution amiable du différend. Si cette tentative n'aboutit pas, cet organisme peut assister le consommateur dans les procédures actuellement en cours devant le juge conciliateur pour lesquelles, selon les termes de la législation en vigueur, le patronage légal est simplement facultatif. Si le différend ne relève pas des compétences du juge conciliateur, le consommateur est invité à s'adresser à son avocat de confiance.

La particularité du projet consiste dans l'utilisation de la procédure non contentieuse (article 321 du Code de Procédure Civile) qui, tout en étant prévue par la réglementation en vigueur (ainsi que par la réglementation instituant le juge de paix, résumée au point 1), n'est en réalité jamais appliquée.

Les bons résultats obtenus par le projet-pilote ont conduit à l'ouverture d'un deuxième centre, ayant des caratéristiques analogues, dans la ville de Forli.

En outre, un deuxième projet a été réalisé, promu par l'*Adiconsum* et lié à l'application des procédures de conciliation et d'arbitrage (SIP et Confcommercio).

VI. Relations entre la politique à l'égard des consommateurs et les autres aspects de la politique gouvernementale

A l'heure actuelle, la liaison nécessaire entre la politique des consommateurs et les autres politiques est garantie, en l'absence de dispositions spécifiques en la matière, par une série d'instruments juridiques à caractère général prévoyant des formes de coordination entre les différentes administrations et organismes exerçant dans divers secteurs.

A ce propos on rappellera, en particulier, la conférence État-Régions, destinée à assurer la coordination et la liaison entre les activités relevant de la compétence de l'État et celles attribuées aux organes régionaux, et les conférences des services, prévues par l'article 14 de la loi No. 241 du 7 août 1990, dans le cas où il apparaît opportun d'effectuer un examen simultané des différents intérêts publics impliqués dans une procédure administrative.

Il importe de tenir compte aussi de la fonction de coordination de la présidence du Conseil des Ministres, même par le biais d'organes délégués.

En outre, dans le contexte des politiques communautaires et, en particulier, dans le cadre de l'application des dispositions communautaires, le Département pour la coordination des politiques communautaires joue un rôle important entre les différentes administrations compétentes.

Pour la législation communautaire, il importe de tenir compte du fait que, pour de nombreuses dispositions communautaires, cette coordination est déjà réalisée au niveau de la CEE en application de la résolution du conseil du 15 décembre 1986 relatif à l'intégration de la politique des consommateurs dans les autres politiques communes. Celle-ci comporte la réalisation des liaisons avec les différents services responsables de la Commission.

A tout cela, il importe d'ajouter le rôle important joué sur le plan opérationnel par le service pour la défense des consommateurs créé auprès du ministère de l'industrie, et qui a été mentionné au moment de la description de la structure institutionnelle. Ce service maintient, d'une part, une série de liaisons avec les différents organismes publics et avec les associations de consommateurs, afin d'obtenir un équilibre nécessaire entre les différents aspects évoqués dans les différents sujets et, d'autre part, il est appelé à fournir sa propre contribution par des dispositions et des propositions concernant d'autres secteurs qui concernent les intérêts des consommateurs à différents niveaux.

Une intégration ultérieure de la politique des consommateurs dans les autres politiques pourra, en outre, être réalisée lors de la promulgation de la loi-cadre destinée à réglementer l'ensemble du secteur, en particulier avec l'institution d'un organe spécifique doté de fonctions de coordination entre les différentes administrations compétentes sur les différentes matières.

VII. Autres questions

Défense et associations de consommateurs : les projets de loi présentés au Parlement pour la création d'un "Conseil National des Consommateurs et des Usagers" auprès de la présidence du Conseil des ministres et pour la reconnaissance des associations de consommateurs sont déchus le 5 avril 1992 avec la fin de la législature. Avec la nouvelle législature de nombreux projets de lois reprenant les précédents ont été à nouveau présentés par différents groupes politiques, mais la discussion parlementaire n'a pas encore commencé.

Entre temps, en mars 1993, la Chambre de députés a décidé de lancer une enquête sur la défense des consommateurs et sur la qualité des produits en Italie, avec l'appui des ministères, des organes et de toutes les catégories représentatives de la production et de la distribuiton, des syndicats, des associations de consommateurs.

La loi du 3 novembre 1992, No.. 454, a ratifié le Traité de Maastricht qui prévoit notamment des "actions spécifiques de soutien et d'intégration de la politique effectuée par les États Membres afin de défendre la santé, la sécurité et les intérêts économiques des consommateurs et de garantir une information adéquate".

Certaines régions et provinces italiennes ont promulgué des dispositions qui prévoient des initiatives en faveur des consommateurs et de leurs associations :

-- Province de Trente -- loi provinciale No. 3 du 3 janvier 1983.

-- Province des Abruzzes -- loi régionale No. 3 du 12 janvier 1984.

-- Région Vénétie -- loi régionale No. 3 du 15 janvier 1985.

-- Région de Lombardie -- loi régionale No. 11 du 14 février 1985.

-- Région de Piémont -- loi régionale No. 21 du 25 mars 1985.

-- Région des Marches -- loi régionale No. 24 du 30 août 1986.

-- Région de Toscane -- loi régionale No. 48 du 2 mai 1985.

-- Région de l'Ombrie -- loi régionale No. 34 du 10 juillet 1987, modifiée par la loi régionale No. 44 du 14 novembre 1988.

-- Région de la Ligurie -- loi régionale No. 24 du 22 juin 1988.

-- Province de Bolzano -- loi provinciale No. 15 du 20 mai 1992.

-- Région Latium -- loi régionale No. 44 du 10 novembre 1992.

-- Région Emilie-Romagne -- loi régionale No. 45 du 7 décembre 1992.

JAPON

I. Évolution d'ordre institutionnel

Les associations de consommateurs, qui sont gérées par les administrations locales, ont pour objet de traiter les réclamations des clients, de former les consommateurs, et de procéder à des tests de produits. On compte au Japon 298 associations de ce type, dont 129 au niveau des préfectures et 169 à celui des municipalités (juillet 1992). Ces associations ont contribué à la mise en oeuvre par l'administration locale de mesures visant à aider et protéger les consommateurs.

Les budgets de l'action des pouvoirs publics à l'égard des consommateurs pour les exercices 1991 et 1992 sont présentés au Tableau 1.

II. Sécurité des consommateurs

1. *Denrées alimentaires*

Afin d'éviter les intoxications et maladies causées par des volailles comestibles et garantir l'innocuité de ces produits, la loi sur la réglementation des procédés de transformation et de test des volailles comestibles a été promulguée en juin 1990. Ces tests sont entrés en vigueur en avril 1992.

Conformément à la loi sur l'hygiène alimentaire, et dans le but de garantir la sécurité des denrées alimentaires, le Ministère de la santé et de l'action sociale édicte des normes sur les quantités résiduelles de pesticides dans les produits agricoles. La notification de ces normes a été opérée en octobre 1992 et mars 1993. Des normes concernant 74 pesticides ont été fixées pour environ 130 produits agricoles (juin 1993). La loi sur la réglementation des produits chimiques agricoles énumère les conditions dans lesquelles l'homologation de 223 produits chimiques agricoles doit être refusée pour chaque culture dans lesquels des pesticides sont employés. Cette loi fixe également des normes d'utilisation pour 57 des 74 produits chimiques agricoles dont les quantités résiduelles maximales sont fixées par la loi sur l'hygiène alimentaire, et comporte également des directives concernant l'usage d'autres produits chimiques agricoles.

Tableau 1

Budget récapitulatif de l'action des pouvoirs publics à l'égard
des consommateurs (en milliers de yen)

Rubrique	Exercice budgétaire 1991	Exercice budgétaire 1992
Prévention des accidents	4 711 794	4 923 745
Mesures exactes du poids	2 142	2 142
Normalisation	684 001	707 282
Description correcte	444 308	436 365
Mise en place de conditions propres à garantir une concurrence loyale	291 803	295 903
Clauses de contrat équitables et justes		
Education des consommateurs	1 987 768	2 029 903
Expression de l'opinion des consommateurs	101 435	101 164
Amélioration des dispositifs de tests et de contrôle	168 463	192 779
Amélioration du système de traitement des réclamations	73 812	124 825
Organisation des consommateurs	138 623	138 623
Autres	3 375 444	3 553 511
Centres japonais d'information des consommateurs	(2 144 692)	(2 253 125)
Promotions de la politique de la consommation au niveau local	(236 130)	(249 410)
Totaux	**12 188 236**	**2 712 898**

2. *Produits pharmaceutiques*

Les progrès de la médecine et de l'industrie pharmaceutique permettent de réévaluer l'efficacité et la sécurité des médicaments. L'amendement partiel à la loi régissant les médicaments, les produits cosmétiques et les instruments médicaux adopté en 1979 rend cette réévaluation obligatoire. Au cours de la période en question, les 35ème et 36ème réévaluations des produits de prescription médicale ont porté respectivement sur 12 et 2 articles. Sur le total des médicaments agréés entre octobre 1967 et octobre 1980, seuls ceux qui avaient été désignés comme devant subir une analyse ont été réévalués ; la 8ème réévaluation a porté sur 140 articles et la 9ème sur 27. Les résultats de ces réévaluations ont été publiés en septembre 1990 et juin 1992. Au total, 4 articles ont été jugés "dépourvus d'efficacité vérifié" après des examens détaillés de leur efficacité et de leur sécurité. L'autorisation de les produire a été supprimée et ils devraient être retirés du marché.

Le nouveau système de réévaluation des médicaments est par ailleurs entré en application en 1988. Ce nouveau système prévoit l'examen de tous les médicaments délivrés sur ordonnance, y compris ceux qui ont fait l'objet d'une réévaluation. L'examen sur l'efficacité et la sécurité, et si nécessaire, des tests de réévaluation sont appliqués, afin d'inventorier les manifestations et effets des médicaments. La désignation des produits soumis à réévaluation a été entamée en mai 1989. Les premiers résultats ont été rendus publics en décembre 1990. Ceux des seconde et troisième réévaluations qui ont porté respectivement sur 47 et 477 articles, ont été rendu publiques en septembre 1991 et juin 1992. Au total, 276 articles ont fait l'objet d'un réexamen portant sur les manifestations et effets.

Les résultats concernant les 6 431 médicaments en vente libre examinés lors des 11 premières évaluations ont également été publiés. Comme dans le cas des produits délivrés sur ordonnance, les 17 articles jugés "dépourvus d'efficacité vérifiée" ont donné lieu à un retrait de l'autorisation de production et devraient être retirés du marché.

3. *Articles ménagers*

La loi sur la sécurité des produits de consommation qui énonce les mesures de sécurité applicables aux articles ménagers, a deux objectifs principaux : i) habiliter le gouvernement central a interdire les produits dangereux (exemple : label SG obligatoire) ; et ii) inciter le secteur privé à prendre de lui-même des mesures pour garantir et améliorer la sécurité des produits (exemple : label SG facultatif). Des normes d'homologation concernant le label SG ont été établies pour deux articles, dont un placard de cuisine, en 1991 et pour quatre articles, parmi lesquels des battes en plastique renforcée en 1992, portant ainsi à 96 le nombre total de produits ayant le label SG.

4. Substances chimiques

La "loi concernant le contrôle et la réglementation de la production, etc. des substances chimiques" vise à protéger l'environnement contre la pollution par une réglementation des substances chimiques persistantes et susceptibles de nuire à la santé de l'être humain. Les substances chimiques ainsi réglementées sont classées en trois catégories : i) les substances de la première catégorie sont celles qui sont persistantes, à fort pouvoir d'accumulation et toxiques pendant une longue période ; ii) entrent dans la seconde catégorie celles qui sont persistantes, toxiques pendant longtemps et fortement résiduaires dans l'environnement ; iii) la troisième catégorie regroupe les substances chimiques persistantes, à faible pouvoir d'accumulation et soupçonnées d'être toxiques pendant une longue période.

En vertu de cette loi, il est en principe interdit de produire, importer et utiliser les substances chimiques de la première catégorie. Depuis juillet 1993, 9 substances, dont les PCB et les oxydes de tribuhélaïnes, sont inscrites dans la liste des produits de la première catégorie et 23 dans celle des produits de la 2ème catégorie, parmi lesquels figurent le trichloroéthylène, le tétrachloroéthylène, les composés de tributhélaine. La production, l'importation et l'utilisation des substances de la seconde catégorie sont soumises à des restrictions et les vendeurs de ces substances sont tenus de fournir des indications précises pour éviter la pollution de l'environnement. Depuis juillet 1993, 117 substances ont été incluses dans la liste des produits chimiques nommément désignés et leur production comme leur importation sont étroitement surveillée.

Les substances chimiques qui étaient produites et importées avant l'entrée en vigueur de la loi ont fait l'objet en priorité d'analyses visant à déterminer leur effets résiduels sur la qualité de l'air et de l'eau. En décembre 1992, 918 de ces substances avaient été analysées.

5. Bâtiments

Une circulaire s'inspirant de la loi sur les normes de construction a été publié en mars 1985 en vue d'encourager l'entretien des bâtiments. Un vaste ensemble de mesures de protection contre les catastrophes dans les constructions existantes est en cours d'élaboration ; il prévoit notamment l'évaluation et l'amélioration de la résistance aux tremblements de terre et des mesures de protection contre les chutes d'objet.

La loi sur l'entretien de l'environnement sanitaire des bâtiments précise les conditions de salubrité à respecter dans les bâtiments très fréquentés.

Un programme de promotion d'une vie saine est poursuivi depuis avril 1988. Dans ce cadre, des directives concrètes sont mises au point pour assurer à la population des conditions de logement plus confortables et plus salubres.

6. Système de rappel

Il existe au Japon, deux textes de loi sur la sécurité des produits prévoyant la possibilité pour le ministre concerné de prendre une ordonnance rendant obligatoire le rappel des produits incriminés; à savoir la loi sur la sécurité des produits de consommation et décret sur la réglementation des articles ménagers contenant des substances toxiques. A ce jour, aucune ordonnance de rappel au titre de ces textes n'a été prise. Par contre, il est arrivé que des fabriquants et des distributeurs prennent d'eux même cette décision.

III. Protection des intérêts économiques des consommateurs

1. Démarchage à domicile, etc.

Depuis l'entrée en vigueur de la loi sur la vente à domicile, etc., amendée en 1988, les consommateurs sont de moins en moins confrontés à des problèmes lié à ce type de vente. Toutefois, les supercheries utilisées deviennent de plus en plus variées et complexes et la loi continue à être appliquée plus rigoureusement. Dans le but de garantir des conditions de vente à domicile correctes, de nouvelles directives ont été mises au point en novembre 1990, afin de préciser les indications qui doivent figurer dans le document remis aux consommateurs lors de la signature du contrat.

Vu l'augmentation des plaintes de consommateurs, il a été procédé en juillet 1991 à la publication dans les journaux de la liste des produits désignés soumis à la législation.

Bien que les difficultés liées à la vente par correspondance aient diminué depuis l'amendement de la loi en 1988, la législation continue d'être appliquée avec rigueur.

Pour ce qui est des programmes de commercialisation à échelons multiples et bien que les problèmes se soient atténués, la loi continue également à être appliquée avec rigueur.

2. Transactions financières

L'association japonaise des conseilles en matière de crédit offre ses services aux consommateurs lourdement endettés. Durant les exercices budgétaires 1991, (avril 1991-mars 1992) et 1992 (avril 1992 et mars 1993), elle a traité respectivement 5 243 et 8 981 cas.

Pour ce qui est des problèmes de surendettement chronique et, notamment, de la progression des faillites volontaires, etc., la Commission du secteur du crédit, organe dépendant du Conseil des ventes à crédit (organisme consultatif du MITI), s'est penchée attentivement sur cette question depuis 1992 en vue de protéger les intérêts des consommateurs et permettre un développement sain de l'économie et de la société. La Commission a publié un rapport en juin 1993. Les mesures suivantes, qui s'inspirent de ce rapport, sont recommandées :

-- amélioration du système financier des sociétés de crédit ;

-- partage des informations financières à caractère privé en tenant compte de la protection des intéressés.

En matière de protection des informations sur les consommateurs dans le cadre de transactions financières, le gouvernement continu à donner des conseils aux intéressés conformément à la directive de mars 1986 sur la gestion des renseignements sur le crédit à la consommation. En novembre 1990, le Centre de renseignements sur les systèmes d'information dans le secteur financier a dressé la liste des problèmes liés à la gestion des informations financières à caractère privé. En mars 1988, le Centre japonais de développement du traitement de l'information a également publié une directive sur la protection des renseignements financiers dans le secteur privé.

En novembre 1991, le plafond du taux d'intérêt sur les prêts a été abaissé à 40.004 pour cent et les autorités ont continué à exercer un contrôle rigoureux des infractions au plafonnement des taux d'intérêt.

Face aux problèmes engendrés par la diffusion rapide des cartes de crédit, une loi sur la réglementation des titres paiement garanti a été promulguée en octobre 1990. Des efforts ont été déployés pour veiller à l'application de la loi et à la sécurité technique des cartes et matériels connexes.

3. Divers

Les transactions sur les mouvements avec l'étranger relèvent de la loi sur l'expédition et les autres aspects des transactions internes sur les marchés des produits étrangers qui est rigoureusement appliquée afin de protéger les investisseurs. En décembre 1990, 16 marchés ont été rajoutés à la liste de ceux qui figuraient déjà et il est devenu obligatoire de notifier les affaires importantes à l'occasion du démarchage. Grâce à ces mesures, le gouvernement s'est efforcé de mieux orienter et contrôler les négociants étrangers. Pour renforcer la lutte contre les contrefaçons comme les imitations d'articles de marque célèbre ou les éditions pirates de cassettes-vidéo, une campagne gouvernementale "protection renforcée du droit de propriété intellectuelle" a été lancée sur l'ensemble du territoire en novembre 1991. Les autorités ont informé les consommateurs sur le problème de la contrefaçon et la nécessité d'éliminer par voie d'affiches et d'articles dans les magazines, l'exposition et la vente de ces produits. Une exposition sur la prévention de la fabrication de produits de contrefaçon a également été organisée en coopération avec l'Association pour la lutte contre les produits d'imitation dont font parties dix organismes titulaires de marque déposée et de droit d'auteur.

L'application stricte de la loi sur les transactions immobilières amendée en 1988 a permis d'améliorer les prestations des agents immobiliers. En outre, pour améliorer et moderniser les marchés des biens immobiliers, un système de désignation des organismes de distribution a été mis en place en mai 1990.

Afin d'éviter aux consommateurs les désagréments causés par les pratiques commerciales malhonnêtes, les autorités compétentes coopèrent étroitement et mettent en commun leurs informations. En mai 1991 et mai 1992, une campagne intitulée "Mois de la prévention des préjudices aux consommateurs" a été menée sur l'ensemble du territoire dans le but de limiter les délits commis par des négociants malhonnêtes.

En octobre 1990, la Commission du Conseil de la politique des transports par paquebots transatlantiques, organisme dépendant de la Division générale de ce conseil, a mis au point des"Règles de protection des utilisateurs de paquebots transatlantiques (code de protection des usagers)" dont l'application par les compagnies maritimes a un caractère facultatif. En novembre 1990, l'Association des compagnies de transports maritimes de passagers, une organisation professionnelle, a adopté une résolution par laquelle elle s'engage à respecter ce code. Les règles prévoient les obligations suivantes :

-- renoncer à la limitation de responsabilité consentie aux propriétaires de paquebots et ne pas fixer de plafont au montant de leur responsabilité ;

-- souscrire une police d'assurance à responsabilité civile prévoyant un plafond de dédommagement supérieur à 50 millions de yen ; et

-- normaliser les conditions d'annulation, etc.

Afin d'améliorer les systèmes d'adhésion aux clubs de golf et de protéger les intérêts des consommateurs, la loi sur la réglementation des contrats d'adhésion à des clubs de golf a été promulguée en mai 1992 (et est entrée en vigueur en mai 1993).

On constate une progression des plaintes de consommateurs à l'encontre des "entreprises de services à la cartes" qui offrent des prestations sur une période donnée comme les entreprises de cosmétologie, les écoles de langues étrangères, les établissements de rattrapage scolaire, les cours particuliers, etc. Ces plaintes portent sur la faillite des prestataires, des refus d'annulation, le refus de remboursement suite à une annulation. En octobre 1992, un groupe de recherche informelle a été mis en place dans la cadre du MITI avec pour objectif d'assainir la situation dans ce domaine. En juin 1992, ce groupe a remis un rapport. S'inspirant de ce rapport, les associations professionnelles devraient définir des règles facultatives pouvant prendre la forme de directives, de formulaires types de contrat, etc.

Le gouvernement qui a totalement modifié la loi sur les poids et mesures afin de répondre à leur internationalisation, aux innovations technologiques et aux soucis de protection des intérêts des consommateurs, a promulgué une nouvelle loi, le 20 juin 1992. Parmi les principaux aspects de ce texte figurent l'alignement des unités de mesure légales sur le système international, la rationalisation des règles concernant les instruments de mesures, la mise en place d'un système d'établissement des normes de modification des instruments. Des ordonnances et des décrets ministériels ont été pris et la nouvelle loi sur les poids et mesures est entrée en vigueur le 1er novembre 1993.

IV. Éducation et information des consommateurs

1. Étiquetage

Le système d'indication obligatoire de la qualité des produits et celui des Normes agricoles japonaises (NAJ) dont l'application est facultative, sont régis par la loi sur la normalisation et l'étiquetage approprié des produits agricoles et forestiers. Depuis décembre 1992, avec les nouvelles normes concernant le bois tendre destinées aux charpentes (janvier 1991), le bois de construction dont la résistance a été testée mécaniquement (mai 1991) et le bois de construction assemblé par tenons et mortaises (mai 1991), le nombre total de NAJ a atteint 393, dont 327 pour les produits alimentaires et 46 pour l'indication de qualité.

La loi sur l'étiquetage des produits ménagers définit les normes relatives à l'indication de la qualité de ces produits. L'étiquetage facilite le choix des produits et précise la façon de les utiliser. La loi vise à protéger les consommateurs grâce à un étiquetage approprié. La désignation des produits réglementés est opérée en fonction des difficultés du consommateur a en comprendre la qualité et l'utilité au moment de l'achat. Actuellement, 104 produits ont été repertoriés.

La loi sur la normalisation industrielle a pour objet d'améliorer la qualité des produits, de rationaliser la consommation, de rendre la production plus efficiente et de simplifier et rendre plus équitable les transactions dans tout le pays par une harmonisation des normes de présentation, de dimensions et de qualité des produits manufacturés et miniers et une normalisation des méthodes de fabrication, d'utilisation, de test et d'inspection. C'est pourquoi la loi définit les normes industrielles japonaises (NIJ) et les normes d'étiquetage (NIJ). Dans ce cadre, des normes ont été établies pour les systèmes de chauffage au fioul par air propulsé, en 1991, et les revêtements de sol chauffés électriquement et les lunettes de ski en 1991. En 1992, la liste des produits devant porter le label NIJ a été complétée. Actuellement, 220 produits domestiques peuvent porter ce label.

Le système d'étiquetage des services, établissements et équipements ayant une incidence sur la salubrité de l'environnement a été modifié de façon à faciliter le choix des consommateurs. Ainsi, existe-t-il des formulaires types de contrat dans le domaine de la teinturerie et des salons de coiffure. Le centre d'information sur les activités ayant une incidence sur la salubrité de l'environnement assure des services de conseil aux entreprises de ce secteur.

2. *Tests comparatifs de produits*

Le Centre japonais d'information des consommateurs a procédé à des tests comparatifs qui, au cours de l'exercice budgétaire 1991, ont porté sur 20 produits, dont des appareils de purification de l'eau, durant l'exercice budgétaire 1992, sur 22 produits, dont des roues d'automobile sans boulon. Les résultats de ces tests ont été publiés dans la revue du centre intitulée Tashikana Me (un oeil critique). Le numéro de 1990 de la publication intitulée "la vie du consommateur -- un élément de comparaison) qui s'intéresse au service, aux méthodes de vente, etc., était consacré aux entreprises de pompes funèbres. Celui de 1991, traitait des frais perçus dans les maisons de retraite.

L'Association japonaise des consommateurs a procédé à des tests comparatifs de qualité et de rendement sur 14 produits, dont des caméras vidéos en 1991 et 14 autres produits dont les appareils de télévision, en 1992. Elle a également procédé à des tests simples sur de nouveaux produits. Les résultats de ces tests ont été publiés dans Gekkan Shohisha (Revue mensuelle du consommateur) et dans d'autres publications.

3. Services de consultation

L'agence de gestion et de coordination assure des services de consultation dans le domaine administratif sur l'ensemble des territoires et s'efforce se faisant de répondre aux réclamations des consommateurs.

En décembre 1990, le Conseil de protection des consommateurs a décidé de créer un système public de qualifications de conseillés en matière de consommation. Ce système a pour objet d'améliorer la capacité et les aptitudes des conseillers travaillant dans les services de consultation du centre japonais d'informations des consommateurs et des centres d'information locaux. Le Centre japonais d'informations des consommateurs est chargé des tests de qualification des conseillers depuis l'exercice budgétaire 1991. Actuellement (avril 1993), 827 conseillers sont enregistrés.

L'association des spécialistes de problème de consommation, qui regroupe des employés d'entreprises chargés de régler ces questions, organise des ateliers et des séminaires visant à encourager les entreprises à fournir des réponses appropriées en matière de consultation des relations avec les consommateurs.

Le MITI a lancé un "système de nomination et d'enregistrement des conseillés auprès des consommateurs" qui vise à regretter certains employés susceptibles d'influer sur les activités de leur entreprise en se faisant l'avocat des intérêts des consommateurs. En avril 1992, on comptait au total 3 456 conseillers dont 430 inscrits lors du 11ème enregistrement en avril 1990 et 445 lors du 12ème en avril 1992.

En 1991 et 1992, les ministères et organes officiels ont continué à fournir aux consommateurs des informations sur les diverses mesures de protection des consommateurs et sur les termes des contrats concernant les biens et services. Ces informations ont été diffusées par le Canal de média tel que la télévision et des brochures dans le but de permettre aux particuliers de devenir des consommateurs plus avisés.

4. Renseignements divers

Le Centre japonais d'informations des consommateurs et les associations des consommateurs fournissent aux intéressés des renseignements visant à leur faciliter la vie en faisant appel à divers moyens parmi lesquels les expositions périodiques, des cours et les moyens de communication de masse.

Le MITI fournit aux consommateurs des informations sur la sécurité et la qualité des produits, des services et des conditions des contrats par le biais de la télévision et de brochures. Grâce à ces informations, les consommateurs sont en mesure de choisir des biens et des services en connaissances de cause et d'assurer ainsi leur autonomie.

Saisissant l'occasion offerte par le 20ème anniversaire de l'entrée en vigueur sur la protection des consommateurs, le gouvernement japonais a décidé de faire du mois de mai, le "mois des consommateurs". L'agence de planification économique a dans ce cadre entrepris diverses activités. Le mois des consommateurs a eu respectivement pour thème en 1991 et 1992 "pour une vie confortable, paisible, variée" et "vivre pour préserver l'environnement sur la terre". Parmi ces activités on peut citer la Conférence nationale sur les problèmes des consommateurs et la diffusion d'affiches et de manuel, et les campagnes de publicité par voie de presse, de télévision, etc. En outre, les autorités locales ont organisé des conférences, des symposiums et des expositions et distribué des tractes et des brochures.

5. *Éducation des consommateurs*

Le programme d'étude officielle dans l'enseignement primaire et secondaire précise que l'éducation des consommateurs doit être assuré dans le cadre de cours de sciences sociales ou d'économie domestique et selon l'âge des élèves. En mars 1989, le ministère de l'Éducation, de la culture et des sciences a réformé ce programme afin d'améliorer l'éducation des consommateurs. Le nouveau programme est entré en vigueur en 1992.

Les pouvoirs publics ont élargi des possibilités d'éducation sociale dans les cours destinés aux femmes et aux parents, apporté leur aide aux organisations de femmes et facilité le développement des institutions. L'éducation sociale dans le domaine de la consommation a également été facilitée en offrant aux animateurs dans le domaine de l'éducation des femmes une formation concrète, en réalisant des études particulières et en fournissant des informations par le canal du centre d'informations sur l'éducation des femmes. Les organisations de femmes ont réalisé des projets visant à promouvoir l'action des femmes dans la société depuis l'exercice budgétaire 1990. Parmi ces projets figurent un programme de développement de l'éducation des consommateurs par les femmes. Du matériel d'éducation ménagère a par ailleurs été fourni.

Les dirigeants de groupements de consommateurs jouent un rôle déterminant dans les activités locales concernant la consommation et l'éducation des consommateurs. Avec le développement des organisations de ce type, leur rôle est devenu de plus en plus important. En conséquence, les préfectures, les villes choisies à cet effet et le Centre japonais d'information des consommateurs se sont efforcés de former des dirigeants en leur offrant formation et éducation permanente.

Le Conseil de la politique sociale, réuni en septembre 1989, a recommandé l'élaboration d'un système de promotion de la coopération entre universitaires, associations de consommateurs, associations bénévoles, etc., dans le domaine de l'éducation des consommateurs. Parallèlement, un centre d'aide pour l'éducation des consommateurs a été créé en février 1990 sous les auspices de l'Agence de planification économique et du ministère de l'Éducation, de la culture et des sciences. Parmi les activités de ce centre figurent la recherche, la conception de manuels et de matériel didactique destiné aux formateurs et la mise en place de réseaux d'informations nationaux et internationaux.

Le MITI a demandé aux adhérents de la Fédération japonaise des Associations patronales et à la Chambre du commerce et de l'industrie japonaise d'assurer une éducation des consommateurs à leurs employés. Cette éducation porte sur la connaissance de plusieurs types de contrats et l'utilisation appropriée des services de crédit à la consommation.

V. Mécanismes de recours et de réclamation

1. Réclamations des consommateurs

En cas de réclamation concernant des biens ou des services, les différends sont généralement réglés par voie de négociation entre les consommateurs et les entreprises concernées, à savoir, par exemple, les magasins de détail, les vendeurs ou les distributeurs. Le Centre japonais d'information du consommateur et les centres des collectivités locales ont traité 338 584 plaintes en avril 1990 et mars 1991 et 353 706 entre avril 1991 et mars 1992.

Au niveau du gouvernement central, le Ministère de l'agriculture, des forêts et de la pêche dispose de 67 bureaux à son siège et dans ses antennes locales, qui traitent les réclamations et donnent des consultations. Ces bureaux ont traité 6 360 réclamations entre avril 1989 et mars 1990 et 5 910 entre avril 1990 et mars 1991. Le MITI est également doté de 10 bureaux de ce type qui ont traité 5 613 réclamations entre avril 1990 et mars 1991 et 6 245 entre avril 1991 et mars 1992.

2. Indemnisation

Des efforts ont été déployés pour faire connaître l'existence du "Fonds de secours aux victimes de préjudices causés par des réactions nocives aux médicaments" et pour dédommager, grâce à ce Fonds, les personnes ayant subi de tels préjudices. En 1991, les 225 demandes qui lui ont été soumises ont été acceptées. En 1992, sur les 208 demandes, 194 ont été acceptées.

L'Association pour la sécurité des biens de consommation donne son autorisation d'apposer la marque SG lorsque la sécurité du produit est garantie. Quand un accident est provoqué par un produit défectueux portant cette marque, les consommateurs peuvent, dans le cadre du système de dédommagement, recevoir une indemnisation. Le montant total des indemnités versées en 1991 a atteint 1 794 000 yen pour 22 affaires. En 1992, il a été de 3 236 000 yen pour 25 affaires. A la fin mars 1993, 80 articles portaient le label SG (sur les 96 articles satisfaisant aux normes, 9 attendent encore l'attribution du label).

VI. Relation entre la politique à l'égard des consommateurs et les autres politiques

1. *Politiques de stabilisation des prix*

La stabilité des prix est une condition indispensable à la stabilité des conditions de vie de la population et c'est sur elle que repose la gestion de l'économie. En conséquence, les autorités japonaises ont mis en oeuvre tout un train de mesures visant, notamment, à agir sur la demande globale par une politique monétaire et budgétaire appropriée, à étudier et suivre l'évolution des prix et de la demande des biens et services et à stabiliser l'offre. Pour faire face à l'escalade des prix des légumes depuis octobre 1991, elles se sont efforcées de stabiliser les prix par des mesures indispensables comme, par exemple, avancer la date des expéditions des principaux légumes.

Pour corriger et réduire les écarts entre les prix des marchés intérieurs et étrangers pour contribuer à la stabilité des prix, les mesures suivantes ont été prises :

-- réalisation d'une étude des écarts de prix entre les marchés national et étrangers et publication des résultats ;

-- déréglementation et amélioration des conditions de concurrence dans le domaine de la distribution ;

-- promotion des importations ;

-- contrôle rigoureux des redevances perçues pour les services publics ;

-- contrôle des prix des terrains ;

-- diffusion d'informations aux consommateurs.

2. *Politique de la concurrence*

La Commission des pratiques commerciales loyales s'est efforcée de faire appliquer rigoureusement la loi antimonopole, afin de maintenir et encourager une concurrence libre et loyale entre les entrepreneurs. En cas d'infraction à cette loi, elle peut recourir à un avertissement et/ou ordonner la cessation des pratiques illégales. 24 décisions ont été prises dans ce sens en 1991 et 30 en 1992. Celles portant sur des biens de consommation concernaient entre autres le prix des autoradios. Quant aux avertissements, ils ont porté notamment sur les prix de détail des vêtements.

La Commission des pratiques commerciales loyales intervient notamment pour enjoindre de cesser une pratique ou émettre un avertissement en cas d'infraction à la "Loi contre les primes injustifiées et les descriptions trompeuses". Au cours des exercices budgétaires 1991 et 1992 (avril à décembre), les injonctions prononcées ont été les suivantes :

	Exercice 1991	Exercice 1992 (avril-décembre)
Primes	4	0
Descriptions	4	2
Total	8	2

Parmi ces affaires, figurent un cas de tromperie sur le kilométrage de voitures d'occasion et un cas de prime injustifiée offerte par des négociants en riz. Les cas dans lesquels l'administration est intervenue en adressant, par exemple, un avertissement se présentent comme suit :

	Exercice 1991	Exercice 1992 (avril-décembre)
Primes	506	296
Descriptions	399	310
Total	905	606

Le Code des pratiques concurrentielles loyales, ensemble de règles facultatives concernant les primes et les descriptions, a été appliqué dans l'intérêt des consommateurs. En décembre 1992, on comptait au total 51 codes interdisant l'offre de primes excessives. Les codes sur les descriptions qui portent sur le contrôle de l'étiquetage des produits et la publicité interdisent les descriptions trompeuses. En 1991, cinq nouveaux codes portant sur le café, le café instantané et la viande ont été approuvés dans quatre préfectures. En 1992, six codes concernant les voyages, le jambon et les saucisses, les instruments électriques actionnés par des clés et la viande ont été approuvés dans trois préfectures. En décembre 1992, on comptait un total de 100 codes portant sur les descriptions.

3. Consommation d'énergie

En 1991, suite à la guerre du Golfe, le gouvernement a défini "des Mesures conjoncturelles de conservation de l'énergie", décidées à l'origine lors de la Conférence d'octobre 1990 sur la conservation de l'énergie et des ressources. Après la guerre du Golfe, la consommation d'énergie a augmenté. Le gouvernement a alors mis au point les programmes de "Mesures de conservation de l'énergie en été", qui prévoient que la température dans les pièces équipées de l'air conditionné doit se situer entre 26 et 28 C et celui des "Mesures de conservation de l'énergie en hiver" qui stipule que la température dans les pièces chauffées doit être de 20 C. Le gouvernement encourage également la conservation de l'énergie et des ressources en distribuant des brochures et des affiches.

En 1992, la croissance de la consommation de l'énergie a dépassé les prévisions figurant dans les "Objectifs d'approvisionnement en produits de substitution au pétrole". Face à cette tendance et en réponse à la Conférence des Nations Unies sur l'environnement et le développement (CNUED), les autorités ont élaboré leurs programmes de "Mesures de conservation de l'énergie en été" et assuré la promotion de ces mesures.

En mars 1990, pour répondre aux préoccupations concernant la protection des ressources financières et les problèmes d'élimination des déchets en milieu urbain, un programme de "Promotion de la collecte et de l'utilisation des vieux papiers" a été approuvé. Les autorités centrales se sont efforcées de mettre en oeuvre ce programme et d'encourager les institutions dépendant de l'administration, les autorités locales et les sociétés privées à s'y conformer.

Afin de donner à la conservation des ressources et de l'énergie un caractère national, les administrations centrales et locales ont respectivement mis en place un "Conseil central de l'action nationale en faveur des économies de ressources et d'énergie" (auquel participent 123 groupes) et des "Conseils locaux de promotion de l'action nationale en faveur des économies de ressources et d'énergie" (auxquels participent 2 053 groupes). En 1989 et 1990, ces Conseils, ainsi que d'autres organisations, ont continué à organiser des ateliers et des réunions, à confectionner des brochures et des affiches et participer à d'autres activités éducatives. Face à la situation au Moyen-Orient, la date de réunion du Conseil central de 1990 a été avancée à décembre.

4. Commerce international

Cherchant à améliorer la qualité de vie au Japon, le gouvernement s'est efforcé de maintenir un système de commerce multilatéral ouvert, grâce à la conclusion anticipée des négociations d'Uruguay du GATT. Dans le cadre de l'ensemble de Mesures économiques d'août 1992, du Nouvel Ensemble d'avril 1993, etc., les autorités se sont efforcées de favoriser la coordination structurelle et, notamment, la mise en place d'infrastructures dans le domaine des importations, l'ouverture des marchés japonais grâce à l'intervention de l'organe de médiation de commerce et d'investissement, la promotion des importations par les sociétés privées, l'amélioration de l'accès au marché grâce au Bureau des importations, la pénétration des biens importés sur le marché national, etc.

5. Déréglementation

Le gouvernement considère la déréglementation comme une réforme administrative importante. S'appuyant sur les rapports de la Commission provisoire sur la réforme administrative (CPRA) et du Conseil provisoire sur la promotion de la réforme administrative (CPPRA) il s'est efforcé notamment à cet effet de rationaliser les systèmes de licences et d'agréments. Le troisième rapport de la 3ème Réunion du CPPRA (juillet 1992) proposait pour faire face à la mondialisation et améliorer les conditions de vie au Japon une déréglementation générale. Suite à ce rapport, le Cabinet a adopté les Principes fondamentaux de la réforme administrative pour 1993 et poursuivi les efforts de déréglementation. Le Nouvel Ensemble de Mesures économiques d'avril 1993 prévoit notamment que :

"Les règlements officiels devront être réexaminés du point de vue de leur objet et de leur contenu. Conformément aux résultats de ces examens, des efforts devront être faits pour rationaliser les systèmes de licences et d'agréments".

6. Politique de l'environnement

Pour résoudre les problèmes d'environnement, il importe que chacun approfondisse ses propres connaissances et agisse en faveur de la préservation. Le gouvernement a encouragé l'éducation pour l'environnement de diverses manières : enseignement scolaire, activités des communautés locales et diffusion de l'information par le biais de divers supports et événements.

Le Programme d'action pour la prévention du réchauffement de l'atmosphère établi par la Conférence ministérielle sur la conservation de l'environnement mondial en octobre 1990 prévoit la promotion de l'éducation dans le domaine de l'environnement.

Le programme de label Eco lancé par l'Association japonaise pour la protection de l'environnement en février 1989, permet de favoriser les biens qui préservent l'environnement en leur octroyant ce label. Ce système vise à traiter les problèmes environnementaux de la vie quotidienne et à accroître la sensibilisation de la population aux problèmes de préservation. En mars 1993, 55 articles bénéficiaient de ce label, dont des produits réalisés à partir de matières plastiques usagées, du papier hygiénique réalisé à partir de papier recyclé et des appareils fonctionnant grâce à des panneaux solaires. Les produits ayant reçu le label Eco sont au nombre de 2 533.

VII. Autres questions

1. Le Conseil de la politique sociale

Le Conseil de la politique sociale a été mis en place au sein de l'Agence de planification économique en 1965 pour examiner les problèmes importants en matière de stabilisation et d'amélioration du bien-être de la population, en réponse aux demandes du Premier ministre et de divers ministres. La 13ème Réunion du Conseil qui a débuté en décembre 1990, a été consacrée à l'étude des "mesures fondamentales nécessaires à l'instauration d'un mode de vie national confortable, paisible et varié." A l'occasion de ces débats, le Comité de la politique de la concurrence mis en place dans le cadre du Conseil de la politique sociale a publié un rapport sur "les mesures globales nécessaires à la prévention et la suppression des préjudices à l'encontre des consommateurs" en octobre 1992. S'appuyant sur ce document, le Conseil de la politique sociale a soumis un rapport au Premier ministre. Ce rapport précisait entre autres que le Conseil poursuivrait ses débats notamment sur les mesures globales de prévention et de suppression des préjudices à l'encontre des consommateurs, fondés sur les mesures sur un système de fiabilité des produits, et qu'il remettrait son rapport définitif au plus tard fin 1993.

2. Conseil de la structure industrielle/Comité de la sécurité des produits

Pour le MITI, il est extrêmement important de protéger les consommateurs contre les accidents causés par des produits. Pour prévenir de tels accidents et réparer les préjudices, un Comité de la sécurité des produits a été mis en place au sein du Conseil de la structure industrielle en janvier 1990. Ce Comité s'est entre autres penché depuis sur le système de fiabilité des produits. Dans son rapport de 1992, le Conseil de la politique sociale attendait des ministères concernés qu'ils étudient des mesures globales de prévention et de réparation des préjudices aux consommateurs imputables aux produits dont ils étaient chargés. S'appuyant sur ces études, le Conseil prévoit de rédiger un rapport définitif à la fin 1993. C'est pourquoi le Conseil de la structure administrative examine actuellement cette question et rendra des conclusions sur les mesures globales en matière de sécurité des produits dans la perspective de l'approche du 21ème siècle.

3. Système de recommandation des sociétés soucieuses des intérêts des consommateurs

Depuis l'exercice budgétaire 1990, le ministre du Commerce international et de l'industrie a accordé sa recommandation aux entreprises soucieuses des intérêts des consommateurs. L'objet de ce système est de contribuer à la protection et la promotion des intérêts des consommateurs dans les sociétés et, notamment, d'améliorer leurs départements-consommateurs.

NORVÈGE

I. Aperçu de la structure administrative en Norvège

En Norvège, depuis le 1er janvier 1991, le ministère de l'Enfance et des affaires familiales est l'organe suprême responsable de la politique à l'égard des consommateurs. Ce ministère comprend un Département pour la sécurité des consommateurs et des produits, qui a été créé en 1992 à la suite de la fusion de l'ancienne unité de la sécurité des produits et du Département de la politique à l'égard des consommateurs. Les compétences en matière de sécurité des produits de consommation avaient été transférées du Service national de lutte contre la pollution (ministère de l'Environnement) au ministère de l'Enfance et des affaires familiales en 1990.

II. Situation financière des consommateurs

Depuis 1990, le ministère collabore avec l'Institut national de recherche sur la consommation (SIFO) sur un projet pluriannuel destiné à réunir des données sur la situation financière des consommateurs. Ces travaux ont permis d'établir des statistiques plus intéressantes, notamment en ce qui concerne les problèmes d'endettement des consommateurs, ainsi que leurs prédispositions financières.

Les autorités compétentes de consommateurs ont adopté les mesures suivantes dans le domaine de l'endettement des ménages :

-- la création d'un service public de conseil financier destiné aux personnes confrontées à des problèmes de paiement. Un projet pour la fourniture de services de conseil, étalé sur deux ans et comportant un effectif de 35 personnes environ, a été mené par l'intermédiaire des bureaux du comité du conseil des consommateurs. A plus long terme, le service de conseil financier devrait être du ressort de chaque municipalité.

-- la ratification de la loi concernant le règlement volontaire et forcé des dettes des particuliers, en vigueur depuis fin 1992, début 1993. Cette loi vise à aider les particuliers constamment confrontés à des difficultés pour honorer leurs engagements financiers, et à leur fournir la possibilité de maîtriser la situation. Les dispositions de cette loi renforcent la position de ces débiteurs dans les négociations avec leurs créanciers en ouvrant la possibilité d'une remise de dette lorsque les parties concernées ne parviennent pas à un accord à l'amiable.

III. Influence des consommateurs

L'objectif a été de faire en sorte que les consommateurs soient représentés et en mesure d'exercer une véritable influence sur les décisions qui les concernent. Durant la période considérée, la priorité a été accordée aux domaines suivants :

-- Représentation directe au sein de la délégation gouvernementale dans les négociations agricoles annuelles. Les efforts ont été axés sur la structure des prix des principaux produits alimentaires, ainsi que sur l'étude des changements intervenus dans les habitudes de consommation et les jugements portés par les consommateurs sur les prix et la qualité de ces produits.

Durant la période examinée, le SIFO a étroitement collaboré avec l'Organisation internationale des unions de consommateurs. Cette collaboration s'est traduite notamment par une participation active de la part du SIFO aux travaux concernant le rapport de l'Organisation internationale des unions de consommateurs intitulé "Food Policy Beyond 2000" (la politique alimentaire au-delà de l'an 2000), qui a été publié en juin 1993.

-- Participation aux travaux de normalisation internationale en vue d'influer sur la définition des normes applicables aux jouets, l'équipement des aires de jeu, à l'inflammabilité des textiles, aux meubles capitonnés, et aux équipements de sport (casques, matériel de plongée et cages de but, par exemple).

-- Signature de l'Accord sur l'espace économique européen.

-- Les adaptations à la législation en vigueur qu'exige cet Accord ont été déterminées et mises en oeuvre sous force de modifications des textes en vigueur (loi concernant le délai d'annulation d'achats effectués en dehors des points de vente traditionnels) et de nouvelles réglementations (imitation de produits alimentaires, jouets). Certaines réglementations (voyages à forfait, conditions déloyales dans les contrats, sécurité des produits, contrôle à la frontière des produits en provenance de pays tiers) font actuellement l'objet d'un examen en vue d'autres modifications).

IV. Éducation des consommateurs

Parallèlement à la vaste réforme actuellement mise en oeuvre dans les établissements secondaires du second cycle et au projet de révision des programmes de l'enseignement primaire et de l'enseignement secondaire du premier cycle, les autorités chargées de la politique à l'égard des consommateurs ont accordé la priorité à l'introduction de l'éducation des consommateurs dans le système scolaire norvégien.

Les objectifs sont les suivants :

-- faire en sorte que les élèves des établissements primaires et secondaires des premier et second cycles reçoivent un enseignement de base portant sur l'économie de la consommation, la planification des dépenses et le surendettement, les droits des consommateurs et les acteurs du marché. Le but est également de leur faire comprendre les avantages que comporte un choix effectué en toute indépendance.

-- Encourager les enseignants des établissements primaires et secondaires des premier et second cycles, ainsi que les instituts de formation des enseignants à développer les matières relatives à l'économie de la consommation et aux droits des consommateurs et à les introduire dans les programmes, ainsi qu'à intégrer les thèmes touchant à la consommation dans d'autres matières.

-- Le SIFO, en collaboration avec le secteur scolaire, met actuellement au point à l'intention des élèves des établissements secondaires du second cycle.

V. Étiquetage écologique

Un système nordique commun volontaire d'étiquetage écologique des biens de consommation a été mis en place. L'objectif est de stimuler une production respectueuse de l'environnement et de faire en sorte que les consommateurs tiennent compte des problèmes environnementaux dans le choix et l'utilisation des produits.

Après plusieurs années de travaux de mise au point, financés par les autorités compétentes en matière de consommation, le système d'étiquetage écologique se diffuse aujourd'hui progressivement comme on peut le voir dans les points de vente au détail. Des critères d'étiquetage ont été établis pour 16 groupes de produits et d'autres sont en cours d'élaboration pour un nombre de produits équivalent. Le système nordique d'étiquetage écologique repose sur les mêmes principes de base que le Système communautaire d'attribution du label Écologique. une coopération sera lancée dans le cadre de l'Accord sur l'espace économique européen en vue d'une harmonisation et d'une collaboration pratique avec le système de la CE.

VI. Techniques commerciales

L'importance de la publicité à la radio et à la télévision s'est accrue au cours de ces dernières années.

La loi sur la commercialisation, qui touche à tous les aspects de la publicité, n'a fait l'objet d'aucun réexamen d'ensemble depuis son adoption en 1987. Compte tenu des évolutions sur le plan social et au niveau de l'impact de la forme et du contenu des techniques commerciales, la loi doit être profondément réaménagée. Une étude a été lancée à cette fin.

VII. Sécurité des consommateurs

En mai 1993, le champ d'application de la Loi sur le contrôle des produits a été élargie aux services dangereux, de plus en plus nombreux à pouvoir porter atteinte à la vie et à la santé des consommateurs.

NOUVELLE-ZÉLANDE

I. Évolution d'ordre institutionnel

Le ministère de la Consommation, qui a été mis en place officiellement le 1er juillet 1986, est une division du ministère du Commerce. Il est directement responsable devant son ministre de tutelle pour les grandes orientations. Pour les questions administratives et financières, le chef du ministère est responsable devant le chef exécutif du ministère du Commerce.

Le ministère a pour objectif de favoriser la création de conditions d'équité et d'un marché informé pour les consommateurs en conseillant en temps voulu le gouvernement sur la politique à l'égard des consommateurs et en élaborant des programmes d'information et de formation des consommateurs en fonction des besoins. Il se propose de faire le nécessaire pour que les consommateurs participent au fonctionnement du marché dans des conditions équitables, grâce à une législation efficace, de mesures d'exécution, de mesures de formation et des voies de recours concrètes; et pour qu'ils soient en mesure d'obtenir des biens et des services tout en étant protégés contre ceux qui sont dangereux, à des conditions loyales et compétitives. Il exerce ses activités dans trois domaines : orientation générale (y compris en matière de sécurité des produits), information et formation, ainsi que contrôle des poids et mesures. Son budget annuel s'élève à environ 4 400 000 de dollars néo-zélandais (1991/1992 et 1992/1993) et son effectif est de 33 personnes. Il gère l'application de la loi de 1986 sur la loyauté dans le commerce, ainsi que celle de la loi de 1987 et des règlements sur les poids et les mesures et veille à leur exécution.

Le gouvernement du parti national, élu en 1990, a continué à mettre en oeuvre de politiques d'ouverture des marchés et de déréglementation. En ce qui concerne la politique à l'égard des consommateurs, il a poursuivi, avec le concours de Mme Katherine O'Regan, ministre de la consommation, ses réformes prioritaires dans le domaine des poids et mesures, des services après-vente et de la réglementation du crédit.

Dans son examen des activités du ministère de la Consommation et de divers ministères moins importants, le gouvernement a entériné en 1992 la structure du ministère, son rôle et sa contribution à l'économie.

II. La sécurité des consommateurs

La loi de 1986 sur la loyauté dans le commerce interdit les comportements fallacieux et trompeurs, les représentations inexactes et les pratiques commerciales déloyales. Elle permet également l'établissement de normes d'information du consommateur et contient des dispositions relatives à la sécurité des biens et des services. Au titre des parties III et IV de la loi, le ministre de la consommation peut recommander l'adoption de normes de sécurité des produits, déclarer que des articles sont dangereux (en en interdisant la mise sur le marché) et exiger d'un fournisseur qu'il rappelle les produits non conformes aux normes de sécurité des produits ou qui, par ailleurs, risquent de porter préjudice au public. Les articles, qui ne sont pas conformes aux normes applicables en matière de sécurité des produits, ont été déclarés dangereux ou font l'objet de rappels obligatoires, sont tenus pour des articles dont l'importation est interdite.

Le ministère est actuellement saisi d'environ 16 plaintes par mois en matière de sécurité des produits. 174 plaintes avaient été déposées en 1991 et 163 en 1992. A côté du ministère de la consommation, d'autres administrations sont compétentes pour certains aspects de la sécurité des produits, par exemple l'équipement de la sécurité routière, tel que les casques de motocyclistes, qui relève du ministère des transports et les appareils ménagers, qui relèvent de la division de l'énergie et des ressources du ministère du commerce. Pour cette raison, certaines plaintes dont le ministère est saisi sont déférées à d'autres administrations pour suite à donner. 24 affaires ont été déférées en 1991 et 33 en 1992.

Une procédure d'évaluation des risques est appliquée aux plaintes en matière de sécurité des produits. Tout en visant à évaluer les risques liés à chaque produit, la procédure contribue à la fixation des priorités. Ce travail associe l'évaluation de quatre facteurs : dommage théorique maximum, probabilité des risques, probabilité de reconnaissance des risques et offre du produit dont l'application est associée à un monogramme qui permet de procéder à une évaluation numérique des risques.

Deux nouvelles normes en matière de sécurité des produits sont entrées en vigueur : pour les vélos et pour les jouets d'enfant (1992). La réglementation des normes de sécurité des produits pour les vêtements de nuit pour enfants a été refondue en 1991 et cette réglementation refondue élargit la fourchette d'âges en y comprenant les enfants de 6 à 12 mois et clarifie la formulation des étiquettes.

Au cours de la période examinée, des travaux ont également été effectués au sujet de propositions relatives à la norme de sécurité des produits pour l'inflammabilité des meubles et les casques pour bicyclettes. Néanmoins, la responsabilité de la fixation de normes pour les casques pour bicyclettes a été assumée depuis par le ministère des transports au titre de la nouvelle réglementation obligatoire sur le port des casques et une période de surveillance de deux années a commencé en vue de l'évaluation des réactions volontaires du secteur en cause aux préoccupations en matière d'inflammabilité des meubles.

Le ministère a coopéré avec des acteurs économiques afin de mettre au point des normes ou des accords industriels pour plusieurs produits, y compris les matelas, les landaus et les trotte-bébés. C'est là un tournant marquant le passage de normes obligatoires vers la négociation d'accords avec le secteur en cause et l'importance accrue accordée à l'information du consommateur. En 1991, le ministère a publié des documents de synthèse, contenant des brochures relatives à certains produits. Ces documents ont été mis à la disposition des parents, la plupart des cas dans le cadre de cours organisés avant la naissance dans les hôpitaux. Une révision de la documentation en cause est envisagée, mais cela dépend des possibilités de parrainage.

A deux reprises au cours de la période examinée, le ministre a utilisé ses pouvoirs au titre de la loi sur la loyauté dans le commerce afin d'interdire la distribution des produits qualifiés dangereux. En 1991, il a reconduit pour une période indéterminée l'interdiction frappant l'encre contaminée et l'encre sympathique, soit des produits réputés contenir une matière caustique, et, en 1992, il a interdit certaines frondes qui étaient des jouets d'enfant et servaient à lancer des projectiles pouvant endommager l'oeil d'un enfant.

Bien que le ministre de la consommation ait le pouvoir de prescrire un retrait obligatoire, il ne l'a pas exercé au cours de la période 1991-1992. C'est là une mesure qui est tenue pour un recours en dernier ressort et le ministre encourage les fournisseurs à prendre volontairement les mesures requises. Les produits retirés volontairement par les fournisseurs au cours de la période examinée ont été notamment un vélo de montagne dont les freins étaient défectueux, un jouet pour bébé dont la manivelle était défectueuse et un jouet en forme de papillon dont les petites pièces qui le composaient comportaient un risque d'inhalation ou d'ingestion par un enfant.

Le ministère reste en contact étroit avec d'autres organismes publics et privés qui s'occupent des questions de sécurité des produits, en particulier dans le cadre de réseaux constitués par des organismes compétents auxquels il est possible de s'adresser pour en obtenir des conseils d'experts en la matière. En 1992, il est passé à l'examen du réseau en s'efforçant de le développer et d'en améliorer l'action en tant que circuit d'informations dans les deux sens en vue de la diffusion d'informations. L'information sur la sécurité des produits est distribuée aux membres des réseaux et à d'autres organisations professionnelles, médias et associations de consommateurs et communiquée notamment sous la forme du bulletin du ministère concernant les questions dénommé "PS News" qui a été publié pour la première fois en mai 1992. Trois ou quatre numéros de ce bulletin paraissent chaque année.

III. Protection des intêrets économiques des consommateurs

La réforme de la législation existante sur les services après-vente, c'est-à-dire de la loi de 1988 sur les ventes de produits, est restée une priorité du ministère de la consommation. En 1990, le gouvernement a entériné les projets relatifs à la législation relative à certains services après-vente pour le consommateur, en laissant intacte la loi existante en ce qui concerne les opérations conclues entre entités commerciales, conformément à l'intention initiale du législateur. Le projet de loi sur les garanties aux consommateurs a été déposé devant le Parlement en 1992. Au titre des dispositions du projet de loi (qui a été adopté depuis l'expiration de la période visée dans le présent rapport), les consommateurs auront le droit de se faire rembourser ou de faire remplacer des articles qui ne sont pas "d'une qualité acceptable". La garantie de la "qualité acceptable" remplace la condition de "qualité marchande" prévue par loi sur la vente des produits. De même, les fabricants et les importateurs devront veiller à ce qu'il soit relativement aisé de se procurer des pièces de rechange et de recourir à des services de réparation. Pour la première fois, les services seront visés par la législation générale sur les services après-vente; ces services devront être exécutés avec la diligence et le professionnalisme nécessaires.

Les travaux ont également avancé au cours de la période examinée en ce qui concerne la mise au point d'options pour le gouvernement en matière de réforme de la législation régissant le crédit. Le ministère de la consommation travaille actuellement (1993) sur des projets concrets de mise au point d'une nouvelle législation régissant le crédit à la consommation, à présenter au gouvernement. Il y a été incité à la suite de difficultés généralisées et graves éprouvées par les utilisateurs de crédit au titre de la législation existante : la loi de 1981 sur les contrats de crédit, la loi de 1971 sur les locations-ventes et la loi de 1924 sur les cessions de meubles corporels.

A la suite de l'évolution législative, une nouvelle orientation sur les instruments de mesure utilisés dans les échanges a été adoptée en Nouvelle-Zélande. Il en est résulté que le Service des poids et mesures utilisés dans le commerce, qui dépend du ministère de la consommation a cessé d'être un service destiné aux commerçants pour devenir un service au consommateur, un accent accru étant placé sur la formation et les mesures de d'exécution. La responsabilité de la vérification passe au secteur privé et le commerçant est désormais chargé de maintenir la précision de ses instruments de mesure. Le vote de la loi modificative de 1991 autorise les personnes agréées à procéder aux essais légaux d'instruments de mesure, ce qui permet au ministère de la consommation de placer davantage l'accent sur la formation et les mesures de mise à exécution.

Le nouveau régime comporte des sanctions accrues en cas de violation de la législation sur les poids et mesures, qui passent de 5 000 et de 2 000 $ à 10 000 et à 5 000 $ respectivement. De même, un nouveau système permettant la notification d'infractions aux commerçants, entraînant le paiement immédiat de 500 $ exigible dans les 28 jours, a été mis en place. Ces notifications sont adressées aux commerçants qui utilisent des instruments faussés ou qui vendent des articles emballés contenant de petites quantités.

Le Service des poids et mesures utilisés dans le commerce engage des poursuites contre une vingtaine de commerçants par an, au motif qu'ils vendent des marchandises dont le poids ou dont la mesure est en deçà de la quantité indiquée.

Dans l'affaire Collins c/ Openshaws Midway Limited AP 19/92, dont la High Court a été saisie en 1992, l'arrêt qui a été rendu a revêtu de l'importance pour les consommateurs. La société défenderesse avait été accusée au titre de l'article 16, paragraphe 2, de la loi de 1987 sur les poids et mesures d'avoir proposé à la vente huit paquets de viande dont le poids était inférieur à la quantité indiquée. Après le rejet par le juge du tribunal d'instance de huit plaintes, la High Court a jugé en appel que la partie défenderesse n'avait pas pris de mesures de précaution raisonnables ni fait preuve de la diligence requise afin d'éviter les infractions. L'affaire a été renvoyée au tribunal d'instance qui était prié de rendre une décision de condamnation. En statuant, la High Court a fait savoir aux commerçants qu'afin d'éviter des poursuites, ils devaient mettre en place un système destiné à garantir que les marchandises soient pesées et mesurées correctement et à veiller au bon fonctionnement du système.

Le soutien législatif aux services de livraison du lait à domicile a été retiré à la suite de l'abrogation de la loi de 1988 sur le lait. En mettant en place un cadre protégé pour les activités des entreprises de traitement et de vente et n'en autorisant que des possibilités très restreintes à la concurrence, la loi a imposé des coûts importants aux consommateurs en contrepartie d'avantages limités dont ne bénéficiait qu'une minorité de consommateurs. L'abrogation de la loi aura pour effet d'ouvrir la voie à la concurrence au niveau des prix et à l'innovation dans le secteur en cause.

En 1992, le ministère de la Consommation a procédé à une évaluation préliminaire de la loi de 1967 pour les ventes de porte à porte dans le cadre des préparatifs d'un examen approfondi par ce ministère et le ministère du commerce qui gère l'application de la loi (l'examen de la loi a commencé en 1993).

Au cours de la période examinée, le ministère a décidé d'étudier la loi sur les distributeurs de véhicules automobiles du point de vue du consommateur afin de déterminer si le système actuel d'octroi de licences et de communication de l'information et si le système de voies de recours devant le tribunal compétent pour les litiges relatifs aux véhicules, mis en place au titre de la loi pour qu'il connaisse des demandes dirigées contre les concessionnaires, répondent aux besoins des consommateurs. C'est là un examen particulièrement opportun compte tenu de l'évolution fondamentale qui s'est produite sur le marché des voitures d'occasion, depuis le vote de la loi en 1975 : les consommateurs peuvent désormais acheter des voitures d'occasion importées et leurs importations atteignent maintenant environ 8 % des ventes annuelles des voiture d'occasion en Nouvelle-Zélande.

IV. Information et éducation du consommateur

1. *Étiquetage obligatoire*

Les règlements sur l'étiquetage indiquant le pays d'origine pour les vêtements et les chaussures ont été adoptés au titre de la loi sur la loyauté dans le commerce en 1992. Ces règlements exigent que tous les vêtements ou chaussures, qu'ils soient fabriqués dans le pays ou importés, portent un étiquetage indiquant le pays d'origine à compter de juillet 1993. Selon la définition des règlements, le pays d'origine n'est autre que le pays dans lequel les articles ont été fabriqués ou produits. Les commerçants sont tenus de veiller à ce que leur étiquetage soit conforme à la loi sur la loyauté dans le commerce, qui interdit les représentations fausses ou fallacieuses concernant le lieu d'origine.

Des règlements ont été également adoptés au titre de la loi sur la loyauté dans le commerce en 1992 en ce qui concerne l'étiquetage concernant l'entretien et la teneur en fibres et prévoient que la plupart des variété d'articles textiles doivent porter un étiquetage contenant ces indications à compter de septembre 1992. Le ministère de la Consommation a depuis engagé des consultations au sujet des projets d'amendement qui contiendraient une dérogation aux dispositions sur l'étiquetage en faveur des produits personnalisés et une dérogation partielle pour les coussins fabriqués à partir de déchets.

2. *Étiquetage facultatif*

Le programme d'étiquetage néo-zélandais sur les choix écologiques a été lancé en 1992 et l'organisme chargé de le mettre en oeuvre a délivré récemment sa première certification de produit. Le système facultatif, dont TELARC a maintenant la propriété et la gestion, constitue une réaction des pouvoirs publics aux pratiques du marché consistant à vendre des produits en affichant des prétentions injustifiées et imprécises.

Le produit peut être certifié parce qu'il est réalisé d'une manière améliorant le rendement énergétique, réduisant les sous-produits dangereux, utilisant des matériaux recyclés ou parce que le produit lui-même peut être réutilisé ou est par ailleurs préférable du point de vue écologique. Pour être certifiés, les produits doivent être conformes à certains critères propres à leur catégorie. Les premières catégories de produits pour lesquelles des critères ont été publiés sont notamment les piles, les liquides pour le lavage de vaisselle et les produits plastiques recyclés. Le système n'a démarré que lentement, le nombre de firmes demandant la certification étant inférieur aux prévisions.

3. *Essais comparatifs*

Des essais comparatifs sont réalisés par l'Institut de la consommation. Les résultats en sont publiés dans son magazine mensuel : "Consumer". L'Institut a procédé à 49 essais comparatifs de produits et de services en 1991 et à 39 essais en 1992 et en a publié les résultats. Il fait appel à des laboratoires indépendants pour l'exécution des essais. Il a désormais conclu des accords de coopération pour les essais de certains produits avec son homologue australien : l'Association australienne de la consommation. Ce système permet de partager des coûts et d'éviter les doubles emplois, étant donné que la gamme et les types de produits vendus dans les deux pays sont devenus de plus en plus similaires, en particulier en ce qui concerne des appareils électroménagers tels que les réfrigérateurs.

4. *Services consultatifs*

Le ministère de la consommation continue à gérer son service consultatif pour les consommateurs, sous réserve de quelques modifications. Ce service, dénommé auparavant Service pour les plaintes des consommateurs a été rebaptisé Consumer Advice Service (Service des conseils aux consommateurs), dénomination qui répond plus exactement à sa mission; et le nombre de bureaux au niveau national, tous utilisant des lignes gratuites, a été réduit en passant de cinq à trois. Ce service continue à placer l'accent sur des activités visant à atteindre les groupes ciblés par le ministère (les bas revenus, les Maoris et les personnes originaires des îles du Pacifique vivant en Nouvelle-Zélande) et à identifier les questions sur lesquelles l'attention doit être attirée au niveau des pouvoirs publics en vue de la mise au point de programmes d'information et de formation. Les plaintes les plus graves concernent toujours les contrats de crédit et les ventes de voitures d'occasion.

Environ 86 bureaux de conseils des citoyens continuent à recevoir une formation régulière dispensée par le personnel du ministère. Un manuel du consommateur, élaboré par le ministère pour ces bureaux, est actuellement mis à jour. Ces bureaux constituent fréquemment un premier point de contact pour de nombreux consommateurs confrontés à des difficultés.

D'autres importantes sources de conseils aux consommateurs sont la Federation of Family Budgeting Services (Fédération des services de budgétisation familiale), pour laquelle un manuel de traitement des plaintes a également été réalisé par le ministère, et le réseau des centres juridiques pour les collectivités et pour les Maoris.

5. *Moyens de communication de masse*

La télévision néo-zélandaise a poursuivi la diffusion de son programme populaire ouvert aux réclamations des consommateurs, programme dénommé "Fair Go". Le programme radiodiffusé "Countermeasure" destiné aux consommateurs a cessé d'être émis, mais l'Institut de la consommation diffuse régulièrement des émissions sous forme de dialogue et le ministère de la consommation a pris des initiatives afin d'utiliser davantage à l'avenir les messages radio pour les Maoris et les îles du Pacifique. En ce qui concerne la presse imprimée, le ministère dispose d'une colonne régulière concernant les consommateurs dans la presse destinée aux collectivités à l'échelle du pays et diffuse régulièrement des communiqués de presse sur des sujets préoccupant les consommateurs.

6. *Activités d'information diverses*

Le bulletin trimestriel du ministère destiné à des groupes de clients a été remplacé par quatre bulletins, dont chacun vise des publics différents et est publié trois ou quatre fois par an. "Consumer Matters" et "Consumer Focus" traitent d'une série de points intéressant le ministère, "Consumer Focus" visant les milieux d'affaires, les établissements d'enseignement supérieur et les administrations et "Consumer Matters" visant les groupes de conseils et de soutien aux consommateurs. Ces deux bulletins sont reçus par les médias qui en diffusent fréquemment le contenu. Les bulletins de la Trade Measurement Unit (service des mesures utilisées dans le commerce) et de la Product Safety Section (groupe de la sécurité des produits); TMU News et PS News sont également publiés trois ou quatre fois par an en vue de leur distribution ciblée.

L'Institut de la consommation continue à publier sa revue mensuelle "Consumer" pour 79 719 (1992) abonnés. Cette revue publie des informations et des conseils pour les consommateurs, des résultats d'essais comparatifs et des textes traitant de questions intéressant les affaires publiques. L'Institut de la consommation réalise également un magazine trimestriel dénommé "Consumer Home and Garden", auquel 35 418 (1992) personnes sont abonnées. Il regroupe 97 866 (1992) membres au total, dont certains sont abonnés aux deux magazines.

La Commission du commerce, qui est l'organisme responsable de la mise à exécution de la loi sur la loyauté dans le commerce, a pour mission au titre de l'article 6 de cette loi de diffuser des informations afin d'informer les consommateurs et les commerçants au sujet de leurs droits et de leurs obligations au titre de la loi. Des brochures publiées par la commission sont notamment Deceptive Packaging (emballages trompeurs), Comparative Pricing (prix comparés), Interest Free and Credit Free Promotions (compagnes publicitaires concernant les crédits gratuits) et Compliance Programmes (programme de conformité) (1991); Car Sales (vente de voitures), Travel Promotions (campagnes publicitaires concernant les voyages) et Fish Labelling (étiquetage des poissons) ainsi que des règlements types concernant les jouets, les bicyclettes et l'étiquetage indiquant l'entretien et la teneur en fibres (1992). D'autres publications de cette même période comprennent un volume publié en 1991 sur la concurrence et les droits à la consommation. La Commission publie également six fois par an un bulletin intitulé "Fair's Fair" qui traite de questions et de récentes affaires intéressant la loyauté dans le commerce.

7. Formation du consommateur

Le ministère de la consommation fournit aux consommateurs des informations et une formation en ciblant les consommateurs tenus pour moins aptes à se faire reconnaître des droits et à obtenir réparation et ayant moins accès à l'information. Ces groupes comprennent les travailleurs à faibles revenus, les Maoris et les personnes originaires des îles du Pacifique vivant en Nouvelle-Zélande.

Le ministère a pris une initiative énergique en mettant au point des outils pédagogiques qui sont distribués gratuitement ou vendus aux établissements scolaires. "Consumer Action", un moyen pédagogique destiné aux écoles des niveaux primaire, intermédiaire et secondaire, continue à être distribué gratuitement aux écoles trois fois par an. D'autres ouvrages pédagogiques réalisés au cours de la période examinée sont notamment "Living in a Consumer World", vendu aux écoles primaires et "Consumer Science", distribué parmi les écoles secondaires du niveau élémentaire. Deux productions vidéo réalisées au cours de la période examinée "Taken for a Ride" (au sujet de l'achat d'une voiture d'occasion) et "Taking it to Disputes Tribunal" (la saisine du tribunal des différends), ont été largement diffusées parmi les écoles secondaires et dans le cadre de programmes didactiques destinés au niveau tertiaire et aux collectivités.

Divers programmes concernaient en 1991 et en 1992 la formation des collectivités, et comprenaient un programme de défense des consommateurs dans le cadre duquel des membres des collectivités ont reçu une formation de base destinée aux consommateurs, qu'ils peuvent dispenser ensuite à d'autres personnes par l'intermédiaire de réseaux collectifs étendus. Une évaluation du programme a été réalisée.

Une formation a également été fournie aux commerçants. Se fondant sur ses travaux de recherche, le ministère a réalisé une série de brochures d'information au sujet de thèmes tels que les ventes économiques et le traitement des réclamations des consommateurs, brochures qui ont été envoyées directement par courrier aux commerçants à l'échelle du pays. Un très grand nombre de brochures a été conservé par leurs destinataires.

Le ministère a commandé une enquête, menée pour la première fois, sur l'information du consommateur en Nouvelle-Zélande. Dans cette enquête achevée en juillet 1992, les enquêteurs ont évalué le niveau d'information pratique du consommateur et en particulier la connaissance par les Néo-Zélandais des droits qui sont les leurs au titre de la législation relative aux consommateurs. Le ministère veut déterminer quels doivent être les objectifs de son activité en matière de formation en termes de thèmes et de groupes visés.

V.   Réparation et moyens de recours

Le service consultatif anciennement dénommé le service des réclamations, du ministère de la Consommation, a traité 26 158 demandes d'aide en 1991 et 27 677 demandes en 1992. Les procédures de traitement comportent des liaisons informatisées sur circuit entre les trois bureaux régionaux et un système d'enregistrement informatisé.

En 1991, le ministère a réalisé une brochure destinée aux commerçants au sujet du traitement des réclamations des consommateurs et s'est exprimé à l'occasion de colloques et devant des organismes au sujet de la mise au point de procédures de réclamation.

Au cours de la période examinée, le ministère de la consommation a largement avancé ses travaux relatifs à une étude approfondie des tribunaux chargés de régler les différends. Cette étude est la conséquence qu'une directive ministérielle de 1990 et de l'accroissement du nombre des consommateurs éprouvant des difficultés devant ces tribunaux. Ceux-ci ont été mis en place en

1989 et ils sont destinés à permettre un règlement peu coûteux, rapide, simplifié et équitable des petits litiges civils. Ils connaissent des litiges dont la valeur ne dépasse pas 3 000 $ ou, avec l'acquiescement de l'autre partie, 5 000 $, les dépens s'élevant à 10 $ pour les demandes inférieures à 1 000 $ et à 20 $ pour les demandes de 1 000 à 5 000 $. Les ordonnances de ces tribunaux sont exécutoires au niveau du tribunal d'instance. L'étude avait pour objectif de découvrir quelle expérience les consommateurs avaient des tribunaux et d'identifier des moyens d'en améliorer le fonctionnement (un document de synthèse traitant de certains problèmes concrets a été diffusé par le ministère en juin 1993 aux fins d'observations).

Les litiges relatifs aux infractions à la loi sur les distributeurs de véhicules automobiles sont portés devant une juridiction spécialisée en matière de différends relatifs aux véhicules. La juridiction a été mise en place au titre de la loi pour qu'elle connaisse des requêtes dirigées contre les concessionnaires agréés.

La Commission du Commerce est responsable de l'application de la loi sur la loyauté dans le commerce, bien que des actions privées puissent être engagées. Au cours de la période de douze mois qui a expiré le 3 juin 1991, cette Commission a examiné 3 200 plaintes au sujet de violations éventuelles de la loi. Sur les 3 281 plaintes examinées au cours de cette année, 818 ont entraîné dans le cadre de l'action judiciaire des règlements officiels ou officieux, 26 décisions judiciaires ayant été arrêtées. Au cours de la période de 12 mois qui a expiré le 3 juin 1992, les chiffres étaient les suivants : 3 407 plaintes examinées, 380 infractions éventuelles examinées, dont 1 029 ont débouché dans le cadre de la procédure judiciaire sur des règlements officiels ou officieux, et sur 26 décisions judiciaires.

Le bureau du médiateur a compétence pour connaître des recommandations sur les actions des administrations, des entreprises d'Etat et des entreprises de fourniture d'électricité. De même, la mise en place d'organisations apparentées au médiateur a été encouragée dans le secteur privé dans les domaines de la banque et de l'assurance. L'association des banquiers a adopté tant un système de médiateur bancaire qu'un code sur la pratique bancaire en 1992. Responsable devant une commission du médiateur pour le secteur bancaire et non devant les banques affiliées, le médiateur bancaire constitue une voie de recours indépendante en cas de litige persistant entre les banques et leurs clients. Au cours de la première année de la mise en oeuvre du système jusqu'au 30 juin 1993, il a été saisi de 241 affaires. Le code sur la pratique bancaire, qui est obligatoire pour les affiliés de l'association, prévoit que les banques établissent des procédures internes de traitement des plaintes. En 1991 et en 1992, le ministère a activement encouragé le secteur de l'assurance à prêter attention aux préoccupations des consommateurs et à envisager la mise en place d'un système de règlement des différends analogue à celui du médiateur bancaire (sa démarche a depuis porté fruit avec l'annonce en 1993 par le secteur de l'assurance de son intention de désigner un médiateur compétent en matière d'assurances incendie, tous risques, santé, vie et de divers systèmes d'épargne à long terme).

Au cours de la période examinée, le ministère de la Consommation a géré un dossier de désignation de consommateurs afin d'encourager la représentation des intérêts des consommateurs auprès des administrations, des associations professionnelles et commerciales, qui exécutent des décisions concernant les consommateurs. Le dossier constitue un système de classement centralisé à partir duquel des consommateurs sont désignés en vue de leur affectation à des conseils et comités prévus par la loi et, sur demande, des conseils d'administration d'associations professionnelles et commerciales.

En 1991, le gouvernement a déposé un projet de loi sur le caractère privé de l'information. Ce projet de loi établissait des protections pour les données personnelles dans le secteur privé et public et prévoyait la mise en place de l'office du commissaire pour la protection de la vie privée. Ce projet de loi a été séparé de la loi de 1991 concernant le commissaire pour la protection de la vie privée, qui est entrée en vigueur en avril 1992. Cette loi a créé le bureau du commissaire pour la protection de la vie privée et établi des dispositions pour la mise en concordance de l'information dans le secteur public (depuis la période visée dans le présent rapport, cette loi a été incorporée dans la loi de 1993 sur la protection de la vie privée).

VI. Relations entre la politique a l'égard des consommateurs et d'autres aspects de la politique des pouvoirs publics

La Nouvelle-Zélande a continué à favoriser la croissance et la prospérité par des politiques de déréglementation et de libéralisation, en exposant les entreprises et les consommateurs à l'ouverture des marchés et à la concurrence. La compétitivité des marchés est fondée sur la notion que, le choix du consommateur déterminant la gamme et la qualité des produits et des services produits au sein de l'économie, les producteurs et les détaillants dont les prestations sont médiocres, de même que les pratiques commerciales qui ne sont pas conformes aux intérêts des consommateurs, sont éliminés. La politique à l'égard des consommateurs est tenue pour en constituer un aspect intrinsèque : les consommateurs doivent faire preuve de discernement et pouvoir s'informer, accéder à l'information et aux voies de recours qui leur permettent d'exercer une influence réelle sur le mécanisme de la concurrence et d'en tirer profit. La politique en ce sens a également reconnu que les défauts structurels du marché, tels que les monopoles et les obstacles à l'accès au marché, qui suppriment ou limitent le choix, ou les défaillances qui surviennent faute des informations dont les consommateurs ont besoin pour faire le meilleur choix en arrêtant des décisions difficiles, font présumer que les politiques d'ouverture des marchés ne sont pas toujours capables d'apporter aux consommateurs un pouvoir dans ce domaine et nécessitent un suivi minutieux.

Un aspect essentiel de la politique des pouvoirs publics concerne les obligations de la Nouvelle-Zélande au titre de l'accord sur le resserrement des relations économiques avec l'Australie. Il est admis que des mesures de protection du consommateur incompatibles risquent de contrecarrer les intentions des deux pays en matière de libre échange. Pour ce motif, dans la mise au point de tous les projets d'orientation générale, y compris ceux qui concernent les services après-vente et la législation régissant le crédit à la consommation, la plus grande attention a été portée à la législation australienne existante et à son application. Des contacts avec les ministres et les fonctionnaires australiens sont également maintenus régulièrement dans le cadre d'échanges de vues périodiques au sujet de la sécurité des produits, de l'orientation générale, de la formation, des mesures d'exécution et des instruments de mesure commerciaux. C'est dans ce contexte que le ministère de la consommation a participé à des échanges de vues avec des fonctionnaires du ministère des Affaires étrangères et du commerce au sujet des avantages potentiels d'un accord de reconnaissance réciproque entre l'Australie et la Nouvelle-Zélande, portant sur les normes des produits et les qualifications professionnelles.

PAYS-BAS

I. Évolution d'ordre institutionnel

1. Évolution générale

Le Secrétaire d'État aux affaires économiques coordonne l'action des pouvoirs publics pour les questions concernant les consommateurs. Cette action est désormais bien établie et les questions touchant la consommation font partie intégrante des activités de tous les ministères qui doivent tenir compte des intérêts des consommateurs sur une base régulière. Le Secrétaire d'État a donc estimé qu'il n'était plus nécessaire de publier un rapport annuel conjoint sur les mesures prises à l'égard des consommateurs par les différents ministères. Ceux-ci devront désormais publier chacun un rapport séparé.

L'examen annuel de l'OCDE pour 1992-1993 a vu, dans le manque de dynamisme du marché, l'une des plus grandes faiblesses de l'économie néerlandaise. Le ministère des Affaires économiques considère que le bon fonctionnement du marché est une condition indispensable à la croissance économique du fait que le jeu des mécanismes du marché encourage les entreprises à utiliser efficacement les facteurs de production limités, à innover, à mettre en oeuvre des politiques des prix stratégiques et à adapter leurs produits et leurs services aux désirs des consommateurs. Des relations équilibrées entre les entrepreneurs, d'une part, et entre ces derniers et les consommateurs, d'autre part, sont indispensables au bon fonctionnement du marché.

Le fonctionnement harmonieux du marché ne doit pas être entravé par des obstacles inutiles à l'arrivée d'entreprises nouvelles, des réglementations restrictives, etc. Une absence totale de contrôle peut, cependant, avoir aussi des répercussions sociales indésirables. Des dispositions réglementaires peuvent donc s'avérer nécessaires pour corriger les imperfections du marché ou protéger des intérêts particuliers dans des domaines tels que la santé publique ou la fourniture d'informations exactes. La position des consommateurs et les informations qui leur sont données doivent aussi être encore améliorées pour leur permettre de jouer pleinement leur rôle sur le marché vis-à-vis des fournisseurs et contribuer à stimuler la concurrence. Pour permettre la réalisation de ces objectifs, les diverses directions du ministère des Affaires économiques qui veillent aux conditions de la concurrence, à la régularité des pratiques économiques et à la protection des intérêts des consommateurs ont été fusionnées pour constituer une nouvelle unité administrative ; la Direction de la loyauté des pratiques du commerce.

2. Les organisations de consommateurs

A côté de diverses organisations sectorielles de consommateurs (axées sur des catégories particulières de consommateurs, tels que les propriétaires de logements ou les patients), il existe aux Pays-Bas deux grandes organisations de consommateurs. Celles-ci ont constitué un Conseil de coopération qui gère toutes les activités qu'elles mènent grâce aux subventions du ministère des Affaires économiques (ces subventions ne bénéficient qu'aux activités qui vont au-delà des intérêts des membres des organisations en question). Le Conseil de coopération a remplacé les anciens Conseil pour la comparaison des normes de qualité, Comité du consommateur européen et Groupe d'orientation sur l'auto-discipline. Les activités subventionnées se répartissent entre les trois rubriques suivantes : fonctionnement du marché, information sur les produits et autres catégories d'information. Celles consacrées au fonctionnement du marché doivent permettre de privilégier davantage les initiatives liées aux politiques de la concurrence et à l'égard des consommateurs, conformément aux objectifs exposés plus haut dans la partie décrivant l'évolution générale.

3. L'Institut de recherche sur les questions intéressant les consommateurs (SWOKA)

A la fin de 1992, le SWOKA et les quatres ministères qui le subventionnent ont définitivement décidé de convertir leur relation fondée sur l'octroi de subventions par le secteur public en une relation client-entreprise. La subvention doit elle-même être progressivement réduite jusqu'à sa suppression en 1995. Cette évolution s'inscrit dans le cadre des efforts entrepris par les autorités en vue de réduire, dans toute la mesure du possible, le financement fixe des institutions de manière à pouvoir répartir plus souplement les ressources financières (en diminution) allouées à la politique à l'égard des consommateurs.

Pendant la période examinée, le SWOKA a publié, en anglais, les rapports sur les thèmes suivants:

-- Choses à faire et à ne pas faire pour éviter les chutes à l'intérieur et à proximité du foyer;

-- Impact, pour les consommateurs, des progrès de la biotechnologie dans le domaine alimentaire;

-- Efficacité de l'information sur les produits ; implications pour la conception et la normalisation de l'information;

-- Essais sur les machines à laver ; méthodes utilisées pour évaluer les performances;

-- Biotechnologie et denrées alimentaires ; vers un modèle d'acceptation par les consommateurs.

Les rapports sur les thèmes suivants ont été publiés en néerlandais avec un résumé en anglais:

-- Les consommateurs et la consommation d'électricité des gros appareils ménagers ; étude sur les possibilités d'influencer les comportements d'achat et d'utilisation;

-- Les consommateurs et les produits biologiques ; comment augmenter la part de ces produits sur le marché ;

-- Perspectives d'évolution des techniques de construction du point de vue des consommateurs, première partie.

-- 1992 ; le consommateur et l'intégration européenne ; protection juridique du consommateur néerlandais au sein de la Communauté européenne;

-- 1992 ; Intégration européenne, politique commerciale et électronique "grand public".

Le rapport suivant a été publié en néerlandais avec un résumé en allemand :

-- Expériences des organisations allemandes de consommateurs avec la loi fixant les clauses générales des contrats.

II. Sécurité des consommateurs

Aux Pays-Bas, les décisions ayant trait à la sécurité des consommateurs reposent sur la Loi sur les produits. Cette loi constitue essentiellement un cadre législatif et peut donc être utilisée à diverses fins. Elle permet à la Couronne et aux ministres de prendre diverses mesures. Par exemple, ses critères généraux ainsi que les pouvoirs conférés au ministère de la Protection sociale, de la santé publique et de la culture ont été utilisés à plusieurs reprises pour obliger les fabricants à mettre en garde les consommateurs contre des produits dangereux. La Loi sur les produits est aussi invoquée pour la mise en oeuvre des directives de la Communauté européenne (CE) concernant principalement la sécurité des produits (jouets, machines etc.). Au cours des dernières années des réglementations ont été adoptées en ce qui concerne la sécurité des vêtements de nuit, des produits chimiques généraux, des mesures de protection individuelle et de l'amiante. Des décisions doivent notamment être prises à l'égard des normes de sécurité à respecter dans les fêtes foraines et les parcs d'attractions.

La dimension européenne de la sécurité des produits a pris de plus en plus d'importance au cours des dernières années. Après tout, si un État membre de la CE ne prend pas les mesures qui s'imposent pour garantir la sécurité des produits, il fait courir le risque que des marchandises dangereuses soient échangées sur toute l'étendue du marché unique. La directive communautaire sur la sécurité générale des produits, qui doit entrer en vigueur le 29 juin 1994, contribuera de manière significative à la sécurité des produits au sein de l'ensemble de la CE. Elle prévoit notamment la création d'un système d'échange rapide d'informations, par l'intermédiaire de la Commission européenne, pour l'identification des produits dangereux commercialisés sur le marché européen. Les normes européennes sont aussi de plus en plus utilisées pour assurer la sécurité des produits de consommation. C'est pourquoi il a été proposé de modifier la réglementation fixant les normes à respecter pour les produits électrotechniques, dans le cadre de la Loi sur les produits.

En raison de la nouvelle approche qu'impliquent ces directives, l'issue du processus de normalisation revêt davantage d'importance. Le ministère des Affaires économiques veille donc à ce que les organisations représentant les intérêts des consommateurs disposent des moyens financiers nécessaires pour influer sur ce processus dans leur propre perspective. Cela s'est traduit par la création d'un forum des consommateurs sur la normalisation, la participation des organisations de consommateurs à quelque 130 comités de normalisation et la constitution de diverses bases de données.

Un autre aspect de la sécurité des consommateurs devra aussi retenir l'attention à l'avenir, c'est celui de la sécurité des personnes de plus de soixante ans, qui sont très souvent victimes d'accidents à l'intérieur ou à proximité de leur foyer. Des dispositions ont déjà été prises aux Pays-Bas pour que ce groupe de personnes soit représenté de manière adéquate. Sur le plan pratique, la Fondation Consommateurs et Sécurité mène des campagnes d'information parallèlement à l'adoption de mesures visant à améliorer les normes de sécurité des logements existants et à construire des logements plus sûrs. Ces activités sont complétées par des travaux de recherche et la fourniture d'informations épidémiologiques. La Fondation Consommateurs et sécurité est subventionnée par le ministère de la Protection sociale, de la santé publique et de la culture.

III. Protection des intérêts économiques des consommateurs

1. Législation

Le 1er janvier 1992, la Loi sur les clauses et conditions générales (qui fait partie du Code civil) est entrée en vigueur. Les personnes concernées par les dispositions de cette loi avaient jusqu'au 1er janvier 1993 pour adapter les conditions qu'elles appliquent à la nouvelle réglementation.

La réglementation applicable aux achats des consommateurs, qui est couverte par la section du Code civil relative aux achats et aux échanges, est aussi entrée en vigueur le 1er janvier 1992. La loi modifiée sur les ventes par démarchage a pris effet le 9 septembre 1992. De ce fait, les démarcheurs qui agissent de manière répréhensible peuvent désormais être poursuivis en justice en vertu de la Loi sur les crimes économiques.

2. Insolvabilité des consommateurs

En décembre 1992, un projet de loi a été présenté au Parlement en vue d'incorporer, dans la Loi sur l'insolvabilité, des dispositions réglementaires pour l'apurement des dettes des personnes physiques. Si ce projet de loi est adopté, il sera possible de forcer les créanciers à coopérer à des concordats. Dans de tels cas, il sera demandé au débiteur de faire tout ce qui est en son possible pour rembourser sa dette dans un délai maximum de cinq ans, fixé par un tribunal. Cela pourra impliquer la vente de tous ses avoirs, à l'exception des articles ménagers, et le transfert de tous ses gains, en dehors de ce qui sera strictement nécessaire à sa subsistance, pendant la période considérée. Si le débiteur respecte en toute bonne foi les obligations fixées par l'arrangement, il ne pourra être contraint de payer le reste de sa dette. Au bout de cinq ans, il sera libéré de ses obligations. Ces dispositions sont essentiellement destinées à forcer les créanciers non coopératifs à accepter les concordats. Toutefois, la préférence continuera d'être accordée aux arrangements amiables tels que ceux qui sont actuellement appliqués par les organismes de crédit municipaux, par exemple.

3. Loi sur les courtiers d'assurance

La Loi sur les courtiers d'assurance est entrée en vigueur le 1er avril 1991. Elle remplace la législation précédente dans ce domaine et réglemente la profession d'agents d'assurance. Il est maintenant possible, en vertu de ses dispositions, de retirer à un courtier sa licence s'il nuit (sérieusement) aux intérêts des consommateurs.

4. *Crédit à la consommation*

En vertu de la Loi sur le crédit à la consommation (WCK) qui est entrée en vigueur le 1er janvier 1992, il est illégal d'offrir des crédits à la consommation sur une base professionnelle sans détenir une licence appropriée. Les principales dispositions de cette Loi ont été décrites de façon assez détaillée dans le précédent rapport. On ignorait toutefois alors les implications précises qu'aurait, pour son application aux pourvoyeurs de crédit étrangers, la seconde directive bancaire de la CE.

La Loi sur le crédit à la consommation a été modifiée à compter du 1er janvier 1993 pour tenir compte de la reconnaissance réciproque des licences bancaires entre tous les États membres de la CE. De ce fait, les établissements de crédit et autres institutions financières étrangers qui sont couverts par la directive susmentionnée pourront automatiquement obtenir une licence pour l'octroi de crédits, après leur enregistrement auprès de la Nederlandsche Bank, à condition que la licence bancaire qu'ils détiennent dans leur pays d'origine leur permette de consentir des crédits à la consommation. Les établissements étrangers sont considérés et traités comme n'importe quel détenteur de licence au regard de la Loi sur le crédit à la consommation. Tous les détenteurs de licences sont surveillés pour s'assurer qu'ils respectent bien les conditions prévues et fixées par la Loi. Cela permet de garantir la loyauté de la concurrence et d'assurer la protection des consommateurs qui constitue l'un des objectifs de la Loi.

IV. Information et éducation du consommateur

1. *Généralités*

Entre 1985 et la fin de 1992, le ministère des Affaires économiques a subventionné la Fondation COMAC. Celle-ci s'est employée à promouvoir, contrôler et fournir des informations à l'intention des consommateurs diffusées par la radio, la télévision et d'autres médias. Une évaluation des initiatives de la COMAC a fait apparaître qu'elle à très bien pu contribuer, par ces informations, à sensibiliser les consommateurs aux questions les concernant. La subvention dont elle bénéficiait lui a néammoins été retirée dans le cadre de la politique générale de réduction des dépenses publiques qui s'est traduite par une forte compression du budget alloué à la politique à l'égard des consommateurs. Les pouvoirs publics ont décidé de ne plus subventionner la COMAC pour deux raisons ; grâce, en partie, aux efforts de cette Fondation, l'information des consommateurs a désormais une place permanente dans les médias et, de ce fait, elle a tendance à contribuer de façon moins directe et moins tangible à la défense des intérêts des consommateurs que, par exemple, une enquête comparative sur les normes de qualité ou une commission d'arbitrage facilement accessible.

Le Conseil de coopération des organisations de consommateurs (voir plus haut) reçoit du ministère des Affaires économiques des subventions en faveur de projets d'information spécifiques visant des groupes particuliers (c'est-à-dire pour des projets autres que l'information générale du public par les moyens de communication de masse). Le ministère des Affaires économiques publie lui-même une brochure indiquant au public où il doit s'adresser pour obtenir des informations ou les problèmes auxquels les consommateurs peuvent se heurter et les organisations susceptibles de les conseiller.

2. *Éducation du consommateur*

Depuis plus de quinze ans, l'Association des consommateurs fait porter ses efforts sur l'éducation du consommateur et, depuis quelque temps, elle collabore avec les établissements d'enseignement. Son objectif est d'introduire systématiquement des informations pratiques dans les programmes et les méthodes d'enseignement pour favoriser un consumérisme plus actif et plus responsable. Cet objectif est en voie d'être atteint. La structure éducative a fait et fait, toutefois, l'objet d'une révision à tous les niveaux. Si celle-ci doit favoriser l'ouverture d'un grand nombre de nouvelles perspectives, elle se traduira aussi par la manifestation d'une nouvelle "concurrence" (de la part, par exemple, d'autres groupes d'intérêt tels que les partisans de l'enseignement des questions écologiques). Quelle qu'en soit l'issue, elle impliquera beaucoup de travail. Le Secrétaire d'Etat aux Affaires économiques subventionne ces activités par l'intermédiaire du Conseil de coopération.

3. *Services de conseil*

L'Institut néerlandais d'information budgétaire (NIBUD) a pour mission particulière de veiller à ce que les centres locaux de conseil budgétaire soient suffisamment documentés pour pouvoir aider les personnes qui font appel à leurs services. Il dispense également des avis à ces centres et fournit au grand public des informations en ce qui concerne, par exemple, le crédit à la consommation, les services de paiement, les décisions en matière d'investissement (location ou acquisition de biens immobiliers), les pensions et l'assurance vieillesse et la ventilation des dépenses de consommation des ménages. Le ministère des Affaires économiques accorde à cet Institut une aide régulière ainsi que des subventions en faveur de projets spécifiques.

4. *Étiquetage facultatif*

En septembre 1992, à la demande du Secrétaire d'État pour les affaires économiques, le Comité des affaires concernant les consommateurs du Conseil socio-économique (SER/CCA) a publié ses recommandations en matière d'information sur les produits. En dehors de la question générale du partage des rôles et des responsabilités entre les pouvoirs publics et les participants au marché et du problème de l'évaluation et du contrôle de l'efficacité de l'action des pouvoirs publics, un certain nombre de questions précises lui ont été soumises. Celles-ci concernaient principalement la politique d'information sur les produits au sein de la CE.

Les principales recommandations du SER/CCA peuvent se résumer comme suit:

-- c'est essentiellement aux participants au marché qu'il incombe de fournir des informations sur les produits. Sont visées par là non seulement les informations devant permettre d'améliorer la transparence des marchés mais aussi, en principe, celles destinées à assurer une utilisation sûre et saine des produits et à favoriser la protection de l'environnement et les économies d'énergie. En d'autres termes, le mot d'ordre doit être de favoriser l'autodiscipline.

-- Il serait utile de créer rapidement un symbole universel pour les systèmes d'information sur les produits.

-- Un programme progressif devrait être élaboré pour la mise au point et la communication d'informations types sur, ou avec, les produits. Il faudrait aussi créer une base commune de données ou un réservoir général d'informations (aussi bien au niveau de la CE) sur les méthodes normalisées permettant de tester certains aspects des produits susceptibles d'intéresser les consommateurs.

Le sous-comité de l'information sur les produits du SER/CCA travaille actuellement sur un projet pilote permettant de mettre en oeuvre les recommandations susmentionnées. L'objectif de ce projet est de créer un système d'information intégrée sur les produits qui soit le plus harmonisé possible. La réalisation d'une "information intégrée" impliquera la fourniture d'informations sur tous les aspects d'un produit concernant aussi bien son achat, que son utilisation ou sa réutilisation et son élimination.

5. *Information sur les produits*

En dehors du projet mentionné plus haut qui concerne essentiellement l'information fournie par le producteur et/ou l'importateur au consommateur, l'information sur les produits constitue aussi l'un des principaux domaines d'intérêt des organisations de consommateurs. La comparaison des normes de qualité joue un rôle important dans ce domaine. Le Conseil pour la comparaison des normes de qualité, qui coordonnait antérieurement nombre des enquêtes menées aux Pays-Bas, fait désormais partie du Conseil de coopération. Cela favorise une meilleure coordination avec d'autres formes d'information sur les produits. Le recours à des études comparatives des normes de qualité est de plus en plus fréquent pour comparer les performances de différents produits sur le plan écologique et favoriser l'amélioration des produits.

V. Mécanismes de recours et de réclamation

1. *Législation sur les actions collectives*

En 1992, a été soumis au Parlement un projet de loi visant à réglementer le droit des organisations représentant des intérêts particuliers à entreprendre des actions collectives en justice (y compris dans le domaine des contrats). Ces organisations ne sont pas tenues d'être des personnes morales dotées d'une entière capacité juridique. Elles ne peuvent demander des dédommagements en espèces.

2. *Comités d'arbitrage*

Le Conseil d'arbitrage pour les affaires intéressant les consommateurs a été créé en 1970 sous la forme d'un partenariat entre l'Association des consommateurs et diverses organisations représentatives de secteurs d'activité commerciale. Les comités d'arbitrage peuvent émettre, à bref délai, des avis contraignants dans le réglement des différends opposant consommateurs et fournisseurs, avec le minimum de formalités et pour un coût modique. La moitié environ du budget du Conseil d'arbitrage est financée par des subventions du ministère des Affaires économiques.

Le nombre des comités d'arbitrage participant au Conseil susmentionné a fortement augmenté ces dernières années puisqu'il est passé de 11 à 17 entre le 1er janvier 1991 et le 1er janvier 1993. Il devrait encore s'accroître sensiblement au cours des prochaines années, sous l'effet en partie des dispositions de la Loi sur les clauses et conditions générales. Cette Loi a établi une "liste noire" des conditions abusives et une "liste grise" des clauses et conditions qui sont supposées être abusives. Si un fournisseur peut donner l'assurance à un tribunal qu'une condition particulière a fait l'objet d'un accord avec les organisations de consommateurs, le juge est alors plus enclin à ne pas considérer comme abusive la condition en question. Les délibérations des organisations commerciales sur les clauses et conditions générales appliquées par une branche d'activité commerciale particulière aboutissent généralement à la création d'un comité d'arbitrage sous les auspices du Conseil d'arbitrage.

VI. Relations entre la politique à l'égard des consommateurs et d'autres aspects de l'action gouvernementale

1. *Tourisme*

Dans le rapport sur l'esprit d'entreprise dans le secteur du tourisme (définissant la politique du tourisme pour les années 90) qui a été soumis au Parlement en 1990, le point de vue des consommateurs tient une place essentielle. Un rapport d'activité sur ce document doit être présenté dans le courant de l'été 1993. Les faits nouveaux suivants intervenus dans des domaines concernant particulièrement les consommateurs méritent d'être signalés.

Le nombre et le champ d'activité des comités d'arbitrage concernant le tourisme se sont accrus. De nouveaux comités chargés des loisirs nautiques, des transports publiques et de l'automobile ont été créés tandis que d'autres concernant le secteur de l'hôtellerie et de la restauration devraient bientôt voir le jour. Avec plus d'un millier de décisions à son actif en 1992, le Comité des voyages demeure de loin la plus utilisée des quinze instances chargées de recevoir les réclamations puisqu'il a réglé à lui seul 40 pour cent environ de tous les dossiers traités. Dans sept litiges sur dix portant sur les voyages, les plaintes des consommateurs ont été jugées fondées et ont donné lieu à des dédommagements de 920 florins néerlandais, en moyenne.

La directive de la CE sur les circuits à forfait a été intégrée dans la législation nationale à la fin de 1992. Les instances d'autodiscipline existant déjà dans ce secteur, telles que les comités d'arbitrage mentionnés plus haut et le Fonds de garantie des voyages qui assure les consommateurs contre les voyagistes insolvables, pourraient être renforcées.

Le statut juridique des utilisateurs de services touristiques a été affermi avec l'entrée en vigueur de la Loi sur les clauses et conditions générales. Sur la base des deux législations, les organisations de consommateurs et d'entrepreneurs du secteur du tourisme sont parvenues à négocier une nouvelle amélioration des services fournis. Les autorités néerlandaises ont vivement encouragé les initiatives de l'HOTREC et de l'ECTAA en faveur de l'élaboration d'un code professionnel à l'échelle européenne pour résoudre plus efficacement le problème persistant des surréservations. Les efforts en vue de la conclusion d'un accord dans ce domaine n'avaient pas encore abouti à la fin de la période sous revue.

Les systèmes en vigueur pour l'étalement des vacances scolaires d'été ont été étendus aux vacances d'automne et de printemps, toujours dans l'idée de réduire les pressions qui s'exercent, en haute saison, sur les installations touristiques et les prix élevés qu'elles impliquent.

2. Soins de santé

Deux grandes considérations dominent la réorganisation du système public de santé ; il doit être accessible et abordable. Cette réorganisation a entraîné l'introduction d'un système de paiement partagé des médicaments en janvier 1993. La plupart des médicaments ont été répartis en catégories et un prix moyen a été établi pour chacune d'elles. Si le prix d'un médicament prescrit est supérieur à la moyenne fixée, le système national d'assurance (AWEZ) ne rembourse que le prix moyen, la différence étant à la charge du consommateur. En 1993, la Fédération des patients a reçu un crédit supplémentaire de 3 millions de florins pour participer aux efforts de réorganisation.

Le ministère de la Protection sociale, de la santé publique et de la culture a participé au financement d'un certain nombre de projets devant permettre d'améliorer la transparence du système de santé. Parmi eux figurait une étude comparative des prix, des termes des contrats et de la prise en charge des dépenses, offerts par les assurances médicales, qui a été entreprise par l'Association des consommateurs.

Le Parlement examine actuellement un projet de loi sur les accords en matière de soins médicaux. Celui-ci propose de réglementer les relations médecin-patient en instaurant, par exemple, un système de "consentement après information".

En vertu d'un projet de loi, récemment présenté, les hôpitaux pourront bientôt être contraints d'élaborer, pour leurs patients, une procédure de réclamation assez poussée. Un autre projet de loi pourrait les obliger à instituer un conseil de clients, doté d'un droit de consultation sur des décisions importantes. Celui-ci devra approuver certaines décisions concernant, par exemple, la sécurité, les repas, les divertissements, la politique suivie sur le plan de la qualité.

Les organisations de consommateurs et la KNMG (Fédération des médecins) mènent actuellement des discussions sur l'instauration éventuelle d'une procédure d'arbitrage aboutissant à des jugements contraignants. Cela va bien dans le sens de l'autodiscipline des professionnels recherchée par les autorités.

3. Politique de l'environnement

L'intérêt porté par les consommateurs à l'environnement a continué de se développer au cours des dernières années. Sous l'effet, en partie des campagnes officielles d'information et de sensibilisation du public, les consommateurs sont devenus plus conscients des problèmes écologiques et, de ce fait, la demande de produits respectueux de l'environnement a augmenté. De leur côté, les pouvoirs publics sont de plus en plus conscients de l'importance du groupe cible que constituent les consommateurs. Ils leur accorderont une considération particulière dans leur nouveau Plan national pour la politique de l'environnement qui doit être publié à la fin de 1993.

Diverses mesures ont été prises au cours des dernières années pour venir en aide aux consommateurs. Deux instruments ont été adoptés pour endiguer le flot d'arguments écologiques avancés par les fabricants. Ils contribuent à orienter le choix des consommateurs vers les produits respectueux de l'environnement et à assurer que des informations exactes leur sont fournies sur les produits.

Le premier de ces instruments revêt la forme d'un contrôle de la qualité écologique des produits de consommation qui est appliqué au niveau national et de la communauté européenne. Le principe de ce système de contrôle est assez simple : seuls les produits satisfaisants aux critères fixés pour leur catégorie peuvent arborer le logo adopté. Pour l'instant, les Pays-Bas ont décidé d'utiliser leur propre système à côté de celui de la CE. Cela parce qu'il est difficile de déterminer dès à présent si le système communautaire s'appliquera à des produits concernant plus particulièrement le marché néerlandais (comme les bicyclettes, par exemple) et s'il atteindra le niveau d'imposition appliqué aux Pays-Bas, en faveur de l'environnement. Le système communautaire sera aussi plus long à mettre en oeuvre que le système national.

Le second instrument destiné à mieux informer les consommateurs est le Code de la publicité écologique. Celui-ci a été élaboré par le Groupe d'orientation de la publicité qui réunit des représentants de l'industrie, du ministère des Affaires économiques et du ministère de l'Environnement. Si une société avance des arguments écologiques dans une publicité ou sur un emballage qui sont infondés ou trompeurs, elle peut, après dépôt d'une plainte, être appelée à s'expliquer par le Comité des normes publicitaires. Ce dernier émettra alors une recommandation (publique) fondée sur le Code de la publicité écologique. Ce code doit aussi jouer un rôle dissuasif. Une évaluation de ses effets a montré que le Code fonctionne bien et qu'il constitue un exemple utile d'autodiscipline professionnelle.

Une question devra retenir l'attention au cours des prochaines années, c'est celle de savoir comment fournir des informations écologiques générales et objectives sur, ou avec, les produits de consommation. Les efforts entrepris dans ce domaine seront compliqués par le fait que tous les concepts écologiques ne sont pas mesurables ou exprimables. C'est là un défi considérable qui devra être relevé à l'avenir.

PORTUGAL

I. Évolution d'ordre institutionnel

La décennie a été incontestablement une période de consolidation de la politique de protection du consommateur au Portugal.

Les années 1991-92 ont vu naître une nouvelle ère caractérisée par les points suivants : d'une part, la nécessité d'une préparation adéquate au marché intérieur de 1993 correspondant aux nouveaux défis d'un plus grand développement économique et social sans frontières et, d'autre part, des impératifs d'implantation de systèmes articulés (surtout dans le domaine de l'information par l'utilisation de technologies télématiques) pour développer les structures de protection du consommateur des mouvements associatifs et institutions universitaires et de recherche, aux niveaux central et régional.

En 1991 s'est tenue une conférence sur l'impact, auprès des consommateurs portugais, de la concrétisation du marché intérieur de 1993, avec la participation de spécialistes de divers secteurs économiques et sociaux. Les différentes conclusions du débat ont été publiées, ainsi que l'étude de base, effectuée par une équipe technique sur la demande de l'INDC (Institut National pour la Défense du Consommateur au Portugal).

La recherche a été le principal sujet du Forum sur la protection du consommateur qui s'est tenu à Lisbonne en mars 1991, et qui a réuni pendant deux jours des dizaines de scientifiques et de chercheurs afin de débattre de ce thème et présenter des conclusions pratiques et des propositions de travaux futurs.

L'INDC a édité le livre blanc sur la protection du consommateur où sont énoncés les principaux problèmes concernant les consommateurs et les structures représentatives, et où sont indiqués les moyens de résolution des conflits.

L'action de la présidence portugaise du conseil des Communautés européennes, au premier semestre 1992, a eu un impact positif sur le développement d'actions concertées en faveur de la protection du consommateur.

Au cours de cette période, la IIIème conférence européenne sur l'accès des consommateurs à la justice s'est tenue à Lisbonne. Elle a rassemblé pendant trois jours des dizaines de spécialistes et de techniciens de différents pays.

Grâce aux efforts de la présidence portugaise, les lignes prioritaires de la politique de protection du consommateur à developper dans les prochaines années ont aussi été approuvées au niveau communautaire, ainsi que la position commune quant à la directive sur les clauses abusives.

En 1991 une convention franco-portugaise sur les banques de données, les essais comparatifs, la formation et l'information a été signée.

L'Association Portugaise pour la Défense du Consommateur - DECO a ouvert des délégations régionales et, dans chacune d'elles, un service d'aide juridique ouvert aux membres et aux consommateurs devrait commencer à fonctionner.

La délégation régionale de Porto est déjà en activité, collaborant avec les mairies de la zone de Porto et du Nord du Portugal.

Les délégations de l'arrondissement de Santarém (Almeirim) et de la rive sud du Tage ont été instituées, poursuivant les contacts avec d'autres régions comme les arrondissements de Coimbra et Faro, la région de Beira Interior et les régions autonomes de Madère et des Açores.

A la mi-1991, a été constituée la société éditoriale Edideco (Test-Achats et DECO) qui continue d'assurer la publication de la revue *Proteste*, dont le tirage dépasse les 100 000 exemplaires.

Edideco a poursuivi dans tout le pays la consolidation du réseau de CIAC (Centros de Informação Autárquicos ao Consumidor), c'est-à-dire de centres locaux d'information du consommateur, parallèlement à la création de centres d'arbitrage sur une base régionale. La liaison en réseau télématique des CIAC a été encouragée, continuant le projet d'implantation de RIL - Réseaux d'information locale.

Un programme d'information permanente sur la consommation -- Infoconsumo -- fondé sur l'instauration et le fonctionnement de bases de données devant être utilisées par les organismes de protection du consommateur, le DRARNs (Directions Régionales de l'Environnement et des Ressources Naturelles), le CIAC et les Centres d'Arbitrage, a été mis en place grâce à la liaison et l'échange de bases de données européennes.

Ce programme a également été institué pour mener à bien des projets à l'étude ou en attente d'application, tels que la création d'une agence européenne d'information sur la consommation en coopération entre le Nord du Portugal et la Galice, ainsi qu'un autre projet de caractère transfrontalier entre la région de l'Algarve et de l'Andalousie commencé fin 1992.

Il faut noter dans ce domaine la collaboration de l'INDC avec le CRC/Lille (Centre Régional de la Consommation de Lille), ce qui a rendu possible des programmes de formation spécifique de techniciens oeuvrant dans les régions et les localités, ainsi que la viabilité de base de données entre les différents centres européens.

Les montants des crédits gouvernementaux destinés à protéger le consommateur ont atteint:

-- en 1991 : 293 544 millions d'escudos

-- en 1992 : 314 585 millions d'escudos

II. Sécurité des consommateurs

La protection des consommateurs a été une préoccupation prioritaire aussi bien au niveau institutionnel qu'au niveau législatif.

La sécurité du consommateur a fait l'objet d'une attention particulière qui, fin 1992, a permis d'examiner l'implantation d'un système d'information sur la sécurité (SIS), dont le but fondamental est la création d'une base de données concernant les institutions communautaires et internationales ayant des intérêts et des attributions dans les domaines de la santé, de la sécurité des produits et des services. Cette initiative correspond à un besoin de préparation pour le marché intérieur de 1993 en instituant des mécanismes de contôle pour une meilleure protection du consommateur. Dans le cadre de "l'infoconsumo" et des bases de données en préparation, les consommateurs auront aussi accès à diverses informations spécifiques sur la santé, la sécurité, l'alimentation et la législation.

L'évolution du marché a été observée par la Commission Interministérielle pour la Sécurité des Services et des Biens de Consommation qui a compétence pour faire appliquer les procédures de rappel et de retrait de produits dangereux sur le marché.

Le projet EHLASS (Système Communautaire d'Information sur les Accidents Domestiques et de Loisirs) a continué, en collaboration avec les institutions hospitalières du Portugal, à recueillir et à effectuer le traitement d'informations permettant l'élaboration d'études et de recherches utilisées comme documentation de base dans les campagnes de prévention et d'information destinées à des publics spécifiques :

-- Prévention d'accidents survenus à des enfants (édition de brochure).

-- Accidents avec des ascenseurs.

-- Enquête sur les accidents dans des parcs aquatiques.

-- Accidents avec des jouets.

-- Intoxication avec des jouets.

-- Intoxication avec des produits d'hygiène et de nettoyage.

-- Accidents avec des enfants de 0 à 14 ans.

-- Accidents avec des tondeuses à gazon, founeaux, électricité.

-- Accidents dans les parcs pour enfants et dans les maternelles.

-- Dans les domaines de la santé et de la sécurité alimentaire, l'intervention de la Commission interministérielle d'évaluation toxicologique d'additifs alimentaires a été importante.

-- Le Conseil National pour l'Alimentation et la Nutrition (CNAN) du Portugal, auquel participent des scientifiques et des techniciens de diverses branches du secteur public, universitaire et de la recherche, a mené une action prépondérante en tant qu'organe consultatif du gouvernement portugais dans le domaine de la politique alimentaire. Le conseil est doté de compétences dans les domaines de la production agricole, des prix, de l'importation de biens alimentaires et de l'établissement de toute forme d'aide ou d'éducation alimentaire.

En plus de mener des études, le conseil coordonne et soutient l'activité d'organismes et de services publics dans des actions se rapportant à la politique alimentaire. Il participe à la formulation des principes d'orientation de cette politique.

L'INDC est représentée dans deux commissions du CNAN - la Commission pour l'Hygiène des Aliments et la Commission de l'Éducation Alimentaire. Les associations de consommateurs jouent un rôle d'information de plus en plus important dans le domaine de la sécurité et la protection des consommateurs.

La DECO a réalisé des actions d'éducation visant à promouvoir l'information et les tests comparatifs publiés par la revue *Proteste* ; l'UGT - Consommateurs, grâce à son journal et à des interventions publiques, a promu la divulgation d'informations utiles ; la coopérative "Novos Pioneiros", aussi bien grâce à son laboratoire où sont effectués les tests sur les produits qu'elle commercialise, que grâce au journal qu'elle publie, a accordé une attention toute particulière au thème de la sécurité, surtout des produits alimentaires, y compris par le fonctionnement de bases de données accessibles au consommateur dans les points de vente ou dans les écoles professionnelles où s'effectue la formation de techniciens de qualité alimentaire.

L'INDC, outre les campagnes sur la sécurité, a realisé des études et des essais comparatifs sur les produits suivants : appareils de chauffage, eaux-de-vie (obtenues en distillant du marc de raisin), les colles, les résidus de pesticides sur les laitues, les fraises et les haricots verts, les préservatifs, les fers à repasser, les jouets, les jeux de construction, les jouets pour enfants de moins de 36 mois, les colles pour enfants, les shampooings.

Sur le plan législatif, il faut mentionner l'élaboration de projets et de décrets visant l'intégration, dans le droit portugais, de directives communautaires tendant à l'harmonisation de la législation avec nouvelles pratiques du marché, ainsi qu'à une plus grande circulation de produits et de services pour 1993.

Les questions de sécurité concernant la production alimentaire ont fait l'objet de la plus grande attention et, de ce fait, ont donné lieu à une législation d'où ressortent les actes suivants :

-- arrêté ministériel No 51/91 du 24 Janvier - concernant les objets et matériaux à usage alimentaire ;

-- arrêté ministériel No 93/91 du 1er février - limites maxima de résidus de pesticides relatifs aux denrées alimentaires d'origine animale ;

-- arrêté ministériel No 271/91 du 4 avril - contrôle et certification de la qualité des produits ;

-- décret-loi No 65/92 du 23 avril - règles de fabrication, composition, conditionnement, étiquetage et commercialisation de farines, pain et d'autres produits semblables ;

-- décret-loi No 81/92 du 7 mai - règles de fabrication, composition, conditionnement, étiquetage de gelées, agrumes en conserve, compotes, conserves, etc. ;

-- décret-loi No 82/92 du 7 mai - règles pour l'utilisation d'auxiliaires technologiques dans l'obtention, le traitement ou la transformation de denrées alimentaires et de leurs ingrédients.

En ce qui concerne le secteur de produits non-alimentaires, les principaux décrets législatifs sont:

-- décret-loi No 110/91 du 18 mars - sécurité des ascenseurs ;

-- décret-loi No 108/92 du 2 juin - emballages d'aérosols ;

-- décret-loi No 120/92 du 30 juin - classification, emballage et étiquetage de préparations dangereuses et leur sortie sur le marché ;

-- décret-loi No 237/92 du 27 octobre - sécurité des jouets.

III. Protection des intérêts économiques des consommateurs

La problématique économique est souvent utilisée comme critère d'évaluation du degré de la politique de défense du consommateur. La législation portugaise est considérée comme l'une des plus développée en ce qui concerne la politique à l'égard des consommateurs : les droits des consommateurs, consacrés dans la Constitution de la République portugaise, ont été consécutivement réaffirmés et promulgués par les différents gouvernements et administrations.

Cependant, et bien que les structures légales et institutionnelles en garantissent la protection, on constate que la loi est très souvent lettre morte en raison du fulgurant développement du marché intérieur de 1993. Ainsi apparaît-il qu'aussi bien les consommateurs que les professionnels, malgré les garanties légales et institutionnelles, ne sont pas encore prêts à exercer pleinement leurs droits et à assumer socialement leurs devoirs.

La modernisation des pratiques administratives, et surtout une plus grande efficacité concernant les mécanismes de concertation sociale et d'accès à une justice rapide, efficace et peu coûteuse, sont les objectifs prioritaires de la politique de protection du consommateur.

Le programme du gouvernement portugais prévoit, notamment dans le domaine de la défense du consommateur, le renforcement de la protection en vue d'approfondir les droits des consommateurs, les intérêts des consommateurs et des professionnels, bien que distincts, n'étant pas antagonistes.

Préserver les uns et défendre les autres est un facteur d'amélioration de la qualité de vie des citoyens ; l'assurance de la modernisation des entreprises dans la perspective d'un marché transparent et un instrument de valorisation de tout le collectif.

Dans la pratique, les rapports entre l'administration publique, les associations de représentation des consommateurs et les associations de représentation des professionnels et des opérateurs économiques a été encouragée pour qu'ensemble, ils favorisent la convergence d'attitudes qui puissent rendre possible un développement plus harmonieux, plus "durable".

Dans le domaine de l'inspection des relations de marché, il revient à la Direction Générale d'Inspection Economique de veiller sur le bon fonctionnement des pratiques commerciales : affichage de prix, étiquetage, soldes, liquidation, ventes par correspondance, à domicile, en plusieurs termes, etc.

Dans la perspective du marché intérieur de 1993, on a constaté une augmentation considérable de l'offre de nouveaux produits et de services financiers, conséquence d'une concurrence croissante surtout dans le secteur bancaire.

On observe que cette concurrence s'est traduite par une certaine confusion pour les consommateurs, assiégés par des schémas publicitaires expéditifs mais donnant plutôt lieu à une "désinformation". Ainsi ce secteur fait-il l'objet de contrôles menés sous forme d'études, de législation correctrice (surtout dans le domaine de la publicité) et d'information des consommateurs.

Aussi bien l'INDC que les associations représentatives des consommateurs portent une attention particulière à ces nouvelles mesures.

Des problèmes semblables ont été enregistrés dans le secteur des assurances, qui fait également l'objet d'une offre croissante de nouveaux produits et de services, parallèlement aux produits traditionnels (qui concernent également le secteur de l'automobile).

L'Institut d'Assurances du Portugal (ISP) est compétent pour contrôler et suivre le marché et les compagnies d'assurances. Pour résoudre les innombrables conflits qui opposent professionnels et consommateurs, l'INDC a signé un protocole de coopération technique avec l'ISP.

Les réparations d'automobiles représentent une autre source de conflits qui portent souvent préjudice, sur un plan économique, aux consommateurs.

L'INDC a fait des démarches tendant à créer le Centre d'Arbitrage Volontaire de Litiges des Services de Réparation Automobile. Il a signé des protocoles d'accord avec les associations de consommateurs (DECO et ACP) et les associations de professionnels (ANECRA, ACAP, ARAN), avec l'Institut Portugais de la Qualité et avec le ministère de la Justice. La collaboration avec les associations de professionnels du secteur automobile est très importante. Il faut souligner que ces associations ont pris en charge la formation professionnelle et l'information technique de leurs membres afin de mieux satisfaire leur clientèle, promouvoir la lutte contre les réparations clandestines et éviter ainsi les situations équivoques si néfastes aux intérêts des consommateurs ainsi qu'aux intérêts des professionnels compétents.

De cette façon, les associations ont institué des pratiques transparentes de prestation de garantie -- dans le cas de véhicules d'occasion -- et de garantie de réparation. Ces garanties sont prises en charge par les associations qui divulguent les conditions contractuelles, notamment en ce qui concerne:

-- l'assistance et les conseils quant aux réparations nécessaires ;

-- les prix justes (et fixés) et le respect des délais de livraison ;

-- la prestation de services dans le respect de la qualité ;

-- les ventes et les réparations avec garantie.

Il faut encore signaler les actions de sensibilisation menées aussi bien auprès des membres que des utilisateurs/consommateurs sur la nécessité de respecter les inspections périodiques obligatoires des véhicules dans la perspective de 1993. Les professionnels et les consommateurs ont été encouragés à réaliser des inspections préventives.

Les questions relatives à l'habitation sont complexes et constituent une priorité pour les autorités officielles ou les Associations pour la protection des intérêts des consommateurs, le logement étant, dans la plupart des cas, le bien de plus grande valeur que le consommateur peut acquérir au cours d'une vie.

Au-delà de l'action de l'INDC sur l'examen ou sur la résolution de litiges, il convient de mentionner l'intervention des associations de consommateurs dans ce domaine.

La DECO a lancé une enquête sur les agences immobilières visant à dénoncer les pratiques mensongères et frauduleuses dans ce secteur. Ce travail a culminé lorsque la DECO a dénoncé auprès du parquet et de l'INDC respectivement 20 cas de fraude et de publicité illégale. La DECO suit également de près le dossier de la multipropriété.

Il convient de souligner le rôle des associations de consommateurs dans le domaine de la défense des consommateurs. Outre les activités encouragées par l'UGT/Consommateurs dans ses études et ses efforts d'information, aussi bien la coopérative "Novos Pioneiros" que la DECO et ses délégations régionales ont initié différentes actions telles que les conseils juridiques gratuits.

Dans le domaine législatif, il faut citer :

-- le décret-loi No 10/91 du 9 janvier - contrats de location financière d'immeubles ;

-- le décret-loi No 359/91 du 21 septembre - crédit au consommateur - information contractuelle ;

-- le décret-loi No 430/91 du 2 novembre - modalités de dépôts de disponibilités monétaires dans les institutions de crédit ;

-- l'arrêt ministériel No 623/92 du 1er juillet - régime général des prix des médicaments génériques.

IV. Information et éducation des consommateurs

L'information et l'éducation des consommateurs sont des objectifs prioritaires de la politique de protection du consommateur au Portugal. Le programme du gouvernement et les grandes options du plan soutiennent ce secteur jugé indispensable à la poursuite d'un développement équilibré et durable. Il s'agit de rendre opérationnelles les directives prioritaires d'intervention approuvées au niveau communautaire au cours de la présidence portugaise du Conseil des Communautés. Ces directives visent à promouvoir l'information et la formation des consommateurs grâce surtout aux centres d'information transfrontaliers. L'INDC continue d'investir dans ce secteur.

L'INDC, grâce à son service d'information, reçoit chaque année des milliers de demandes d'information. Les CIAC (Centres d'Information Locaux au Consommateur) informent les consommateurs locaux.

Depuis 1992, des études d'implantation de centres d'information ayant recours aux nouvelles technologies ont été effectuées, ce qui a rendu possible le fonctionnement de RIL (Réseaux d'Information Locaux).

La revue "O Consumidor" est publiée tous les deux mois et son tirage atteint environ 5 000 exemplaires. Bien qu'elle soit de la responsabilité de l'INDC, elle bénéficie de diverses participations émanant principalement de responsables du mouvement associatif.

La divulgation des revues publiées par les associations des consommateurs a augmenté de manière significative.

La DECO, grâce à Edideco, publie la revue mensuelle *Proteste*, spécialisée dans l'information générique du consommateur et dans la divulgation d'essais et de tests comparatifs. Son tirage dépasse les 100 000 exemplaires.

La coopérative "Novos Pioneiros" publie des dépliants sur des sujets variés en collaboration avec son laboratoire. Sa revue "O Pioneiro", qui est publiée tous les deux mois sur du papier recyclé, est distribuée gratuitement à ses membres.

L'UGT-Consommateurs publie un journal "UGT-Consommateur" dont le tirage atteint les 35 000 exemplaires et dont la distribution est gratuite.

La Journée mondiale des droits du consommateur (15 mars) a été instituée afin de promouvoir des initiatives de l'INDC, des CIAC, d'associations de consommateurs et d'organismes ayant compétence dans les secteurs de la santé, du tourisme, de l'alimentation, etc. auprès des organismes sociaux et auprès du public en général.

Qu'il s'agisse de l'édition de feuillets informatifs, d'affiches, de brochures, de sérigraphie et d'affiches commémoratives ou autres publications, de campagnes informatives, d'expositions, de programmes radio et télévision ou de communiqués ou conférences de presse, ces initiatives ont eu un grand impact auprès des consommateurs et des médias en raison de l'actualité des thèmes traités.

Pendant cette période, l'INDC a promu la divulgation publique de différentes études parmi lesquelles il faut indiquer "Guia da Habitação" (le guide de l'habitation), "Guia de Acesso à Justiça por parte dos Consumidores" (le guide d'accès à la justice de la part des consommateurs) et "Guia do Comprador do Time sharing" (le guide de l'acheteur de la multipropriété). Parmi les communiqués de presse, il faut mentionner, en raison de leur importance, ceux relatifs aux aquaparcs, aux préservatifs, à l'enseignement supérieur privé au Portugal et aux vacances. Parmi les conférences de presse, il faut mentionner celles concernant la vie associative, l'assurance automobile, le guide de l'habitat et la campagne sur la sécurité des enfants.

Dans le cadre de la campagne sur la sécurité des enfants, des autocollants et des dépliants ont été édités ; des messages imprimés sur les boîtes d'allumettes, des spots à la radio et à la télévision (privée et publique) ont été diffusés ainsi que des programmes à la radio sur les dangers provoquant les types d'accidents les plus courants au Portugal.

Sur cette thématique la documentation a été distribuée à 3 900 prêtres, 6 000 médecins pédiatres, des hôpitaux et des centres de santé.

Six articles spécifiques ont été écrits et distribués à 350 journaux de la presse régionale et locale.

Les CIAC ont aussi pris part à une action de développement importante concernant l'information et la formation des consommateurs en élaborant leurs propres plans d'activité et en les adaptant aux caractéristiques locales. Il faut également mentionner la réalisation de colloques, séminaires et diverses activités sur des thèmes tels que la sécurité des enfants, les campagnes antitabac, campagnes d'affichage de prix, actions de formation sur l'accueil du public et contrôle d'activités économiques, campagnes sur l'éducation alimentaire des jeunes consommateurs, sans oublier les stages de formation pour les professeurs et éducateurs.

Les associations de consommateurs ont joué un rôle important dans l'information de leurs membres et du public en général. La DECO a publié "Guia de Compras" (un guide d'achats) qui a un tirage de 100 000 exemplaires. Elle a également promu des colloques et des séminaires parmi lesquels il faut relever ceux concernant "l'arbitrage de conflits de consommation, quel avenir ?" mai 1991 et "Habitation du point de vue du consommateur - qualité, garantie et assurance" juin 1992. Au cours de ce dernier, un cahier revendicatif, présenté au gouvernement portugais, a été approuvé.

L'AIDC (Association Internationale de Droit de Consommation) a promu des séminaires sur les thèmes de la défense des droits des consommateurs et elle dispose d'un programme quotidien à la télévision. Le Conseil National pour l'Alimentation et la Nutrition a mené des actions d'information s'adressant à un large public, notamment par le biais de séminaires sur l'hygiène alimentaire, la sécurité de la chaîne alimentaire, le commerce et la défense du consommateur, ainsi que par le biais de "Rencontres-2", rencontres d'organismes et de secteurs publics ayant compétence dans le domaine de l'hygiène alimentaire.

Parmi les organismes qui ont promu des actions utiles pour la défense du consommateur, il faut noter en particulier les programmes d'éducation alimentaire de la Direction Générale de la Santé, la prévention du tabagisme, l'éducation des familles sur la prévention de l'intoxication, des accidents domestiques, de l'usage et de l'abus de médicaments, l'utilisation adéquate des services de santé et la sécurité des enfants.

Dans le cadre du programme PACE, la Direction Générale de l'Énergie a poursuivi la divulgation, auprès des consommateurs, d'informations relatives à l'utilisation d'équipements électriques et d'électroménagers, promouvant ainsi la consommation rationnelle d'énergie.

L'éducation du consommateur et la formation de cadres techniciens pour la défense du consommateur est manifestement un moyen de progression pour la société. A cette fin, l'INDC a porté son action sur les quatre secteurs suivants de la formation, à savoir:

-- les professeurs (de différents niveaux d'enseignement) ;

-- les conseillers pour la consommation (techniciens des CIAC) ;

-- les responsables locaux et les DRARN (Directions Régionales de l'Environment et des Ressources Naturelles) ;

-- le mouvement associatif des consommateurs.

Les actions de formation pour la défense du consommateur s'adressent à des professeurs de différents niveaux d'enseignement et également à des professeurs chargé de coordonner la réforme de l'éducation rendant possible l'inclusion de cette thématique dans les nouveaux programmes scolaires (existant déjà au niveau de la scolarité obligatoire).

Un glossaire sur l'éducation du consommateur a aussi été édité.

L'INDC a suivi l'évolution de la publicité dans la presse, à la radio et à la télévision, analysant plusieurs milliers de messages, instruisant les procédures d'application d'amendes et saisissant les autorités compétentes.

V. Mécanismes de recours et de réclamation

Les consommateurs peuvent déposer des réclamations auprès du service de l'INDC qui effectue la médiation et la conciliation des conflits avec les professionnels et suit les grands dossiers.

Les associations de consommateurs (DECO, "Novos Pioneiros" et APDC) ont des services d'accueil, d'information et de conseils juridiques pour les consommateurs individuels ainsi qu'une activité fondamentale dans la défense de leurs intérêts.

Les CIAC, au nombre de 40 environ, sont chargés, au niveau local, de la médiation et de la tentative de conciliation de litiges mineurs de consommation, comptant sur l'appui juridique de l'INDC pour la résolution de conflits plus importants qui, du fait de leur complexité ou des montants en cause, n'arrivent pas à une solution satisfaisante.

Le Centre d'Arbitrage des Conflits de Consommation de la Ville de Lisbonne, en fonctionnement depuis 1984, compte sur la coopération d'associations de professionnels, de consommateurs, du ministère de la Justice, de l'INDC et de la municipalité de Lisbonne.

La plupart des conflits (70 pour cent) sont traités par la conciliation, le reste étant résolu par la décision du juge-arbitre.

Après la IIIème Conférence européenne sur l'accès des consommateurs à la justice, des efforts ont été faits pour assurer des schémas extrajudiciaires plus efficaces, bénéficiant ainsi, dans le fond, aussi bien aux consommateurs qu'aux professionnels. De cette manière, fin 1992 le Tribunal Arbitral/Centre d'Arbitrage de Coimbra fut inauguré, comptant aussi sur la coopération d'associations de professionnels et de consommateurs, du ministère de la Justice, de l'INDC et des autorités locales.

Ce Centre a la particularité de fonctionner sur une base régionale (la région du Centre du Portugal) en collaboration avec différentes localités qui font le tri des conflits qui lui sont présentés après la première tentative de médiation. Si une solution est trouvée, elle est promulguée. Dans le cas contraire, les conflits sont orientés vers l'arbitrage.

Depuis fin 1992 la poursuite de ce genre de projet est à l'étude pour la ville de Porto, pour la région nord du Portugal de caractère transfrontalier avec la région de la Galice), et en étroite collaboration avec l'Agence Européenne (une agence d'information au consommateur devant y être créée). Le projet est également à l'étude pour la région sud (Algarve/Andalousie) aussi de caractère transfrontalier, et suite à la politique de protection du consommateur commune aux deux régions mentionnées.

VI. Relations entre la politique à l'égard des consommateurs et les autres aspects de la politique gouvernementale

La politique de défense du consommateur au Portugal découle d'impératifs consacrés dans la Constitution de la République portugaise et elle est conduite par le gouvernement et par l'Assemblée de la République, au moyen de l'approbation des grandes options du Plan.

La base de cette politique relève de la nécessité d'assurer les conditions d'un développement durable promouvant le fonctionnement d'un marché plus transparent grâce à la concertation par groupements d'intérêt de professionnels et de consommateurs, à l'information et à la formation de nouvelles mentalités.

Cette politique est de nature interdisciplinaire et intersectorielle, ce qui présente parfois des difficultés de collaboration entre les structures compétentes, bien que l'on dispose d'un cadre législatif et institutionnel favorable à cette protection.

L'INDC est intégré dans le ministère de l'Environnement et des Ressources Naturelles. Cette structure reflète la priorité qui, ces dernières années, a été accordée à ces deux secteurs.

En effet, que ce soit dû aux impératifs du marché (produits verts, écoproduits, produits qui préservent la couche d'ozone, etc.) ou à l'imposition des consommateurs (écoconsommation, consommation éthique), on observe une relation croissante entre l'environnement et la consommation qui se reflète dans les mesures de la politique visant à un "environnement" social et économique plus salutaire.

Après le sommet de Rio de Janeiro et après le cinquième programme communautaire de politique et d'action pour l'environnement et pour un développement durable, une équipe a été créée dans le but d'identifier les mesures nécessaires à la mise en application ainsi que pour donner suite aux conclusions respectives.

Des propositions concrètes concernant un certain nombre de secteurs et de domaines ont surgi de cette action. Les relations des organismes gouvernementaux, y compris l'INDC, sont ainsi définies dans cette tâche prioritaire.

Outre l'INDC, d'autres départements gouvernementaux coopèrent étroitement à la poursuite de la politique de protection du consommateur : Direction générale d'inspection économique, Direction générale de la santé, Institut portugais de la qualité, Direction générale de l'énergie et Direction générale de la concurrence et des prix.

La Direction générale de la concurrence et des prix a développé, dans l'exercice de ses compétences, un ensemble d'actions pouvant être qualifiées d'information et de défense des intérêts du consommateur.

Elle compte plusieurs publications périodiques contenant des informations spécifiques sur les hyper-supermarchés (6 200 prix de produits de consommation courante dans différents endroits), équipement domestique (2 500 prix de différents produits), vêtements, matériel et manuels scolaires, services, spécialités pharmaceutiques, etc.

Dans le cadre de la politique de concurrence, elle suit les instructions nationales et communautaires en mettant en application la législation sur la répression des pratiques de la concurrence individuelles et collectives préjudiciables ainsi qu'en assurant le contrôle des fusions et des concentrations.

Dans le cadre de la politique de prix, plusieurs conventions ont eu lieu dans différents secteurs sur les prix conventionnés établis par la négociation avec les entreprises ou associations en cause.

La coopération de l'INDC avec d'autres structures et organismes gouvernementaux a augmenté du fait de la Présidence portugaise du Conseil des Communautés (premier semestre 1992) et du fait de la nécessité de préparer le marché intérieur communautaire de 1993 qui implique une liaison et une collaboration plus grandes des départements des secteurs sociaux et économiques.

ROYAUME-UNI

I. Évolution d'ordre institutionnel

1. Sécurité des produits alimentaires

En 1991/1992, le Panel des consommateurs a continué de se réunir quatre fois par an. Le nombre de ses membres a été porté de 9 à 10. Le ministre de l'Agriculture, des pêcheries et de l'alimentation a, en outre, rencontré trois fois par an des représentants des quinze principales organisations britanniques de consommateurs.

2. Crédits budgétaires alloués aux questions de consommation

En 1991-1992, le gouvernement a attribué environ 15 millions de livres au National Consumer Council (Conseil national des consommateurs), à la National Association of Citizens'Advice Bureaux (Association nationale des bureaux de conseil aux citoyens) et aux Citizens'Advice (Bureaux de conseil aux citoyens) d'Ecosse. La subvention versée par le gouvernement aux National Industry Consumer Councils (Conseils nationaux des consommateurs de produits industriels) s'est élevée à plus de 2 millions de livres. Les sommes accordées au Gas Consumers Council (Conseil des consommateurs de gaz) (plus de 2,4 millions de livres en 1991/92) sont récupérées auprès de British Gas. Les dépenses des collectivités locales consacrées aux services des normes commerciales, qui veillent à l'application de la plupart des lois relatives aux questions de consommation, se sont élevées à 85 millions de livres pour l'exercice budgétaire 1991/92.

Le Department of Trade and Industry (ministère du Commerce et de l'Industrie) a expressément alloué plus de 870 000 livres en 1991/92 et 1 046 000 livres en 1992/93 aux campagnes visant à sensibiliser davantage les consommateurs aux questions de sécurité dans les foyers. Il a également attribué près de 1 480 000 livres en 1991/92 et de 1 650 000 livres en 1992/93 au financement de projets de recherche sur la sécurité au foyer et lors des activités de loisir. La subvention versée à la Royal Society for the Prevention of Accidents (Société royale pour la prévention des accidents ou RoSPA) pour ses travaux dans ces domaines s'est élevée à 110 000 livres en 1991/92 et à 160 000 livres en 1992/93.

II.   Sécurité des consommateurs

1.   *Prescriptions obligatoires et principes directeurs facultatifs en matière de sécurité des produits*

De nouvelles réglementations relatives à la sécurité sont entrées en vigueur en 1991/92, à savoir :

-- les réglementations de 1991 sur la sécurité des produits cosmétiques et les amendements qui leur ont été apportés en 1992 modifient la liste des ingrédients réglementés et les conditions d'étiquetage des produits cosmétiques.

-- les réglementations de 1992 sur la sécurité des imitations de tétines de puériculture sont entrées en vigueur le 16 décembre 1992. Elles interdisent la fourniture d'articles qui, par leur forme, leur couleur, leur emballage ou leur étiquetage, ressemblent à des tétines pour bébés sans toutefois satisfaire aux conditions de sécurité fixées par la norme britannique BS 5 239 :1988. Ces réglementations ont été introduites par mesure d'urgence et viendront à expiration au bout d'un délai de douze mois (c'est-à-dire le 15 décembre 1993) à moins que des mesures permanentes ne soient prises pour maintenir cette interdiction.

-- les réglementations relatives à la sécurité des appareils de chauffage (garde-feux) sont entrées en vigueur le 31 décembre 1991 pour modifier les conditions imposées pour les appareils au gaz installés dans les cheminées ou pour les caisses abritant des carneaux.

-- les réglementations de 1992 sur la sécurité des appareils à gaz sont entrées en vigueur le 6 avril 1992 et mettent en oeuvre la Directive du Conseil des CE concernant les appareils à gaz qui fixe les normes de sécurité pour les appareils à usage commercial et domestique.

-- l'obligation générale d'assurer la sécurité des produits de consommation, stipulée dans la Partie II de la loi de 1987 sur la protection des consommateurs, est assortie d'une liste de normes "agréées" qui sont considérées comme permettant d'atteindre un niveau élevé de protection et de satisfaire automatiquement aux degrés de sécurité exigés. 75 normes avaient été agréées à la fin de 1992.

3. Interdictions et rappels de produits

Au Royaume-Uni, aucune instance n'est habilitée à ordonner le rappel d'un produit de consommation mais le ministère du Commerce et de l'Industrie donne des avis aux entreprises qui envisagent un rappel volontaire. On a enregistré quatorze affaires en 1991 et vingt en 1992 mettant en cause des articles fonctionnant au gaz et à l'électricité.

La loi de 1990 sur la sécurité des produits d'alimentation (Food Safety Act) prévoit que des fonctionnaires habilités procèdent à des inspections et saisissent et retirent de la vente tout produit alimentaire non conforme aux normes de sécurité. Elle autorise aussi ces fonctionnaires à prendre les dispositions nécessaires pour empêcher que ledit produit ne serve à l'alimentation humaine et qu'il ne soit retiré de la vente dans des conditions autres que celles stipulées. Le Department of Health (ministère de la Santé) a, en outre, établi avec les entreprises de l'industrie alimentaire un système permettant à celles-ci de retirer volontairement de la vente ou des circuits de distribution des produits alimentaires contaminés susceptibles de présenter un danger pour la santé publique.

4. Sécurité des produits d'alimentation

Les principales dispositions de la loi de 1990 sur la sécurité des produits d'alimentation, qui renforce et actualise la loi sur la sécurité des produits alimentaires et la protection des consommateurs, sont entrées en vigueur le 1er janvier 1991. Les fonctionnaires chargés de l'appliquer ont reçu de plus larges pouvoirs, les sanctions ont été renforcées et le système de moyens de défenses mis à jour. Plusieurs codes de conduite officiels ont été établis, dans le cadre de cette loi, à l'intention des fonctionnaires chargés de l'appliquer. La législation sur les produits alimentaires fait actuellement l'objet d'un réexamen et de consultations avec les organisations de consommateurs afin d'identifier les mesures qui ne sont pas strictement nécessaires pour assurer la sécurité des produits d'alimentation et la protection des consommateurs.

D'importants travaux de recherche ont été entrepris en 1991/92, notamment sur les sujets suivants: "Obstacles à l'adoption et à la poursuite de régimes alimentaires à apport réduit en graisses", "Perception par les consommateurs des risques potentiels liés à l'application de la biotechnologie à la production alimentaire" et "L'influence, sur le choix des consommateurs, des allégations sanitaires et nutritionnelles figurant sur les étiquettes". Toutes ces études sont menées, à Reading, dans le cadre de l'AFRC Institute for Food Research (Institut de recherche alimentaire du Conseil pour la recherche agro-alimentaire). Le coût total de ces projets doit atteindre 1.15 million de livres sur une période de trois ans.

En 1991/92, le ministère de l'Agriculture, des Pêcheries et de l'Alimentation (MAFF) a dépensé 17.3 millions de livres au titre de la recherche-développement dans le domaine de la sécurité des produits alimentaires et de la nutrition appliquée.

5. Qualité des produits alimentaires

En 1991/92, le MAFF a consacré 2,3 millions de livres à la recherche-développement sur la qualité des produits alimentaires.

L'ensemble de mesures mis en place par le MAFF pour lutter contre la salmonelle dans les oeufs et la volaille a été maintenu en 1991 et 1992. Le contrôle des volailles destinées à la production d'oeufs sur une base commerciale a été levé en février 1993 à la suite de la publication du rapport sur la salmonelle dans les oeufs de l'Advisory Committee for the Microbiological Safety of Food (Comité consultatif pour la sécurité microbiologique des produits alimentaires) et de l'adoption, en décembre 1992, de la Directive 92/117/CEE concernant les mesures de protection contre certaines zoonoses.

6. Médicaments

Les médicaments sont couverts au Royaume-Uni par le Medicines Act (Loi sur les médicaments) de 1968, les Directives de la CE et les réglementations qui en découlent. Avant d'être commercialisés, les médicaments doivent recevoir une licence attestant qu'ils atteignent un niveau de qualité, d'efficacité et de sécurité d'emploi, acceptable. Une fois commercialisés, ils font l'objet d'une surveillance constante en vue de déceler et de résoudre les problèmes non détectés pendant les études ayant précédé leur lancement. En 1991/92, sept médicaments nouveaux et dix bien établis sur le marché ainsi que six catégories de produits pharmaceutiques ont fait l'objet d'une enquête en raison des dangers insoupçonnés jusque-là, qu'ils pouvaient présenter. A la suite de ces enquêtes, 642 licences de produits ont été modifiées et 3 substances médicamenteuses impliquant quelque 45 produits ont été retirées du marché. Les médecins et les pharmaciens sont régulièrement tenus informés des questions concernant la sécurité des médicaments par un bulletin intitulé "Current Problems" (Problèmes actuels) ou, dans les cas plus urgents, par une lettre qui leur est adressée par le Président du Committee of Safety of Medicines (Comité sur l'innocuité des médicaments). En 1991/92, celui-ci a diffusé trois bulletins et deux lettres.

Dans la perspective de la réalisation d'un marché unique des produits pharmaceutiques au sein de la CEE, il est actuellement procédé à la mise en oeuvre de plusieurs directives communautaires visant à instaurer une agence centrale européenne d'évaluation des médicaments qui sera chargée de coordonner l'autorisation des produits pharmaceutiques par le biais de procédures centralisées et décentralisées.

III. Protection des intérêts économiques des consommateurs

1. Réglementations de 1988 sur le contrôle de la publicité mensongère

L'Office of Fair Trading (OFT, Bureau de la loyauté des pratiques du commerce) a enregistré 282 et 140 plaintes en 1991 et 1992, respectivement, au titre de ces réglementations. Une injonction interlocutoire, édictée en 1989 contre des annonces mensongères concernant diverses propositions de travail à domicile, a été rendue permanente en novembre 1991. En 1991 et 1992, plusieurs engagements ont été acceptés à la place d'actions en justice. C'est ainsi qu'en 1991, a été reçu l'engagement personnel de deux dirigeants d'une société ayant lancé des publicités en faveur de systèmes de propriété à temps partagé ("timeshare"). L'engagement de la société en question avait été reçu l'année précédente. En 1992, cette procédure a aussi été suivie par une société qui avait publié des publicités mensongères sur des produits dépilatoires ainsi que par l'agence publicitaire concernée. C'est la première fois qu'une mesure était prise contre une agence publicitaire en vertu des réglementations sur le contrôle des publicités mensongères.

2. Crédit à la consommation

Un texte réglementaire a été adopté en 1991 mais aucun en 1992. Par un amendement des réglementations la concernant, la durée des licences courantes pour l'octroi de crédits à la consommation a été ramenée de 15 à 5 ans.

En octobre 1991, le ministère du Commerce et de l'Industrie a procédé à des consultations sur le rapport du directeur général de l'OFT portant sur l'application de conditions de crédit exorbitantes. Il est envisagé d'apporter plusieurs modifications aux dispositions de la loi de 1974 relative au crédit à la consommation qui concernent ces pratiques.

En décembre 1991, le ministère du Commerce et de l'Industrie a publié un autre document consultatif contenant de nouvelles propositions destinées à renforcer la législation dans le domaine de la commercialisation du crédit.

En ce qui concerne plus particulièrement les licences pour l'octroi de crédits à la consommation, l'OFT a adressé des notifications sur leur aptitude à détenir une licence à 221 et 172 titulaires ou demandeurs de licences en 1991 et 1992, respectivement. La diminution du nombre des notifications s'explique par la poursuite de la tendance à les remplacer par des lettres d'avertissement ainsi que par une détérioration provisoire des résultats de l'OFT à la suite d'une réorganisation profonde de ses activités de contrôle.

24 785 demandes de licences ont été enregistrées en 1991, soit 4 pour cent de moins qu'en 1990. Leur nombre a encore diminué de 16 pour cent en 1992 pour tomber à 20 926. Le délai nécessaire pour traiter un dossier s'est maintenu à quatre semaines.

En mai 1992, le directeur général de l'OFT a publié un rapport sur la technique des cotes de crédit en vertu de laquelle la plupart des prêteurs attribuent aux demandeurs de crédit des points en fonction de diverses caractéristiques (âge, activité professionnelle, type de logement occupé, par exemple) qui se sont révélées statistiquement utiles pour évaluer les chances qu'a un candidat au crédit de rembourser sa dette. Ce rapport a conclu qu'à condition d'être établis sur des bases correctes et d'être bien gérés, les systèmes de cotes de crédit constituent une méthode objective et cohérente d'évaluation du crédit mais qu'une plus grande transparence était souhaitable de la part des prêteurs. Pour pouvoir mettre en oeuvre les conclusions de cette étude, l'OFT cherche actuellement à obtenir l'accord du secteur sur une version révisée de sa publication intitulée "A Guide to Credit Scoring" (guide du système de la cote de crédit).

En 1992, le Data Protection Tribunal (Tribunal pour la protection des données) a statué qu'à compter du 31 juillet 1993, les agences de renseignements commerciaux ne seraient plus autorisées à fournir des informations sur toute personne n'ayant pas vécu à la même adresse que le demandeur de crédit. Elles peuvent, toutefois, continuer à communiquer des renseignements sur des personnes vivant à la même adresse que le demandeur de crédit et faisant partie de la même cellule familiale que lui.

3. Action contre certains commerçants accusés de pratiques déloyales

En 1991 et 1992, 33 commerçants ayant enfreint leurs obligations légales à l'égard des consommateurs ont donné des assurances à l'OFT. A la fin de 1992, le total des assurances, procédures devant les tribunaux et injonctions recensées depuis l'introduction de la sanction s'élevait à 758 dont 179 concernaient le secteur automobile.

Le ministère du Commerce et de l'Industrie examine actuellement avec l'OFT les propositions formulées par cet organisme en vue d'améliorer les procédures permettant d'empêcher les commerçants de commettre des irrégularités.

4. Agents immobiliers

Trois nouveaux textes réglementaires ont été adoptés en 1991. En vertu des nouvelles dispositions régissant les informations qu'ils doivent fournir, les agents immobiliers sont tenus d'informer, par écrit, leurs clients, avant que ceux-ci ne s'engagent vis à vis d'eux, de leurs conditions de rémunération ainsi que des services offerts aux acquéreurs possibles. L'arrêté n°2 sur les actes délictueux des agents immobiliers précise les agissements susceptibles de faire l'objet d'un ordre d'interdiction d'exercice de la profession. L'arrêté n°2 sur les pratiques indésirables définit les pratiques auxquelles les agents immobiliers ne doivent pas se livrer et qui sont susceptibles d'entraîner une mesure d'interdiction.

Un texte réglementaire a été adopté en 1992. L'arrêté n°2 sur les actes délictueux des agents immobiliers a fait l'objet d'un amendement allongeant la liste des agissements répréhensibles. Il s'agit des infractions à la section 1 de la loi sur la description mensongère de biens immobiliers (Property Misdescriptions Act) que les agents ou les promoteurs immobiliers pourraient commettre dans le cadre de leurs activités. En juillet 1991, l'OFT a publié à l'intention des agents immobiliers un guide ("The Estate Agency Guide") destiné à leur expliquer les nouvelles obligations que leur impose la législation.

En vertu du Property Misdescriptions Act, adopté en 1991, il est délictueux, pour un agent ou un promoteur immobilier, de donner une description fausse ou trompeuse d'un bien immobilier offert à la vente. Cette loi a été promulguée à la fin de 1992 pour entrer en vigueur le 4 avril 1993. Ce sont les services des normes du commerce (Trading Standards Departments) qui seront chargés de la faire appliquer.

En 1991 et 1992, 57 personnes se sont vu interdire d'exercer la moindre activité dans l'immobilier par l'OFT qui a, en outre, pris une mesure d'interdiction partielle. A la fin de 1992, 176 personnes au total n'étaient plus autorisées à travailler pour une agence immobilière et 9 autres pouvaient continuer d'exercer leurs activités mais avec des restrictions.

5. Poids et mesures

En juillet 1992, le ministère du Commerce et de l'Industrie a publié un document consultatif sur la façon dont il envisage d'appliquer la Directive concernant les unités de mesures. Ces propositions auront pour effet de modifier les réglementations relatives aux unités de mesures ainsi que la législation concernant les poids et mesures et le marquage des prix et de supprimer progressivement l'utilisation des unités de mesures impériales dans la plupart des cas.

6. Services financiers

Le volet "services financiers" de l'arrêté de 1992 sur le transfert de fonctions confie au Trésor les responsabilités prévues par la loi sur les services financiers de 1986 (Financial Services Act) en ce qui concerne le contrôle des activités d'investissement et de leur promotion exercé par l'intermédiaire de l'organisme désigné, en l'occurrence le bureau des valeurs mobilières et des placements (Securities and Investment Board) ainsi que des organes d'auto-discipline du secteur, créés dans le cadre de la loi. L'arrêté de 1992 prévoit notamment que le Chancelier de l'Echiquier assume, à la demande de l'organisme désigné, des responsabilités qui autrement auraient pu être assumées par le Secrétaire d'Etat au Commerce et à l'Industrie.

7. Bureau des valeurs mobilières et des placements (Securities and Investment Board, SIB)

Depuis que le SIB a défini ses principes et règles de conduite en 1990, deux organismes professionnels d'auto-discipline (self-regulatory organisations ou SRO) ont défini leurs régles, complétant ainsi le troisième niveau de la structure mise en place tandis que les travaux des deux autres SRO sont bien avancés.

En octobre 1991, le SIB a demandé que soit examiné le partage des responsabilités entre les SRO, en qui concerne la supervision du contrôle des produits d'investissement, ainsi que l'opportunité de la création d'un nouveau SRO qui serait chargé des opérations avec les particuliers. Le rapport qui en est résulté, en mars 1992, s'est prononcé en faveur de l'établissement d'un SRO supplémentaire et les travaux préparatoires en vue de la mise en oeuvre de cette recommandation se poursuivent.

En juillet 1991, le SIB a adopté des réglementations modifiant considérablement le régime des SICAV agréés et introduisant, sur le marché britannique, des fonds de placement agréés en instruments à terme et à options, en bons de souscription et en biens immobiliers.

8. Services d'investissement

Le Royaume-Uni a été impliqué dans l'accord réalisé entre les Etats membres de la CE sur la directive concernant les services d'investissement et sur celle relative à l'adéquation des fonds propres, qui doivent toutes deux être appliquées d'ici le 31 décembre 1995. La directive concernant les services d'investissement (analogue à la deuxième directive de coordination bancaire) fixe les conditions minimales que les sociétés d'investissement et notamment les courtiers, les maisons de titres et les gérants de portefeuille doivent respecter pour

270

être agréés ainsi que les circonstances dans lesquelles, une fois agréés dans un Etat membre, ils peuvent offrir leurs services aux entreprises et aux particuliers sur toute l'étendue du territoire de la Communauté. Ces conditions concernent, entre autres, la qualité et la validité des contrôles, les modalités de détention des fonds des clients, les règles régissant le comportement commercial et les ressources minimum obligatoires (fixées par la directive sur l'adéquation des fonds propres). La directive communautaire contient aussi des dispositions provisoires pour la rémunération des investisseurs en attendant la conclusion d'un accord sur une nouvelle directive visant à harmoniser les normes minimales des systèmes de rémunération des investisseurs au sein de la CE.

9. *Assurance*

L'amendement apporté en 1992 aux réglementations sur les compagnies d'assurance donne effet à la directive de la CE sur les services concernant les véhicules automoteurs qui étend notamment la liberté de la fourniture de services, instituée par la Deuxième directive "assurance non vie", au domaine de l'assurance-responsabilité automobile.

Le Insurance Brokers Registration Council (Conseil d'enregistrement des courtiers d'assurance) a modifié ses réglements concernant le système de dons et l'assurance contre les risques de versement d'indemnités afin d'augmenter le montant maximal du prélèvement qu'il peut imposer aux courtiers et aux compagnies d'assurance enregistrés et de le calculer sur la base du nombre de salariés.

10. *Loi sur les services bancaires*

En mars 1990, le gouvernement a publié un Livre blanc intitulé "Banking Services : Law and Practice" (Services bancaires : la loi et la pratique) en réponse aux recommandations formulées par le Comité d'examen de la loi relative aux services bancaires. Il y proposait l'adoption d'une loi tenant compte d'un certain nombre de recommandations formulées par le Comité. Il se déclarait aussi favorable à la proposition du Comité d'élaborer un Code de pratique bancaire. Les représentants des banques et des sociétés de crédit immobilier ont publié un tel code en décembre 1991 à l'issue d'une période de consultation. Celui-ci a pris effet en mars 1992.

11. Loi de 1992 régissant la concurrence et les prestations de services des entreprises de service public

Ce texte qui est entré en vigueur en 1992 a étendu, pour les télécommunications, le gaz, l'électricité et l'eau, les pouvoirs des autorités de tutelle à plusieurs domaines concernant les utilisateurs. Ces autorités sont désormais habilitées : à fixer des normes de service garanties aux utilisateurs et à exiger le paiement de dédommagements lorsque celles-ci ne sont pas respectées ; à fixer des normes générales de fonctionnement et à veiller à ce qu'elles soient bien respectées et que les entreprises concernées publient leurs résultats par rapport à ces normes ; à faire en sorte que ces entreprises prévoient des procédures satisfaisantes pour le traitement des plaintes des utilisateurs et qu'elles les fassent connaître ; à résoudre, enfin, les différends opposant les entreprises et leurs clients sur les normes de service garanties et les conditions dans lesquelles les services sont fournis. L'autorité de tutelle des services de télécommunications est, en outre, désormais habilitée à régler les différends opposant les entreprises prestataires de services et leurs clients sur l'exactitude des factures.

12. Indication des prix

Plusieurs nouvelles mesures ont pris effet dans ce domaine. En vertu des réglementations de 1991 relatives aux indications de prix et concernant plus particulièrement les méthodes de paiement, les commerçants qui appliquent des prix différents selon les méthodes de paiement utilisées (en majorant, par exemple, leurs prix en cas de règlement par carte de crédit) doivent l'indiquer clairement à leur clientèle.

L'arrêté de 1991 sur le marquage des prix met en oeuvre les directives de la CE qui exigent que le prix de vente (et, dans certains cas, le prix unitaire) de presque tous les produits alimentaires et autres soit lisiblement indiqué. Suite aux démarches entreprises par les commerçants, les pouvoirs publics ont accepté de réexaminer cet arrêté pour déterminer si certaines de ses dispositions pourraient être assouplies tout en restant dans les limites fixées par les directives communautaires et en tenant compte des besoins des consommateurs.

Les réglementations de 1992 sur les indications de prix pour les bureaux de change obligent ceux qui offrent des services de change et des informations sur les taux de change à indiquer de façon précise les taux et les commissions qu'ils appliquent. Le barème des droits ou commissions doit en outre être indiqué aussi clairement que les taux de change eux-mêmes.

13. *Codes de déontologie*

Un comité de surveillance, mis en place en 1991 pour étudier l'application de la troisième partie de la loi de 1987 sur la protection du consommateur, a remis son rapport aux ministres en 1991. Il comprenait des représentants des commerçants, des consommateurs et des autorités chargées de veiller au respect de la législation. La loi en question considére comme délictueux de donner des indications de prix trompeuses et s'appuie sur un code de déontologie qui conseille les commerçants sur la conduite à suivre pour éviter de contrevenir à la loi. Le comité de surveillance a recommandé qu'un certain nombre de pratiques (telle que celle consistant à indiquer des prix antérieurement pratiqués) soient réglementées, que les commerçants soient tenus de garder les éléments de preuve permettant d'étayer leurs allégations de prix et que le code de déontologie soit mis à jour pour tenir compte des observations faites depuis son application ainsi que des nouvelles dispositions légales. Un rapport complémentaire a recommandé que les hôtels et les restaurants ne soient plus autorisés à faire payer séparément le service. Ces recommandations étaient toujours à l'étude des ministres à la fin de 1992.

14. *Description des activités commerciales*

En 1990, le ministère du Commerce et de l'Industrie a procédé à des consultations publiques sur les révisions dont la loi de 1968 sur la description des activités commerciales (Trade Descriptions Act) pourrait faire l'objet et les ministres ont fait connaître les modifications qu'ils avaient l'intention de lui apporter. En attendant que le gouvernement trouve, dans son programme législatif, le temps de concrétiser d'autres propositions, celle visant à étendre le champ d'application de la loi aux biens immobiliers s'est matérialisée avec l'adoption de la loi de 1991 sur les descriptions mensongères des biens immobiliers (Property Misdescriptions Act).

15. *Temps partagé*

En 1992, la loi sur la multipropriété à temps partagé (Timeshare Act) est entrée en vigueur. Elle fixe un délai de réflexion de 14 jours pendant lequel l'acquéreur d'un objet immobilier en régime de jouissance à temps partagé peut annuler son accord d'achat ou de crédit. Tout vendeur qui conclut avec un acquéreur un accord impliquant un régime de jouissance à temps partagé sans l'informer officiellement qu'il a le droit d'annuler ledit accord et sans lui remettre un formulaire d'annulation commet une infraction pénale. Les dispositions de cette loi ne s'appliquent qu'aux accords conclus dans le cadre de la législation britannique ou lorsque l'une des parties se trouve au Royaume-Uni.

16. Codes de déontologie

En décembre 1991, l'Association pour les services de compensation (Association for Payment Clearing Services), l'Association des banquiers britanniques (British Bankers' Association) et l'Association des sociétés de crédit immobilier (Building Societies' Association) ont publié un code de déontologie bancaire à l'issue d'une période de consultation. Ce code, qui doit être respecté par les banques, les sociétés de crédit immobilier et les organismes émettant des cartes, lorsqu'ils traitent avec des particuliers, est entré en vigueur en mars 1992. Il doit être réexaminé au moins tous les deux ans par un comité indépendant, placé sous la présidence de Sir George Blunden. Le premier de ces réexamens est prévu pour 1993.

En 1991 et 1992, plusieurs codes de déontologie ont été rédigés en consultation avec l'OFT :

-- Le Groupe d'action du secteur des tapis et de l'ameublement a lancé un programme "qualitas" qui prévoyait, outre un code tenant compte de plusieurs des critiques formulées dans le rapport que l'OFT a consacré à ce secteur, la création d'un nouveau service de conciliation indépendant, chargé de s'occuper des plaintes des consommateurs.

-- L'Association du secteur de la vente directe (Direct Selling Association) a modifié son code en décembre 1991. Parmi les changements introduits, la nouvelle version du code précise le besoin de garantir par écrit que les marchandises non périssables proposées sont bien à même de remplir leur fonction et étend les pouvoirs de l'administrateur du code face aux infractions à la législation protégeant les consommateurs et aux articles du code commises par les membres de l'association.

-- L'Association pour le marketing direct (Direct Marketing Association), constituée en avril 1992 et résultant de la fusion de quatre associations dans ce domaine, a mis au point avec l'OFT les détails d'un nouveau code reposant sur les codes de deux des anciennes associations qui avaient déjà été approuvés par l'OFT.

-- L'Association des antiquaires de Londres et de la province (London and Provincial Antique Dealers Association) a rédigé un nouveau code de déontologie qui a été publié en octobre 1992. Celui-ci prévoit notamment la fourniture d'informations détaillées et précises sur les prix, les procédures à suivre pour les évaluations et la mise en place d'un service de conciliation supervisé par un arbitre indépendant.

17. *Coopération internationale pour l'application de la législation*

Devant l'expansion effective et attendue des transactions internationales et l'accroissement concomitant des risques d'irrégularités commerciales, un groupement informel comprenant des membres et des observateurs de l'OCDE a été constitué à Londres en octobre 1992, sous le nom d'International Marketing Supervision Network, à l'issue d'une conférence inaugurale. Ce réseau de contrôle doit permettre d'améliorer la compréhension des législations et des structures administratives des pays participants et de favoriser la coopération entre les membres dans la prévention des irrégularités commerciales. L'OFT a été élu pour assurer la première présidence par les délégués des vingt pays représentés.

18. *Études*

L'enquête annuelle de l'OFT sur les causes de mécontentement des **consommateurs** a de nouveau fait apparaître, en 1990 et 1991, d'importantes variations, dans le pourcentage de problèmes résolus à la satisfaction des personnes interrogées, entre le secteur des biens de consommation de base (plus de 90 pour cent dans l'habillement, par exemple) et celui des services (moins de 35 pour cent dans le cas des travaux de construction). Le champ de l'enquête, menée à la fin de 1992, a été considérablement élargi pour explorer davantage ces différences et ses conclusions doivent faire l'objet d'un rapport exhaustif dans le courant du second semestre de 1993.

En raison de divergences de vue inconciliables entre les parties consultées, l'OFT a dû renoncer, à regret, à ses travaux de mise au point d'un contrat "loyal" type entre les consommateurs et les entreprises de construction. A défaut de ce résultat, il a modifié la formulation des conseils publiés à l'intention des consommateurs en suggérant qu'ils se préparent bien avant de conclure un accord de travaux. Il a mis au point ces nouvelles recommandations à l'issue d'une enquête achevée en 1992 et destinée à recenser les problèmes rencontrés par les consommateurs dans les travaux d'amélioration de leur logement.

L'OFT a entrepris une étude poussée du secteur de l'assurance-vie pour identifier plus clairement les problèmes que semblent poser aux consommateurs les produits qui constituent essentiellement à la fois un investissement et une assurance-vie et suggérer les façons d'y remédier. Un rapport doit être publié sur cette question au début de 1993.

IV. Information et éducation du consommateur

1. *Étiquetage obligatoire*

Produits d'alimentation

En 1992, le gouvernement a fait connaître sa réponse finale au rapport publié en 1991 par le Comité consultatif sur les produits d'alimentation (Food Advisory Committee ou FAC) du MAFF à l'issue de l'étude que celui-ci avait consacrée à la législation et aux pratiques en matière d'étiquetage des produits alimentaires. Cette étude avait été entreprise à la demande des ministres de l'alimentation et de la santé pour les aider à déterminer les progrès qui pourraient être réalisés dans ces domaines, au sein de la CE, pour répondre aux besoins et aux désirs d'information des consommateurs. Le gouvernement a entièrement accepté la plupart des recommandations finales du Comité dont beaucoup devront maintenant être mises en oeuvre à l'échelon de la CE pour assurer une approche uniforme dans l'ensemble de la communauté. Ces recommandations du Comité, ainsi que les réponses du gouvernement, ont été communiquées à la Commission européenne et aux autres Etats membres.

En 1991, le gouvernement a demandé au FAC d'examiner les informations diététiques qui sont données aux consommateurs dans les établissements de restauration pour les aider à faire leur choix. Pour aider le Comité dans cette tâche, le MAFF a financé, par l'intermédiaire du Conseil national des consommateurs (NCC), une enquête sur les informations que les consommateurs aimeraient obtenir dans les points de restauration et sur la façon dont ils aimeraient que celles-ci leur soient fournies. A l'issue de son analyse, le FAC a conclu que les entreprises de restauration pourraient essayer davantage de répondre d'elles-mêmes aux besoins d'information des consommateurs même si les revendications de ces derniers dans ce domaine ne sont actuellement pas assez fortes pour justifier l'introduction d'une législation coercitive. Le gouvernement s'est rangé à cet avis et a encouragé toutes les entreprises de restauration à prendre, le plus tôt possible, les dispositions nécessaires pour fournir les informations plus détaillées qui semblent intéresser plus particulièrement les consommateurs et que l'enquête publiée par le NCC a permis de mettre en lumière.

Médicaments

Il existe, au Royaume-Uni, une réglementation étendue pour l'étiquetage des médicaments. Celle-ci a récemment été modifiée pour tenir compte de la directive de la CE sur l'étiquetage et les notices. Les médicaments devront obligatoirement comporter une notice d'information à partir de janvier 1994, s'ils sont nouveaux, et à partir du renouvellement de leur licence, s'ils sont déjà commercialisés, lorsque toutes les informations nécessaires ne peuvent figurer sur l'étiquette.

2. *Étiquetage non obligatoire*

Le ministère du Commerce et de l'Industrie et le ministère de l'Environnement ont participé à des négociations qui ont abouti, en mars 1992, à la décision de mettre au point un dispositif communautaire d'étiquetage écologique. La gestion en a été confiée, dans le cas du Royaume-Uni, à un nouvel organe, le Conseil britannique de l'étiquetage écologique (UK Ecolabelling Board ou UKEB). Des travaux sont actuellement en cours pour déterminer les critères de classification des groupes de produits dans l'idée de pouvoir offrir aux consommateurs, en 1993, des produits munis d'une étiquette écologique.

3. *Services consultatifs*

Le gouvernement a affecté plus de 11 millions de livres en 1991/92 au financement de l'Association nationale des bureaux de conseil aux citoyens et des bureaux de conseil pour l'Ecosse qui gèrent 1 456 centres de conseil et d'information en Grande-Bretagne. Ces bureaux ont traité 8,2 millions de demandes de renseignement en 1991/92.

4. *Autres activités d'information*

Le service du ministère du Commerce et de l'Industrie chargé de la sécurité des consommateurs (Consumer Safety Unit) a poursuivi sa série de campagnes de sensibilisation à la sécurité au foyer et dans les activités de loisirs. Les campagnes lancées en 1991 et 1992 ont porté sur les jouets, les feux d'artifice, les personnes âgées, les enfants, les travaux de bricolage, le matériel électrique, les outils de location ainsi que les appareils de chauffage au gaz dans les caravanes. Des initiatives ont aussi été prises en faveur de la sécurité par des entreprises comme Dolland and Aitchison, Swaddlers, JD Williams ainsi que par le magazine "Playdays" de la BBC. Le ministère poursuit en outre ses deux expositions itinérantes sur la sécurité des enfants avec sa caravane géante et le "dome du risque" (Hazard Dome) qui, en 1991, a été installé dans le parc de loisirs de Lightwater Valley dans le Yorkshire et, en 1992, au Garden Festival du Pays de Galles. Il a aussi financé la campagne nationale pour la sécurité des enfants, intitulée "Jouez la prudence" (Play it Safe) qui avait pour objet de conseiller les responsables locaux de la sécurité sur la prévention des accidents impliquant des enfants.

Depuis le mois de mai 1990, la Direction du MAFF pour la sécurité des produits d'alimentation (FSD) publie chaque mois un bulletin d'information gratuit qui contient des articles d'information sur des aspects généraux et particuliers de la sécurité des produits alimentaires qui peuvent, entre autres, intéresser les consommateurs. Sa reproduction ne fait l'objet d'aucune restriction pour permettre une large diffusion et circulation des informations qu'il contient. La FSD a aussi établi en 1991 un service de renseignements par téléphone destiné à répondre aux questions des consommateurs sur les questions touchant à la sécurité des produits alimentaires.

En 1991, l'OFT a annoncé qu'il axerait principalement ses activités d'information sur les consommateurs les moins bien éduqués, les moins bien informés et les moins aptes à s'exprimer. Il a surtout fait porter ses efforts sur des publications phares d'information générale telles que "Square Deal" (Des affaires carrées), "Moneyfax" (Tout ce qu'il faut savoir sur l'argent), "Info" et "Fair play" ainsi que sur un programme d'éducation des consommateurs axés sur les jeunes.

En mars 1992, l'OFT a animé une semaine d'information sur la loyauté en affaires ("Square Deal week") dans le nord-est du pays. Cette campagne avait pour objet de faire mieux connaître leurs droits aux consommateurs et de favoriser de bonnes relations entre les commerçants et leurs clients. Elle s'est appuyée sur la publication de publicités et d'articles dans la presse locale ainsi que sur la distribution de la brochure "Square Deal" à environ 600 000 foyers dans la région.

5. *Éducation des consommateurs*

Le MAFF a poursuivi sa campagne de sensibilisation aux questions d'alimentation ("Food sense") avec la publication, en août 1991, de toute une série de brochures sur l'innocuité, les additifs, l'étiquetage et la protection des produits alimentaires ainsi que sur les principes d'une alimentation saine. Leur distribution a essentiellement été assurée par l'insertion de la brochure principale dans des magazines parallèlement à la diffusion de messages publicitaires à la télévision et à une participation aux grandes expositions. Cette campagne a tout d'abord été testée, en 1991, dans le Yorkshire et le nord-ouest du pays, couvert par la chaîne de télévision Granada et, en 1992, dans la région londonienne, le sud (chaîne TVS), le sud-ouest (TSW), l'East Anglia (Anglia) et le Pays de Galles (HTV). A la fin de 1992, plus de 11 millions de brochures avaient été distribués en tout.

L'année 1992 a aussi été marquée par la publication d'opuscules sur les pesticides, le contrôle des produits alimentaires et la nutrition ainsi que par le lancement d'un nouveau système d'étiquetage pour les fours à micro-ondes. Le

MAFF a également encouragé la mise au point, par la British Nutrition Foundation, d'un programme d'information approfondi sur les produits alimentaires et la nutrition, destiné aux écoles et intitulé : "Food - a fact for life". La première phase en a été lancée en juin 1991.

L'OFT a poursuivi son programme de diffusion d'informations destinées à aider les jeunes à acquérir les compétences et les connaissances nécessaires pour devenir des consommateurs avisés. Il a non seulement produit des publications phares, des fiches de renseignements pour les enseignants et un jeu de société pour les écoles mais a aussi contribué de façon significative à quatre programmes de télévision scolaire de la BBC orientés vers les consommateurs. Sa publication "Info" a soutenu cette importante initiative.

V.   Mécanismes de recours et de réclamation

Le seuil des petits litiges a été porté de 500 à 1 000 livres en juillet 1991. En octobre 1992, plusieurs changements de procédure ont été apportés à la tenue des audiences portant sur les petits litiges (arbitrages). Les juges ont été encouragés à intervenir davantage dans les débats et à procéder, le cas échéant, aux interrogatoires pour redresser les déséquilibres éventuels entre les parties en présence. Les audiences préliminaires sont devenues l'exception plutôt que la règle pour permettre aux parties de ne participer qu'à une audience. Celles-ci ont, en outre, été autorisées à être accompagnées par un membre du public de leur choix pendant les audiences portant sur de petits litiges.

En janvier 1991, l'OFT a été l'hôte d'une conférence importante sur la réparation des dommages subis par le consommateur à laquelle a participé un large éventail de représentants des parties intéressées. Cette conférence a examiné les besoins des consommateurs, considéré dans quelle mesure ils étaient satisfaits et envisagé les améliorations possibles. Elle a été suivie, en novembre 1991, par la publication d'un rapport détaillé suggérant plusieurs améliorations qui pourraient être apportées aux mécanismes de réparation prévus en faveur des consommateurs.

VI. Relations entre la politique à l'égard des consommateurs et d'autres aspects de la politique gouvernementale

Le gouvernement a continué de tenir compte des intérêts des consommateurs dans tous les domaines pertinents de son action.

VII. Remarques générales

Le Royaume-Uni continue de participer activement aux discussions sur les questions intéressant les consommateurs menées dans le cadre des organisations internationales et de conférences et de séminaires internationaux consacrés à ces problèmes.

SUÈDE

I. Évolution d'ordre institutionnel

1. Généralités

En 1991, le parti conservateur, le parti libéral, le parti du centre et les chrétiens démocrates ont formé, en Suède, un nouveau gouvernement ayant pour objectif de changer et de rénover le pays.

Dans la déclaration décrivant les grandes lignes de l'action qu'il comptait mener jusqu'au milieu des années 90, ce gouvernement a défini les quatre principaux objectifs sur lesquels son programme politique était axé, à savoir :

-- impliquer la Suède dans la coopération européenne en négociant son adhésion à la Communauté européenne ;

-- mettre fin à la stagnation économique qui sévissait dans le pays et y rétablir l'expansion commerciale et l'esprit d'entreprise sur la base d'une croissance économique solide ;

-- améliorer la protection et les services sociaux en révolutionnant les politiques sociales par l'introduction de la liberté de choix et en s'efforçant particulièrement de venir en aide aux groupes les plus vulnérables ;

-- favoriser, enfin, par des progrès durables et à long terme l'avènement d'une société jouissant d'un air et d'une eau purs et de lacs et de forêts en bon état.

2. Examen de la politique à l'égard des consommateurs

En 1992, une Commission gouvernementale a été invitée à évaluer la politique en vigueur à l'égard des consommateurs ainsi que l'action des

281

organismes publics responsables, et à faire connaître ses conclusions à la fin de 1993.

L'un des principaux aspects de sa mission est d'élucider les conséquences du rapprochement avec la Communauté européenne. Elle doit aussi préciser les conséquences, pour la politique à l'égard des consommateurs, de la volonté du gouvernement de renforcer et d'élargir l'économie de marché. Elle doit notamment s'intéresser à la situation des activités concernant les consommateurs qui sont actuellement menées dans le cadre de services publics et qui seront soumises à la concurrence si elles sont privatisées à l'avenir.

Les consommateurs attacheront de plus en plus d'importance aux considérations écologiques. Nombre d'entre eux sont disposés à modifier leur façon de vivre et leurs habitudes pour préserver l'environnement. La Commission gouvernementale doit aussi se prononcer sur la nécessité d'adopter de nouvelles mesures, dans le cadre de la politique à l'égard des consommateurs, pour renforcer l'évolution actuelle en faveur de solutions plus respectueuses de l'environnement.

Il est important que les consommateurs s'intéressent davantage aux questions concernant la consommation et qu'ils assument leurs responsabilités dans ce domaine, aussi bien à l'échelon individuel que collectivement. La Commission doit également déterminer l'ampleur de l'aide administrative et financière qui sera nécessaire pour soutenir la formation d'organisations bénévoles de consommateurs en Suède.

II. Sécurité des consommateurs

1. *Législation*

En 1992, des projets de loi élaborés en vue de la mise en oeuvre des directives de la CE relatives aux jouets, aux imitations   dangereuses et aux équipements de protection individuelle ont été soumis au Parlement. Ils prévoient l'adoption de nouvelles lois permettant d'assurer le respect des dispositions communautaires dans les domaines concernés.

Il a été envisagé de constituer un groupe de travail chargé de proposer les modifications à apporter à la Loi de 1989 sur la sécurité des produits à la suite de la nouvelle directive adoptée par la CE dans ce domaine. Le groupe de travail devra aussi déterminer les amendements à apporter à la loi de 1989 pour l'étendre aux produits fournis par les services publics.

En 1992, la Commission nationale des politiques à l'égard des consommateurs a émis des directives pour les casques de protection des cyclistes et des enfants et précisé les conditions de sécurité, d'utilisation et d'information auxquels ceux-ci devaient satisfaire.

2. *Interdictions de produits*

En 1991-1992, le Médiateur des consommateurs n'a émis qu'une interdiction de produit et une injonction d'informer les consommateurs. Le Tribunal de commerce s'est toutefois prononcé, en 1991, dans une affaire concernant des lits d'enfants. La structure d'une certaine marque de lits ayant été jugée dangereuse, le Tribunal en a interdit la vente tant qu'il ne serait pas remédié aux défauts de construction. Il a aussi exigé la diffusion de mises en garde aux consommateurs déjà en possession de ce modèle de lit. Il a, en outre, interdit la vente d'un portique pour bébés qui ne satisfaisait pas à la norme SS EN 71-1 relative aux pièces de petite dimension. Le Tribunal a en effet estimé que celui-ci présentait un risque de suffocation.

Pendant la période sous revue, plusieurs cas de produits présentant des risques pour la sécurité des enfants, surtout, ont été examinés par la Commission nationale pour les politiques à l'égard des consommateurs et résolus par des initiatives spontanées du commerce et de l'industrie.

3. *Notifications d'accidents*

En 1991, la Commission nationale pour les politiques à l'égard des consommateurs s'est reliée au système britannique de collecte d'information TS-Link (Hazprod) pour élargir sa base de données sur les produits dangereux. La Suède ne possède pas de système organisé d'enregistrement des accidents provoqués par des produits de consommation. La Commission nationale de la protection sociale a, toutefois, été chargée par le gouvernement de mettre au point un système national de notification des accidents couvrant les municipalités suédoises. Ce système couvre d'ores et déjà quelque 150 hôpitaux et centres de soin, soit environ 40 pour cent de la population suédoise. Il est financé à l'échelon local. Pour qu'il puisse être exploité, au niveau national, pour la protection des consommateurs, une coordination s'impose et des procédures doivent être mises au point pour permettre de discerner les accidents liés à des produits.

En 1992, la Commission nationale de la protection sociale a publié une étude sur les accidents en Suède montrant que c'est surtout au foyer que ceux-ci se produisent. Les activités sportives sont la cause d'autant d'accidents que la circulation.

4. Contrôle des marchés

La Suède participe activement au Product Safety Forum of Europe (PROSAFE) - instance devant coordonner et harmoniser les activités des organes chargés de veiller à la sécurité des produits en Europe. Le contrôle de la sécurité des produits sur les marchés constituera une entreprise de grande envergure lorsque le Traité créant l'Espace économique européen entrera en vigueur et que la Suède appliquera une législation reposant sur les directives de la CE. En 1992, le gouvernement a chargé la SWEDAC, Commission suédoise pour l'accréditation technique, d'étudier la question du contrôle des produits sur le marché suédois. La Commission nationale pour les politiques à l'égard des consommateurs a lancé une étude des moyens et des méthodes qui permettraient de contrôler le marché pour assurer la sécurité des consommateurs.

5. Normalisation

L'aide financière spéciale - d'environ 3 millions de couronnes suédoises, en moyenne, par an - accordée par les pouvoirs publics à la normalisation des produits de consommation, par l'intermédiaire du Conseil des consommateurs de l'Institut suédois de normalisation, s'est révélée très utile. Elle a efficacement contribué à favoriser les projets de normalisation entrepris, dans le cadre de l'intégration des marchés de l'Europe de l'Ouest, pour assurer la sécurité des produits et accru l'influence exercée par les consommateurs dans la normalisation.

La Commission nationale des politiques à l'égard des consommateurs participe activement aux efforts de normalisation entrepris à l'échelon européen et accorde surtout la priorité à la définition des normes de sécurité concernant les jouets, les articles de puériculture, les casques de protection et les gilets de sauvetage. Plus de 60 pour cent du budget que la Commission consacre à la normalisation sont destinés à la sécurité des produits.

III. Protection des intérêts économiques et juridiques des consommateurs

Le fort accroissement de l'endettement des ménages constitue un problème considérable en Suède. Plusieurs programmes destinés à venir en aide aux ménages en proie à des difficultés financières ont été adoptés. S'ils ont été utiles, de gros problèmes demeurent. En 1990, une Commission gouvernementale a proposé une Loi sur l'allégement de la dette des particuliers. Cette proposition a suscité de nombreux débats. Le Parlement a demandé au gouvernement de préparer une loi sur l'allégement de la dette et un projet de loi doit être présenté au début de 1994.

Une nouvelle Loi sur le crédit à la consommation est entrée en vigueur le 1er janvier 1993. Elle contient des dispositions qui permettent aux consommateurs de s'acquitter de leurs obligations avant le moment fixé par leur accord de crédit, empêchent les établissements de crédit de mettre fin à ces accords avant la date convenue, sauf dans des conditions bien précises, et limitent les relèvements de taux d'intérêt et d'autres éléments des coûts des crédits qu'ils peuvent pratiquer. Cette loi intègre dans la législation suédoise les directives communautaires en matière de crédit à la consommation.

Une nouvelle loi sur la responsabilité du fait des produits est aussi entrée en vigueur le 1er janvier 1993. Ses dispositions sont compatibles avec la directive communautaire correspondante.

La nouvelle loi sur les ventes de marchandises est appliquée depuis le 1er janvier 1991.

D'autres directives communautaires concernant les intérêts économiques et juridiques des consommateurs ont récemment été intégrées dans la législation suédoise, à savoir :

-- La directive du Conseil du 13 juin 1990 sur les voyages à forfait, y compris les vacances et circuits à forfait (90/314/CEE).

-- La directive du Conseil du 20 décembre 1985 concernant la protection des consommateurs dans le cas de contrats négociés en dehors des établissements commerciaux (85/577/CEE).

-- La deuxième directive du Conseil du 22 juin 1988 portant coordination des dispositions législatives, réglementaires et administratives concernant l'assurance directe autre que l'assurance sur la vie, fixant les dispositions destinées à faciliter l'exercice effectif de la libre prestation de services et modifiant la directive 73/239/CEE (88/357/CEE).

-- La directive du Conseil du 8 novembre 1990 portant coordination des dispositions législatives, réglementaires et administratives concernant l'assurance directe sur la vie, fixant les dispositions destinées à faciliter l'exercice effectif de la libre prestation de services et modifiant la directive 79/267/CEE (90/619/CEE).

La directive 93/13/CEE du 5 avril 1993 concernant les clauses abusives dans les contrats conclus avec les consommateurs doit être appliquée d'ici le 31 décembre 1994.

Une commission désignée par le gouvernement a présenté un rapport proposant une révision profonde de la Loi sur les pratiques commerciales (celle actuellement en vigueur date de 1976). Elle s'est prononcée en faveur d'un durcissement des sanctions applicables en cas de nette violation de la loi (recours à des sanctions économiques directes et non pas seulement à des interdictions en attendant le versement d'une amende). La nouvelle loi devrait en outre codifier certains types de "pratiques commerciales répréhensibles".

Les méthodes de commercialisation extrêmement agressives devraient être interdites. Une clause exige expressément que l'intérêt des enfants soit pris en considération dans l'appréciation des publicités qui leur sont destinées. Les dispositions générales de la législation actuelle concernant la publicité abusive et les informations mensongères continueront de constituer à l'avenir des aspects fondamentaux de la protection des consommateurs.

Le ministère de l'Administration publique a l'intention de présenter un nouveau projet de loi sur la commercialisation au printemps de 1994.

IV. Information et éducation des consommateurs

Les conseillers locaux des consommateurs jouent un rôle d'information important dans les écoles. Ils bénéficient de l'appui de l'Office des consommateurs sous la forme de bulletins d'information, de réunions et de cours. L'Office des consommateurs influence aussi les programmes scolaires par le biais de sa coopération avec l'Administration de l'enseignement public.

Une nouvelle loi sur l'information des consommateurs en matière de prix est entrée en vigueur le 1er avril 1992. Liée à la loi sur la commercialisation, elle exige que les vendeurs de produits ou de services spécifiques et individualisés informent correctement les consommateurs de leurs prix.

En ce qui concerne les produits courants, vendus dans les libres-services, leur prix doit figurer sur une étiquette apposée sur l'emballage ou être clairement indiqué à proximité de l'endroit où ils sont exposés à la vente, par une étiquette fixée sur l'étagère, par exemple.

La loi sur les informations en matière de prix exige entre autres que les prix soient indiqués dans les vitrines et que les prix unitaires (prix comparatifs) soient précisés pour tous les produits pour lesquels l'Office des consommateurs a préconisé une méthode de calcul.

Un système d'étiquetage écologique harmonisé pour tous les pays nordiques a été institué. Sa coordination est assurée, en Suède, par l'Institut suédois de normalisation (SIS). Un office spécial pour l'étiquetage écologique a été créé dans le cadre des activités d'homologation du SIS. Ses membres représentent les intérêts des consommateurs, le mouvement écologique et l'industrie. Les produits qui satisfont aux conditions de l'étiquetage écologique sont revêtus du symbole écologique des pays nordiques : un cygne blanc.

En 1992, les critères écologiques à respecter ont été fixés pour douze groupes de produits tandis que ceux applicables à vingt-deux autres groupes de produits étaient mis au point par des groupes d'experts des pays nordiques. Environ 200 produits - des détergents et des articles en papier fin, principalement - arborant le label écologique nordique ont, en outre, été lancés sur le marché.

V.   Mécanismes de recours et de réclamation

Le Conseil national chargé d'examiner les plaintes des consommateurs a pour tâche principale de juger les litiges entre les consommateurs et les fournisseurs de produits, de services ou de commodités, essentiellement destinés à la consommation ou à l'usage des particuliers. Ces litiges sont jugés par des services chargés, chacun, d'un domaine précis tel que le logement, l'assurance, les véhicules automobiles, les voyages, etc. Depuis le 1er juillet 1990, un nouveau service est chargé de régler les différends en matière de services financiers.

Un projet pilote sur les actions collectives en faveur des consommateurs a été mis en oeuvre entre juillet 1991 et juillet 1992. Les expériences ont été positives et il a été proposé au gouvernement de prolonger la possibilité d'actions collectives en justice.

La procédure spéciale, simplifiée, pour les petits litiges n'a jusqu'à présent pas eu beaucoup de succès. Peu d'actions ont en effet été intentées par les consommateurs contre les commerçants pour être dédommagés des défectuosités des produits ou des services que ceux-ci leur avaient vendus.

SUISSE

I. Évolution d'ordre institutionnel

Après l'adoption de l'article 31.6 de la Constitution fédérale sur la protection des consommateurs le 14 juin 1981, la Confédération a élaboré deux lois importantes pour les consommateurs : celle du 5 octobre 1990 sur l'information des consommatrices et consommateurs (LIC), entrée en vigueur le 1er mai 1992 et la modification du Code des Obligations du 5 octobre 1990, entrée en vigueur le 1er juillet 1991.

1991 et 1992 sont synonymes de négotiations sur l'adhésion de la Suisse à l'Espace économique européen/EEC. Suite à un référendum, le traité a été rejeté par le peuple et les cantons le 6 décembre 1992. La discussion sur l'EEE a été rejeté par le peuple et les cantons le 6 décembre 1992. La discussion sur l'EEE a révélé un certain retard dans la législation suisse visant à promouvoir et à protéger les intérêts des consommateurs. Or ceux-ci s'attendent à ce que leur niveau de protection soit aussi élevé que celui de leurs homologues européens. La Commission fédéral de la consommation a donc demandé la reprise autonome de plusieurs directives européens ayant pour objectif la protection des consommateurs : responsabilité du fait des produits, voyages à forfait, crédit à la consommation, renversement de la charge, de la preuve en matière de publicité, extension du droit de révocation aux contrats conclus sur le lieu de travail, sécurité générale des produits de consommation dans une première phase, clauses abusives dans les contrats ainsi que ventes à distance dans une seconde phase.

Le Conseil fédéral a entre-temps lancé un programme d'action suite au référendum négatif du 6 décembre, consistant en trois points : *a)* éviter l'isolement de la Suisse, *b)* reprendre d'une manière autonome les textes légaux européens et *c)* revitaliser l'économie nationale.

II. Sécurité des consommateurs

Afin d'offrir aux consommateurs suisses un niveau de sécurité équivalent à celui de leurs homologues européens, la Suisse envisage l'élaboration d'une loi sur la sécurité générale des produits de consommation. Celle-ci aura pour but d'obliger les fabricants à ne commercialiser que des produits sûrs, ce terme recouvrant aussi bien la composition que la présentation des produits. Dans un premier temps, un groupe de travail a été instauré. Il est chargé d'examiner la situation dans ce domaine en Suisse et le champ d'application d'une éventuelle loi fédérale par rapport aux dispositions verticales déjà existantes. Des mécanismes garantissant des procédures uniformes dans l'ensemble du pays pour le retrait des produits et assurant une circulation adéquate de l'information vont être proposés. Sur la base des résultats de ce groupe de travail, un phase, une loi sera élaborée si la nécessité d'une telle législation est reconnue. Les travaux seront dirigés par le Bureau fédéral de la consommation en collaboration avec les offices fédéraux concernés.

La participation aux activités de normalisation est d'une importance primordiale pour les consommateurs. Selon la "nouvelle approche" de la CE, les directives européennes ne contiendront, en matière de sécurité, que des exigences de base ; pour le détail, elles se référeront aux normes mises en place par les associations de normalisation. La référence aux normes va également prendre pied dans la législation suisse. Il est dès lors important que la participation des consommateurs soit assurée au moment de l'élaboration des normes.

La réglementation suisse sur la sécurité des jouets se limite actuellement à quelques prescriptions générales. L'Office fédéral de la Santé publique prévoit l'adaptation de la législation suisse au contenu de la directive CE. Est prévue, en outre, l'entrée en vigueur d'une législation révisée sur les denrées alimentaires et de différentes ordonnances d'exécution.

La statistique de l'assurance accident obligatoire - qui recense les causes d'accident de la population active (environ 3 mio de personnes) à l'exception de ceux de la route - montre que les accidents annoncés à l'assurance se répartissent de la manière suivante : maison et jardin (56 pour cent), activités accessoires telles que bricolage, travaux d'entretien, agriculture, traitement du bois, etc (21 pour cent), excursions, promenades, voyages (22 pour cent). Les accidents de sport annoncés à l'assurance ne sont pas compris dans cette répartition.

III. Protection des intérêts économiques des consommateurs

De nouveaux développements pour la protection des consommateurs, inspirés par différentes directives de la CE, vont se produite. C'est ainsi que les prescriptions suisses concernant la publicité trompeuse seront complétées par l'obligation, pour le publicitaire, de prouver l'exactitude des affirmations faites dans sa publicité (renversement de la charge de la preuve). Une nouvelle loi sur le crédit à la consommation mettra l'accent sur l'information des consommateurs et sur des conditions de conclusion de contrats aussi transparentes que possible. Une nouvelle législation sur les voyages à forfait renforcera la position juridique et matérielle du consommateur en engageant la responsabilité de l'organisateur de voyages ou de l'intermédiare en cas de non-exécution ou de mauvaise exécution de contrat. Une loi sur la responsabilité du fait des produits va être introduite. Elle transpose les idées de la directive européenne.

Ces dernières années les plaintes se sont multipliées contre des firmes qui portent atteinte à l'image de la Suisse à l'étranger par la diffusion d'offres douteuses (annuaires de télex et de télécopieurs, registres de marques, de brevets ou d'entreprises, vent par correspondance). Ces maisons n'ont la plupart du temps qu'une case postale en Suisse, le siège commercial et les responsables se trouvant à l'étranger. La Confédération suisse a réagi à cette évolution par une modification de la loi contre la concurrence déloyale (LCD), selon laquelle elle peut, en portant plainte, lutter contre ces méthodes de vente déloyales. Malgré ce nouvel instrument, il ne sera pas facile d'obtenir des succès en raison de l'imbrication transfrontalière des activités. En vertu de la LCD, en effet, la Confédération suisse n'a le droit d'ester en justice que lorsque la bonne réputation de la Suisse à l'étranger est menacée et que les personnes habilitées à intenter une action résident à l'étranger. Il s'agit donc d'un moyen qui ne peut être appliqué que dans des cas particulièrement graves.

IV. Information et éducation des consommateurs

1. Étiquetage

La loi sur l'information des consommateurs prévoit que les marchandises et certains services ne peuvent plus être proposés que munis de déclaration standardisées. Pour les produits, c'est en premier lieu les matières qui les composent qui présentent un intérêt. Pour de nombreux produits, il convient en outre d'indiquer la date de fabrication, certains procédés de traitement ou de fabrication ou même les conditions de production écologiques et sociales. Entrent aussi dans cette énumération les indications concernant la conservation, l'élimination, l'utilisation, l'entretien et la réparation. Les déclarations sont élaborées entres les organisations de consommateurs et les branches concernées. S'ils ne trouvent aucun accord, le Conseil fédéral (gouvernement) peut intervenir subsidiairement et régler la déclaration par une ordonnance.

La reprise de la directive européenne sur la dénomination des textiles, de ses addendum et révisions était prévue dans le cadre de l'EEE. Une modication de la loi fédérale sur l'information des consommateurs, qui aurait introduit la dénomination obligatoire des textiles en Suisse, est désormais caduque et il n'est pas prévu de la reprendre de manière autonome. La dénomination des textiles continue à être volontaire. Une convention a été signée à la fin des années 60 entre les associations suisses de consommateurs et l'Organisation suisse de la spécification des textiles (SARTEX), représentant la production et le commerce. Cette convention n'a pas le pouvoir de contraindre les fabricants à étiqueter leurs produits. Toutefois, près de 90 pour cent des articles d'habillement vendus en Suisse portent une étiquette comportant la spécification du textile et son entretien.

Les tissus pour rideaux sont souvent composés de matières facilement inflammables. Le feu peut se propager au plafond, à l'appartement et parfois même à toute la maison. Le Centre d'information pour la prévention des incendies, l'Association des établissements cantonaux d'assurance contre l'incendie, le Laboratoire fédéral d'essai des matériaux et le Bureau suisse de prévention des accidents ont décidé de créer une marque de qualité commune pour distinguer les rideaux difficilement inflammables. Cette marque de qualité "anti-flamme" atteste la conformité des tissus aux exigences sévères du test.

2.   Essais comparatifs

Des essais comparatifs accessibles aux consommateurs sont effectués sur une base privée par les organisations de consommateurs. Il existe une collaboration internationale dans ce domaine. Les résultats d'essais sont publiés dans les revues des organisations des consommateurs mais également dans la presse, notamment dans les branches automobile et audiovisuelle, et dans d'autres médias.

La loi du 5 octobre 1990 sur l'information des consommateurs prévoit des subventions aux organisations de consommateurs pour l'exécution de tests comparatifs, l'information objective des consommateurs et l'élaboration de conventions sur la déclaration des produits. Le Bureau fédéral de la consommation veille à une bonne utilisation de l'aide financière et assume ainsi une certaine coordination entre les associations de consommateurs. Quant aux tests, qu'ils soient subventionnés ou non, ils tombent, en cas de litiges, sous les dispositions de la loi du 19 décembre 1986 contre la concurrence déloyale.

3.   Services consultatifs

Le Bureau fédéral de la consommation fournit aux particuliers et aux médias des renseignements concernant la protection des consommaters. Cependant, il a pour tâche principale de défendre les intérêts des consommateurs dans le cadre général de l'économie suisse. Il se prononce lors de consultations émanant des offices fédéraux, ou en collaborant à des instances ad hoc, sur toutes les questions relatives à la politique de la consommation, en particulier lors de la préparation et de l'application de lois et d'ordonnances. Le Bureau joue un rôle de coordination et, au besoin, de médiation entre les différentes organisations de consommateurs et les branches économiques et contribue à la recherche de solutions communes.

Les services publics n'entretiennent pas en Suisse de centres d'information des consommateurs ni sur le plan national, ni au niveau local. Les efforts privés des organisations de consommateurs sont cependant encouragés indirectement par l'Etat, notamment par l'octroi de subventions ou la mise à disposition de locaux.

4. Grands moyens d'information

Les organisations de consommateurs diffusent un bulletin d'information commun par le biais du numéro de téléphone 129. Le bulletin est renouvelé chaque semaine. Il fournit des informations sur l'alimentation et l'environnement, le droit et la sécurité, les tests ainsi que l'indice national des prix à la consommation.

Un accord concernant les restrictions volontaires à la publicité pour le tabac est entré en vigueur en 1992. Il a été conclu entre l'Association suisse des fabricants de cigarettes (ASFC) et la Commission suisse pour la loyauté en publicité. Par cet accord, les fabricants de cigarettes membres de l'ASFC acceptent différents mesures d'interdiction de publicité pour les cigarettes, à savoir *a)* l'utilisation de mannequins âgés de moins de 25 ans ou ne paraissant pas cet âge ; *b)* la représentation d'idoles du cinéma, de la chanson, du spectacle ou du sport en train de fumer ; *c)* les scènes provocantes, notamment celles suggérant que le fait de fumer amène les succès sur le plan athlétique, social ou sexuel ; *d)* la représentation de personnes fumant dans des situations où l'acte de fumer n'est pas crédible ; et *e)* la présence de plus de 50 pour cent de fumeurs dans des scènes montrant des groupes de plus de trois personnes.

Deux initiatives populaires visant à interdire toute publicité en faveur de l'alcool et du tabac, de même qu'un contre-projet du gouvernement étendant à l'affichage et aux cinémas les interdictions actuellement en vigueur à la radio et à la télévision, sont en discussion. Le Parlement a rejeté ces trois textes. Une interdiction générale de la publicité pour le tabac et l'alcool aurait de graves répercussions sur l'économie. En effet, nombre de cinémas et manifestations, voire même des journaux n'auraient pu réagir que par une augmentation massive de leurs prix.

5. Education des consommateurs

L'enseignement obligatoire (primaire et secondaire) est du ressort des 26 cantons et sa réglementation est donc décentralisée. L'éducation des jeunes consommateurs est encouragée par bon nombre de cantons, le corps enseignant, les organisations de consommateurs et l'économie. Au niveau des écoles supérieures et de formation professionnelle (uniforme pour l'ensemble de la Suisse), il existe des ébauches de programmes d'éducation des consommateurs.

V. Mécanismes de recours et de réclamation

La modification du Code des obligations, entrée en vigueur le 1er juillet 1991, assure que le destinataire d'un envoi de marchandises non commandées n'est pas tenu de payer, de conserver ou de renvoyer l'objet. En outre, le consommateur bénéficie d'un droit de révocation de sept jours s'il a été abordé dans la rue, à son domicile ou lors d'une excursion publicitaire. Une révision de cette disposition en prévoit l'élargissement au lieu de travail. Le client ne dispose cepedant pas d'un droit de révocation s'il a expressément invité le partenaire contractuel à la conclusion du contrat. Le droit de révocation est également exclu lors de marchés et foires et pour les contrats d'assurance.

Selon l'article constitutionnel 31.6, les organisations de consommateurs peuvent porter plainte contre des pratiques publicataires et de ventre trompeuses et déloyales, car elles bénéficient, dans les limites de la législation sur la concurrence déloyale (LCD), des mêmes droits que les associations professionnelles et économiques. C'est ainsi qu'en 1989, deux associations de consommateurs suisses ont intenté un procès contre une maison de vente par correspondance en invoquant la LCD. La société envoyait à de nombreux consommateurs une proclamation "officielle et définitive" les désignant comme les "gagnants" de leur jeu-concours et leur attribuant une importante somme d'argent. En 1992, le Tribunal concerné a, en première instance, admis que l'entreprise en question utilisait des moyens publicitaires trompeurs et déloyaux.

Un ombudsman désigné par les banques est entré en fonction. Il est à la disposition de chacun, en particulier des personnes qui ne connaissent pas les affaires bancaires ou ne sont pas satisfaites des prestations de leur banque. L'ombudsman est un médiateur dont les services sont gratuits. Il se borne à des recommandations qui ne lient pas les partenaires.

VI. Relations entre la politique à l'égard des consommateurs et d'autres aspects de l'action gouvernementale

Le renchérissement à la fin de l'année 1992 était de 3,4 pour cent contre 5,2 pour cent en décembre 1991. L'indice suisse des prix à la consommation a dépassé de 4 pour cent en moyenne son niveau de 1991. Le niveau des prix des produits indigènes est resté stable pour 1992 alors que celui des produits importés a diminué de 0,4 pour cent. En l'espace d'un an, les produits indigènes ont renchéri en moyenne de 4,4 pour cent et les produits importés de 0,6 pour cent.

A partir de 1993, l'Office fédéral de la statistique prévoit de calculer l'indice des prix sur de nouvelles bases. Les principales innovations sont : un panier de la ménagère composé à partir d'une vaste enquête sur la consommation, un système rigoureux et moderne d'enquêtes sur les prix et un indice trimestriel des loyers calculés au moyen d'un échantillon représentatif. Les nouvelles bases de l'indice tiennent compte des progrès les plus récents de la recherche scientifique. Elles sont conformes aux critères utilisés sur le plan international, notamment dans les pays de la CE et de l'AELE et améliorent par conséquent la comparabilité internationale de l'indice suisse des prix à la consommation.

Il est prévu de promouvoir la libéralisation du marché intérieur par une révision approfondie de la loi sur les cartels et l'élaboration d'une loi visant à diminuer les réglementations diverses existant sur le marché national. La Commission des cartels a, entre autres, mené une enquête sur les heures d'ouverture des magasins. Celles-ci sont réglées différemment suivant les cantons et les communes, ce qui incite la clientèle à profiter de ces différences et fausse ainsi le jeu de la concurrence. La Commission des cartels a donc recommandé la suppression des prescriptions en matière d'heures d'ouverture des magasins. La loi sur le travail et celles réglant les questions de trafic, de bruit et de tapage nocturne doivent être aménagées de sorte à ne pas influencer la situation de la concurrence. La Commission a invité la Confédération, les cantons et les communes à modifier leurs prescriptions dans ce sens.

En 1991 est entré en vigueur l'arrêté sur une utilisation rationnelle et économe de l'énergie et l'année suivante, l'ordonnance qui s'y rapporte. La législation rend obligatoires les décomptes de la consommation d'énergie ; elle exige une autorisation pour les chauffages extérieurs et contient des prescriptions d'énergie pour l'éclairage public ainsi que des mesures sur l'aide financière de la Confédération. Les annexes relatives aux techniques de vérification de l'énergie, aux valeurs-limite de consommation, aux conditions d'admission des installations et des appareils vont bientôt entrer en vigueur.

COMMISSION DES COMMUNAUTÉS EUROPÉENNES

I. Santé et sécurité des consommateurs

1. Sécurité des produits et des services

Des progrès considérables ont été réalisés en 1992 dans la réalisation des objectifs prioritaires du plan d'action triennal (1990-1992) de la Commission des Communautés européennes visant à protéger la santé et la sécurité physique des consommateurs.

Parmi les instruments et activités créés par la Communauté pour renforcer la protection des consommateurs, on peut notamment citer :

-- *La Directive 92/59/CEE du Conseil relative à la sécurité générale des produits*

Le 29 juin 1992, le Conseil a adopté cette Directive pour assurer le respect, au sein de la Communauté, de l'obligation générale de sécurité de ne mettre sur le marché que des produits sûrs.

Aux termes de cette Directive, les producteurs seront tenus, à compter du 29 juin 1994 :

-- de ne commercialiser que des produits sûrs dans des conditions d'utilisation normales et raisonnablement prévisibles ;

-- d'informer les consommateurs de tous les risques inhérents à l'utilisation d'un produit ;

-- d'adopter toutes les mesures nécessaires pour que les consommateurs soient informés des risques que l'utilisation de ces produits peut présenter.

L'obligation générale de sécurité ne s'applique que lorsque les produits concernés ne sont pas déjà couverts par des réglementations communautaires spécifiques. Les producteurs ne sont donc pas contraints de respecter deux séries de conditions pour un seul et même produit. Cette Directive a pour objet de remédier à l'absence de législation spécifique ou aux insuffisances des législations existantes.

Elle définit, en outre, le rôle des États membres qui sont invités à créer, d'ici au 29 juin 1994, les moyens et l'infrastructure nécessaires au respect de l'obligation générale de sécurité.

Cette Directive intègre aussi le système communautaire existant d'échange rapide d'informations sur les produits dangereux en prévoyant des procédures particulières permettant de répondre, au niveau de la Communauté, à des situations d'urgence provoquées par des produits représentant un danger grave et immédiat.

Avec la Directive du 25 juillet 1985 portant sur les responsabilités en ce qui concerne les produits défectueux, cette Directive établit, au niveau communautaire, un système complet et cohérent pour résoudre les problèmes liés à la sécurité générale des produits.

-- *La Recommandation (92/579/CEE) de la Commission invitant les Etats membres à mettre en place les infrastructures nécessaires à l'identification des produits dangereux aux frontières extérieures*

Dans l'attente de l'entrée en application de la Directive sur la sécurité générale des produits, la Commission a adopté, le 27 novembre 1992, une Recommandation invitant les Etats membres à mettre en place les structures de coopération administrative appropriées entre les autorités compétentes pour la surveillance du marché et les autorités douanières, pour que ces dernières soient en mesure d'identifier des produits réputés dangereux, signalés par le biais du système communautaire d'échanges d'informations et déclarés aptes à la mise en circulation.

Dans ce cas, les autorités douanières sont invitées à surseoir au dédouanement jusqu'à l'intervention des autorités chargées de surveiller le marché.

-- *La proposition de décision du Conseil concernant la mise en place d'un système communautaire d'échange d'informations sur certains produits qui risquent de compromettre la santé et la sécurité des consommateurs [COM(92) 429 final du 23 novembre 1992].*

Cette proposition de décision, adoptée le 23 novembre 1992 par la Commission et soumise au Conseil le 2 décembre, a pour objet de mettre en place entre les Etats membres et pour la période s'étendant jusqu'au 29 juin 1994, un système d'échange d'informations sur les produits non conformes à la réglementation communautaire ou nationale qui leur est applicable et risquant de compromettre la santé et la sécurité des consommateurs, sans pour autant représenter un danger grave et immédiat. Le champ d'application de cette proposition est limité aux produits qui ne sont pas déjà couverts par la procédure d'échange d'informations prévue par un autre instrument de la Communauté.

-- *EHLASS (système européen de contrôle des accidents au foyer et lors des activités de loisir)*

La Décision 90/534/CEE du Conseil relative à la deuxième phase (1990-1991) du projet de démonstration "EHLASS" ne couvrant que la période s'étendant jusqu'à la fin de 1991, la Commission a pris les dispositions nécessaires pour que l'infrastructure permettant de collecter des données sur les accidents domestiques et de loisirs puisse continuer de fonctionner en 1992.

Pour ce qui est de l'avenir, la Commission examine actuellement les conditions juridiques et pratiques du maintien du système communautaire de collecte des données, en se fondant sur les résultats de l'évaluation du projet "EHLASS".

Il est actuellement envisagé de répertorier et d'analyser la législation communautaire en matière de sécurité des produits et de lui consacrer une base de données.

-- *La proposition de Directive du Conseil sur la responsabilité du prestataire de services*

En 1992, la Commission a continué d'examiner cette proposition et confirmé son intention de proposer un instrument qui tout en clarifiant, pour les consommateurs, les principes régissant le partage des responsabilités, aurait un rôle dissuasif et permettrait ainsi d'assurer que les prestataires de services améliorent leurs normes de sécurité.

2. *Produits cosmétiques*

Projet de sixième amendement à la Directive relative aux produits cosmétiques (Directive 76/768/CEE) :

La Directive de 1976 relative aux produits cosmétiques visait à la fois à assurer la liberté de mouvement de ces produits à l'intérieur de la CE et à établir le principe selon lequel seuls les produits répondant aux prescriptions de la directive seraient admis sur le marché, grâce à l'harmonisation des conditions à respecter sur le plan de la sécurité et des informations à fournir aux utilisateurs.

Il est apparu au fil des ans que ces dispositions devaient être complétées. Il a donc été notamment envisagé d'imposer un étiquetage permettant aux consommateurs de connaître la composition et le mode d'utilisation exacts des produits cosmétiques. Les consommateurs devraient également être davantage protégés grâce non seulement à une meilleure définition du terme "produit cosmétique" et à un durcissement des conditions de non toxicité, mais aussi à un nouvel inventaire communautaire des ingrédients et à l'obligation faite aux fabricants de tenir les informations nécessaires à la disposition des autorités de contrôle.

3. *Secteur alimentaire*

-- Mise en place du Marché intérieur : le Conseil a adopté plusieurs Directives harmonisant les législations nationales dans le secteur alimentaire (étiquetage, arômes, laits pour bébés et laits de suite) ou engagé la discussion sur les propositions de directives de la Commission concernant l'usage des additifs et notamment des édulcorants et des colorants dans les denrées alimentaires, les aliments de l'enfance, de régimes, les nouveaux aliments, l'hygiène.

La Commission a poursuivi l'élaboration d'autres projets de propositions de directives notamment sur l'utilisation des allégations dans le domaine alimentaire.

-- Réforme de la politique agricole commune : la réforme de la PAC comprend en particulier la promotion d'une politique de qualité des produits agricoles. Dans ce cadre, ont été approuvés par le Conseil des réglements et directives sur la production biologique, les contaminants, les résidus, la protection des indicateurs géographiques et des appellations d'origine contrôlée, les attestations de spécificité etc.

-- Poursuite des politiques et actions engagées jusqu'alors avec, dorénavant, une préoccupation plus forte quant à l'intérêt des consommateurs : contrôle sanitaire des denrées alimentaires, matériaux en contact, emballages et déchets, harmonisation verticale par produits.

II. Protection des intérêts économiques des consommateurs

1. *Clauses abusives dans les contrats*

Le 5 avril 1993, le Conseil a adopté la Directive 93/13/CEE concernant les clauses abusives dans les contrats conclus avec les consommateurs. Cette

Directive qui se fonde sur l'article 100A du Traité cherche a rapprocher les législations, réglementations et dispositions administratives des Etats membres dans ce domaine et à permettre aux consommateurs de bénéficier d'une protection comparable contre les clauses abusives dans tous les Etats membres. Cette Directive définit comme abusive une clause qui, contrevenant à l'obligation de bonne foi, établit un important déséquilibre entre les droits et les obligations découlant du contrat pour les parties au détriment du consommateur et dresse une liste indicative et non exhaustive des clauses qui ne doivent pas être contraignantes pour les consommateurs. Elle oblige, en outre, les Etats membres à créer une procédure judiciaire ou administrative visant à empêcher les vendeurs et fournisseurs à continuer d'imposer des clauses abusives. Cette Directive doit être appliquée par les Etats membres d'ici le 31 décembre 1994 et la Commission doit présenter, au Parlement européen et au Conseil, un rapport sur la façon dont elle est appliquée au plus tard cinq ans après cette date.

2. *Temps partagé ("Timeshare")*

Le 2 juillet 1992, la Commission a adopté une proposition de directive du Conseil concernant la protection des acquéreurs dans les contrats portant sur l'utilisation d'objets immobiliers en régime de jouissance à temps partagé. Cette proposition, qui se fonde sur l'article 100A du Traité instituant la CEE, fixe des normes minimales destinées à protéger les consommateurs désireux de signer un contrat portant sur la jouissance à temps partagé d'un bien immobilier, système plus connu sous le nom de "timeshare". Ce texte n'a pas pour objet de fixer des normes destinées à réglementer toutes les formules possibles d'arrangement pratique ni d'imposer un système particulier mais simplement de protéger les consommateurs dans un domaine dans lequel ils sont en position de faiblesse du fait de la nature transfrontalière du "timeshare" et de l'absence de législation dans la plupart des Etats membres, ce qui est incompatible avec le fonctionnement satisfaisant du Marché unique. Le texte proposé fixe donc plusieurs règles destinées à empêcher des entreprises peu scrupuleuses de pousser des clients à conclure trop rapidement des contrats qu'ils risquent de regretter par la suite. C'est ainsi que les entreprises seraient, par exemple, obligées de fournir aux acquéreurs potentiels d'amples informations sur le coût total de chaque opération ainsi qu'une description détaillée du logement offert et des charges supplémentaires possibles. Les acquéreurs disposeraient, en outre, pour résilier le contrat d'un délai minimum qui serait de 28 jours si l'objet immobilier est situé à l'étranger et de 14 jours s'il se trouve sur le territoire national.

3. Publicité comparative

Le 28 mai 1991, la Commission a adopté une proposition de directive du Conseil concernant la publicité comparative et modifiant la directive 84/450/CEE sur la publicité trompeuse. La proposition se fonde sur l'Article 100A du Traité instituant la CEE du fait que la question de la légitimité du recours à la publicité comparative aura une incidence directe sur les possibilités de commercialisation des biens et services offerts, et donc, sur le fonctionnement du Marché unique européen. Cette proposition a pour objet d'autoriser la publicité comparative dans l'ensemble de la Communauté en veillant à ce que le droit d'information des consommateurs soit respecté et à ce que les précautions appropriées soient prises pour éviter que n'éclatent entre annonceurs des conflits découlant de l'incompatibilité des législations nationales.

Les règles fixées par la Directive 84/450/CEE pour lutter contre la publicité trompeuse sont aussi entièrement applicables à la publicité comparative. Le Parlement européen a apporté, en première lecture, plusieurs modifications à la proposition que la Commission a décidé d'inclure, lors du Conseil européen d'Edimbourg de décembre dernier, dans une liste de propositions qui devront être examinées à la lumière du principe de subsidiarité. Cette analyse est toujours en cours.

4. Ventes à distance

La Commission des Communautés européennes a avancé une proposition de directive du Conseil concernant la protection des consommateurs en matière de contrats négociés à distance (1). Cette proposition a pour objet de rapprocher les dispositions législatives, réglementaires et administratives des Etats membres "concernant les contrats négociés à distance entre consommateur et fournisseur ainsi que les sollications de contracter et les actes préparatoires les concernant". Le champ d'application de la directive est défini, dans sa formulation provisoire, comme couvrant les contrats conclus après sollicitation par le fournisseur *a)* sans présence physique simultanée des deux parties ; et *b)* en utilisant une technique de communication à distance pour la transmission de la sollicitation de contracter et de la commande.

Les principaux aspects de cette proposition de directive sont les suivants :

-- L'utilisation des techniques de communication à distance pour solliciter le consommateur doit se faire dans des conditions de concurrence loyale et dans le respect de la sphère privée du consommateur (Art 4).

-- Toute sollicitation de contracter doit respecter les principes de loyauté en matière de transactions commerciales et ceux de protection des mineurs ; faire apparaître son but commercial sans équivoque et indiquer clairement que le coût de la passation de la commande est à la charge du consommateur (Art 5).

-- Un minimum d'information doit être communiqué lors de la sollicitation. Cette information doit être donnée par tout moyen adapté à la technique de communication utilisée (Art 6).

-- Des produits ou services ne doivent pas être fournis à un consommateur sans commande préalable de sa part en l'invitant à les acquérir contre paiement ou à défaut à les renvoyer. Le consommateur aura aussi le droit de disposer à sa guise du produit ou du service dont il n'a pas sollicité la fourniture, "sauf s'il s'agit d'une erreur manifeste, auquel cas il le tient pendant une durée raisonnable et à condition que sa nature le permette, à la disposition du fournisseur". La proposition de directive prévoit aussi que l'absence de réponse ne vaut pas consentement. En outre, les dispositions relatives à la fourniture non sollicitée de produits ne s'appliquent pas à l'envoi d'échantillons ou de cadeaux promotionnels à la condition qu'apparaissent clairement leur caractère totalement gratuit et l'absence de toute obligation pour le consommateur (Art 8).

-- A défaut de délai d'exécution indiquée dans la sollicitation de contracter, la commande doit être exécutée dans les 30 jours (Art 9).

-- Le consommateur doit recevoir par écrit les informations suivantes, au plus tard lors de l'exécution -- et dans la langue utilisée dans la sollicitation :

. identité du fournisseur et adresse d'un de ses établissements ;

. caractéristiques essentielles du produit ou du service ;

. prix et quantité ;

. modalités de paiement y compris les conditions de crédit ou de paiement échelonné ;

. droit de résiliation et modalité de mise en oeuvre de ce droit (Art 10).

-- Le consommateur dispose d'un délai d'au moins sept jours à compter de la réception du produit ou du service pour résilier le contrat sans préavis. Les seuls frais à sa charge sont, le cas échéant, les frais directs de retour. Certaines exceptions sont prévues au droit de résiliation dans le cas notamment des services dont une partie essentielle de l'exécution a commencé ou devrait commencer avant la fin du délai de sept jours (assurance). Les dispositions susmentionnées ne s'appliquent pas non plus aux transactions concernant des valeurs mobilières et autres produits ou services dont le prix est lié aux fluctuations d'un taux de marché financier que le fournisseur ne contrôle pas (Art 11).

-- La proposition tient également compte de la situation courante dans laquelle un numéro de carte de crédit est donné au moment de la commande. Elle stipule que "toute mise en cause, par le titulaire d'une carte de paiement, de la validité d'une opération", entraîne l'annulation de cette dernière. Le compte du fournisseur est alors débité et celui du titulaire recrédité "dans les plus brefs délais" (Art 12).

-- La proposition envisage la possibilité que les organisations professionnelles et les organisations de consommateurs soient autorisées à intenter une action en justice ou à porter plainte auprès d'un organe administratif compétent (Art 13).

La directive ne s'applique pas : aux distributeurs automatiques, aux locaux commerciaux automatisés, aux produits réalisés sur mesure, aux services de consommation courante, au transport, à l'hébergement, à la restauration et aux spectacles. Son entrée en vigueur est prévue au plus tard pour le 31 décembre 1994.

Avec cette directive, la Commission a adopté une Recommandation (2) pour la protection des consommateurs en matière de contrats négociés à distance. Celle-ci propose que les organismes professionnels adoptent des codes de conduite reprenant exactement les règles minimum fixées dans le projet de directive. Les organisations professionnelles sont aussi invitées à s'assurer du respect de ces codes et à en faire connaître la teneur à la Commission. Les aspects suivants devraient être couverts :

-- diffusion des sollicitations de contracter (moyens de ne pas être sollicité)

-- présentation (principes éthiques)

-- effort de vente

-- sécurité financière

-- droit de résiliation (période de remboursement)

-- connaissance du code par les consommateurs.

III. Éducation et information des consommateurs

1. *Étiquetage*

A la suite de la conférence sur l'étiquetage, organisée en juin 1990 à Clermont-Ferrand, la Commission des Communautés européennes a entrepris d'autres travaux préliminaires sur l'étiquetage des produits destinés au consommateur final. C'est ainsi qu'elle a notamment :

-- mis au point une classification analytique des produits de consommation devant servir de base à la définition des critères appropriés auxquels l'étiquetage devrait satisfaire ;

-- étudié les besoins des consommateurs en matière d'étiquetage en ayant recours à la technique des discussions de groupes ;

-- réalisé un sondage d'opinion sur les attitudes des consommateurs à l'égard de l'étiquetage (dans le cadre des enquêtes EUROBAROMETRE).

2. *Autres activités d'information*

Publications

La Commission des Communautés européennes a lancé trois publications intéressant les consommateurs en 1991-1992 :

-- *La politique des consommateurs dans le grand marché*, brochure publiée dans la série "Documentation européenne" ;

-- *Des jouets moins innocents que les enfants*, expliquant en langage clair les effets de la Directive relative à la sécurité des jouets ;

-- *INFO-C*, bulletin trimestriel diffusé à l'intention des spécialistes des questions concernant les consommateurs qui relate l'évolution de la situation au niveau de la Communauté et des Etats membres.

La Commission des Communautés européennes a aussi apporté une contribution financière importante à deux autres publications :

-- un annuaire des organisations de consommateurs dans la CE (directory of consumer organisations in the EC) établi par le BEUC (Bureau Européen des Unions de Consommateurs) ;

-- un annuaire des organismes chargés de contrôler la sécurité des produits pour les consommateurs (directory of Consumer Product Safety Control Authorities) élaboré au Royaume-Uni par le LACOTS (Local Authorities Co-ordinating Body on Trading Standards).

Commission des communautés européennes

Centres européens pour l'information des consommateurs

Dans le cadre de son plan d'action triennal, la Commission a encouragé la création de Centres pour l'information des consommateurs au sein de la Communauté. Ces centres, qui sont tous situés dans les locaux des organisations existantes, fournissent aux consommateurs des informations et des conseils dans le domaine des opérations transfrontalières.

A la fin de 1992, cinq centres-pilotes de ce type existaient et cinq autres devaient faire leur apparition.

Ces centres sont situés dans les endroits suivants :

-- Lille (France) avec des antennes à Kortrijk et à Mons (Belgique)

-- Luxembourg

-- Gronau (à la frontière germano-néerlandaise)

-- Barcelone (Espagne), avec une antenne à Montpellier (France)

-- Aachen ("Euregio" Allemagne-Belgique-Pays-Bas) avec une antenne à St.Vith

-- Marseille (France) et Turin (Italie)

-- Vale do Ave (Portugal)

-- Kehl (frontière franco-allemande)

-- Flensburg (frontière germano-danoise)

-- Vitoria (Espagne)

Festival du film de cinéma et de télévision

La Commission des Communautés européennes qui attache une très grande importance à sa coopération avec les producteurs de radio et de télévision a encouragé ces derniers à accorder davantage de temps aux sujets qui préoccupent les consommateurs et notamment aux effets de la politique communautaire à leur égard ainsi qu'aux possibilités offertes par le Marché unique.

Dans cette perspective, la Commission participe en Espagne avec la Institución nacional del consumo et la municipalité de Santander (dans le Nord du pays) à l'organisation d'un festival des films de cinéma et de télévision sur le thème de la "Qualité de vie dans une société de consommation". Le deuxième festival sur ce thème a eu lieu à Santander du 4 au 9 octobre 1992. Il a réuni des représentants des médias, des organisations de consommateurs et des administrations publiques. Des prix ont été décernés dans quatre domaines : courts et longs métrages, messages publicitaires, programmes de télévision et vidéos didactiques. Le Festival s'est aussi accompagné d'une série de tables rondes et d'une exposition organisée par les associations de consommateurs espagnoles.

Essais comparatifs

L'information des consommateurs implique souvent la publication des résultats d'essais comparatifs portant sur des produits de consommation. La Commission des Communautés européennes a encouragé le développement des moyens dont disposent les organisations de consommateurs pour effectuer ces essais en accordant une aide financière aux nouvelles organisations ainsi qu'à la réalisation d'études méthodologiques dans le but d'améliorer la crédibilité et l'objectivité des essais.

Si les organisations de consommateurs coopèrent pour la réalisation de ces essais, à la fois pour des raisons d'économie et de crédibilité, les publications qui rendent compte des résultats ne couvrent généralement que les produits vendus sur le marché national. C'est pourquoi, dans la perspective du Marché unique, la Commission des Communautés européennes a encouragé en 1991-1992 les organisations de consommateurs à donner une dimension européenne à leurs essais. La première publication de résultats d'essais, véritablement européenne, est sortie en décembre 1992 sous la forme d'un Guide portant sur 155 appareils photographiques et caméscopes vendus sur le marché européen et s'accompagnant d'une étude de prix à l'échelon communautaire (avec indication, qui plus est, des prix pratiqués à New York, Singapour et Tokyo). Ce guide a été publié par les organisations de consommateurs de treize pays : tous les pays de la CE à l'exception de la Grèce et du Luxembourg ainsi que l'Australie et l'Autriche, la Finlande et la Suisse, parmi les pays membres de l'AELE.

Exposition "Europe, j'achète" (Paris, juin 1991)

La Commission des Communautés européennes a participé à l'organisation et au financement d'une exposition intitulée "Europe, j'achète" et montée à l'initiative du Secrétariat d'Etat français à la Consommation. Cette exposition offrait des exemples de situations concrètes dans lesquelles les consommateurs peuvent se trouver (à l'occasion, par exemple, d'une opération avec une agence de voyages, de l'achat de services postaux, de la souscription à une assurance automobile etc.) et expliquait les changements qu'entraînerait la réalisation du Marché unique.

Commission des communautés européennes

Colloque sur les modes de vie et de consommation des jeunes (Paris, septembre 1991)

L'ADEIC-FEN (Association d'Éducation et d'Information de la Fédération de l'Éducation Nationale en France) a organisé, avec la collaboration de la Commission des Communautés européennes, un colloque qui a réuni des chercheurs dans divers domaines, originaires de plusieurs pays, pour présenter les résultats des recherches entreprises sur différents aspects de la vie des jeunes. Il a été décidé, à l'issue de ce colloque, de créer sous le nom de "MICROMEGAS" un centre européen d'étude et d'échange d'informations sur ces questions.

3. Éducation des consommateurs

Matériel didactique : fichier sécurité

Comme il était indiqué dans le précédent rapport (voir "Politique à l'égard des consommateurs dans les pays de l'OCDE 1989-1990", page 283), la Commission des Communautés européennes a réalisé un matériel didactique destiné à faciliter l'éducation à la sécurité des enfants âgés de 10 à 13 ans. Ce matériel didactique, qui existe dans les neuf langues de la CE, a fait l'objet d'une révision avant d'être officiellement diffusé en novembre 1992. Un nombre limité de "fichiers sécurité" a été imprimé et communiqué aux autorités chargées de l'éducation dans les Etats membres avec les films nécessaires à l'impression d'exemplaires supplémentaires.

Campagne pour la sécurité des enfants

Suite aux actions entreprises entre 1989 et 1991, une conférence a été organisée en novembre 1991 par ECOSA (European Consumer Safety Association) et CAPT (Child Accident Prevention Trust) en collaboration avec la Commission des Communautés européennes sur le thème "Communicating child safety : European approaches to an accident prevention campaign". ECOSA a publié, avec l'aide de la Commission, le compte rendu des débats de cette conférence ainsi qu'un manuel devant contribuer à améliorer l'efficacité des campagnes de sécurité des enfants.

D'autres activités devant être entreprises dans ce domaine par diverses organisations de plusieurs Etats membres ont été lancées en 1992 avec l'aide financière de la Commission des Communautés européennes.

Formation des enseignants en matière d'éducation du consommateur

La Commission des Communautés européennes a accordé une aide financière à la réalisation d'un projet entrepris conjointement par le Edge Hill College of Higher Education (Royaume-Uni) et l'Association de consommateurs en vue d'intégrer l'éducation du consommateur dans le programme de formation des enseignants et d'utiliser, à des fins didactiques, les informations publiées sur les questions intéressant le consommateur.

Éducation des immigrants

La Commission des Communautés européennes soutient financièrement un projet pilote destiné à mettre au point un matériel didactique d'éducation du consommateur devant permettre d'aider spécifiquement les immigrants à apprendre à éviter certains pièges de la consommation tels que le surendettement. Ce projet est entrepris par le service social de la municipalité de Arnhem aux Pays-Bas.

MAIN SALES OUTLETS OF OECD PUBLICATIONS
PRINCIPAUX POINTS DE VENTE DES PUBLICATIONS DE L'OCDE

ARGENTINA – ARGENTINE
Carlos Hirsch S.R.L.
Galería Güemes, Florida 165, 4° Piso
1333 Buenos Aires   Tel. (1) 331.1787 y 331.2391
Telefax: (1) 331.1787

AUSTRALIA – AUSTRALIE
D.A. Information Services
648 Whitehorse Road, P.O.B 163
Mitcham, Victoria 3132   Tel. (03) 873.4411
Telefax: (03) 873.5679

AUSTRIA – AUTRICHE
Gerold & Co.
Graben 31
Wien I   Tel. (0222) 533.50.14
Telefax: (0222) 512.47.31.29

BELGIUM – BELGIQUE
Jean De Lannoy
Avenue du Roi 202
B-1060 Bruxelles   Tel. (02) 538.51.69/538.08.41
Telefax: (02) 538.08.41

CANADA
Renouf Publishing Company Ltd.
1294 Algoma Road
Ottawa, ON K1B 3W8   Tel. (613) 741.4333
Telefax: (613) 741.5439
Stores:
61 Sparks Street
Ottawa, ON K1P 5R1   Tel. (613) 238.8985
211 Yonge Street
Toronto, ON M5B 1M4   Tel. (416) 363.3171
Telefax: (416)363.59.63

Les Éditions La Liberté Inc.
3020 Chemin Sainte-Foy
Sainte-Foy, PQ G1X 3V6   Tel. (418) 658.3763
Telefax: (418) 658.3763

Federal Publications Inc.
165 University Avenue, Suite 701
Toronto, ON M5H 3B8   Tel. (416) 860.1611
Telefax: (416) 860.1608

Les Publications Fédérales
1185 Université
Montréal, QC H3B 3A7   Tel. (514) 954.1633
Telefax: (514) 954.1635

CHINA – CHINE
China National Publications Import
Export Corporation (CNPIEC)
16 Gongti E. Road, Chaoyang District
P.O. Box 88 or 50
Beijing 100704 PR   Tel. (01) 506.6688
Telefax: (01) 506.3101

CHINESE TAIPEI – TAIPEI CHINOIS
Good Faith Worldwide Int'l. Co. Ltd.
9th Floor, No. 118, Sec. 2
Chung Hsiao E. Road
Taipei   Tel. (02) 391.7396/391.7397
Telefax: (02) 394.9176

CZECH REPUBLIC – RÉPUBLIQUE
TCHÈQUE
Artia Pegas Press Ltd.
Narodni Trida 25
POB 825
111 21 Praha 1   Tel. 26.65.68
Telefax: 26.20.81

DENMARK – DANEMARK
Munksgaard Book and Subscription Service
35, Nørre Søgade, P.O. Box 2148
DK-1016 København K   Tel. (33) 12.85.70
Telefax: (33) 12.93.87

EGYPT – ÉGYPTE
Middle East Observer
41 Sherif Street
Cairo   Tel. 392.6919
Telefax: 360-6804

FINLAND – FINLANDE
Akateeminen Kirjakauppa
Keskuskatu 1, P.O. Box 128
00100 Helsinki
Subscription Services/Agence d'abonnements :
P.O. Box 23
00371 Helsinki   Tel. (358 0) 12141
Telefax: (358 0) 121.4450

FRANCE
OECD/OCDE
Mail Orders/Commandes par correspondance:
2, rue André-Pascal
75775 Paris Cedex 16   Tel. (33-1) 45.24.82.00
Telefax: (33-1) 49.10.42.76
Telex: 640048 OCDE

Orders via Minitel, France only/
Commandes par Minitel, France exclusivement :
36 15 OCDE

OECD Bookshop/Librairie de l'OCDE :
33, rue Octave-Feuillet
75016 Paris   Tel. (33-1) 45.24.81.81
(33-1) 45.24.81.67

Documentation Française
29, quai Voltaire
75007 Paris   Tel. 40.15.70.00

Gibert Jeune (Droit-Économie)
6, place Saint-Michel
75006 Paris   Tel. 43.25.91.19

Librairie du Commerce International
10, avenue d'Iéna
75016 Paris   Tel. 40.73.34.60

Librairie Dunod
Université Paris-Dauphine
Place du Maréchal de Lattre de Tassigny
75016 Paris   Tel. (1) 44.05.40.13

Librairie Lavoisier
11, rue Lavoisier
75008 Paris   Tel. 42.65.39.95

Librairie L.G.D.J. - Montchrestien
20, rue Soufflot
75005 Paris   Tel. 46.33.89.85

Librairie des Sciences Politiques
30, rue Saint-Guillaume
75007 Paris   Tel. 45.48.36.02

P.U.F.
49, boulevard Saint-Michel
75005 Paris   Tel. 43.25.83.40

Librairie de l'Université
12a, rue Nazareth
13100 Aix-en-Provence   Tel. (16) 42.26.18.08

Documentation Française
165, rue Garibaldi
69003 Lyon   Tel. (16) 78.63.32.23

Librairie Decitre
29, place Bellecour
69002 Lyon   Tel. (16) 72.40.54.54

Librairie Sauramps
Le Triangle
34967 Montpellier Cedex 2   Tel. (16) 67.58.85.15
Telefax: (16) 67.58.27.36

GERMANY – ALLEMAGNE
OECD Publications and Information Centre
August-Bebel-Allee 6
D-53175 Bonn   Tel. (0228) 959.120
Telefax: (0228) 959.12.17

GREECE – GRÈCE
Librairie Kauffmann
Mavrokordatou 9
106 78 Athens   Tel. (01) 32.55.321
Telefax: (01) 32.30.320

HONG-KONG
Swindon Book Co. Ltd.
Astoria Bldg. 3F
34 Ashley Road, Tsimshatsui
Kowloon, Hong Kong   Tel. 2376.2062
Telefax: 2376.0685

HUNGARY – HONGRIE
Euro Info Service
Margitsziget, Európa Ház
1138 Budapest   Tel. (1) 111.62.16
Telefax: (1) 111.60.61

ICELAND – ISLANDE
Mál Mog Menning
Laugavegi 18, Pósthólf 392
121 Reykjavik   Tel. (1) 552.4240
Telefax: (1) 562.3523

INDIA – INDE
Oxford Book and Stationery Co.
Scindia House
New Delhi 110001   Tel. (11) 331.5896/5308
Telefax: (11) 332.5993

17 Park Street
Calcutta 700016   Tel. 240832

INDONESIA – INDONÉSIE
Pdii-Lipi
P.O. Box 4298
Jakarta 12042   Tel. (21) 573.34.67
Telefax: (21) 573.34.67

IRELAND – IRLANDE
Government Supplies Agency
Publications Section
4/5 Harcourt Road
Dublin 2   Tel. 661.31.11
Telefax: 475.27.60

ISRAEL
Praedicta
5 Shatner Street
P.O. Box 34030
Jerusalem 91430   Tel. (2) 52.84.90/1/2
Telefax: (2) 52.84.93

R.O.Y. International
P.O. Box 13056
Tel Aviv 61130   Tel. (3) 49.61.08
Telefax: (3) 544.60.39

Palestinian Authority/Middle East:
INDEX Information Services
P.O.B. 19502
Jerusalem   Tel. (2) 27.12.19
Telefax: (2) 27.16.34

ITALY – ITALIE
Libreria Commissionaria Sansoni
Via Duca di Calabria 1/1
50125 Firenze   Tel. (055) 64.54.15
Telefax: (055) 64.12.57

Via Bartolini 29
20155 Milano   Tel. (02) 36.50.83

Editrice e Libreria Herder
Piazza Montecitorio 120
00186 Roma   Tel. 679.46.28
Telefax: 678.47.51

Libreria Hoepli
Via Hoepli 5
20121 Milano   Tel. (02) 86.54.46
Telefax: (02) 805.28.86

Libreria Scientifica
Dott. Lucio de Biasio 'Aeiou'
Via Coronelli, 6
20146 Milano   Tel. (02) 48.95.45.52
Telefax: (02) 48.95.45.48

JAPAN – JAPON
OECD Publications and Information Centre
Landic Akasaka Building
2-3-4 Akasaka, Minato-ku
Tokyo 107   Tel. (81.3) 3586.2016
Telefax: (81.3) 3584.7929

KOREA – CORÉE
Kyobo Book Centre Co. Ltd.
P.O. Box 1658, Kwang Hwa Moon
Seoul   Tel. 730.78.91
Telefax: 735.00.30

MALAYSIA – MALAISIE
University of Malaya Bookshop
University of Malaya
P.O. Box 1127, Jalan Pantai Baru
59700 Kuala Lumpur
Malaysia   Tel. 756.5000/756.5425
                             Telefax: 756.3246

MEXICO – MEXIQUE
Revistas y Periodicos Internacionales S.A. de C.V.
Florencia 57 - 1004
Mexico, D.F. 06600   Tel. 207.81.00
                             Telefax: 208.39.79

NETHERLANDS – PAYS-BAS
SDU Uitgeverij Plantijnstraat
Externe Fondsen
Postbus 20014
2500 EA's-Gravenhage   Tel. (070) 37.89.880
Voor bestellingen: Telefax: (070) 34.75.778

**NEW ZEALAND
NOUVELLE-ZÉLANDE**
Legislation Services
P.O. Box 12418
Thorndon, Wellington   Tel. (04) 496.5652
                             Telefax: (04) 496.5698

NORWAY – NORVÈGE
Narvesen Info Center – NIC
Bertrand Narvesens vei 2
P.O. Box 6125 Etterstad
0602 Oslo 6   Tel. (022) 57.33.00
                            Telefax: (022) 68.19.01

PAKISTAN
Mirza Book Agency
65 Shahrah Quaid-E-Azam
Lahore 54000   Tel. (42) 353.601
                             Telefax: (42) 231.730

PHILIPPINE – PHILIPPINES
International Book Center
5th Floor, Filipinas Life Bldg.
Ayala Avenue
Metro Manila   Tel. 81.96.76
                             Telex 23312 RHP PH

PORTUGAL
Livraria Portugal
Rua do Carmo 70-74
Apart. 2681
1200 Lisboa   Tel. (01) 347.49.82/5
                             Telefax: (01) 347.02.64

SINGAPORE – SINGAPOUR
Gower Asia Pacific Pte Ltd.
Golden Wheel Building
41, Kallang Pudding Road, No. 04-03
Singapore 1334   Tel. 741.5166
                             Telefax: 742.9356

SPAIN – ESPAGNE
Mundi-Prensa Libros S.A.
Castelló 37, Apartado 1223
Madrid 28001   Tel. (91) 431.33.99
                             Telefax: (91) 575.39.98

Libreria Internacional AEDOS
Consejo de Ciento 391
08009 – Barcelona   Tel. (93) 488.30.09
                             Telefax: (93) 487.76.59

Llibreria de la Generalitat
Palau Moja
Rambla dels Estudis, 118
08002 – Barcelona
              (Subscripcions) Tel. (93) 318.80.12
              (Publicacions) Tel. (93) 302.67.23
                             Telefax: (93) 412.18.54

SRI LANKA
Centre for Policy Research
c/o Colombo Agencies Ltd.
No. 300-304, Galle Road
Colombo 3   Tel. (1) 574240, 573551-2
                     Telefax: (1) 575394, 510711

SWEDEN – SUÈDE
Fritzes Customer Service
S–106 47 Stockholm   Tel. (08) 690.90.90
                             Telefax: (08) 20.50.21

Subscription Agency/Agence d'abonnements :
Wennergren-Williams Info AB
P.O. Box 1305
171 25 Solna   Tel. (08) 705.97.50
                             Telefax: (08) 27.00.71

SWITZERLAND – SUISSE
Maditec S.A. (Books and Periodicals - Livres
et périodiques)
Chemin des Palettes 4
Case postale 266
1020 Renens VD 1   Tel. (021) 635.08.65
                             Telefax: (021) 635.07.80

Librairie Payot S.A.
4, place Pépinet
CP 3212
1002 Lausanne   Tel. (021) 341.33.47
                             Telefax: (021) 341.33.45

Librairie Unilivres
6, rue de Candolle
1205 Genève   Tel. (022) 320.26.23
                             Telefax: (022) 329.73.18

Subscription Agency/Agence d'abonnements :
Dynapresse Marketing S.A.
38 avenue Vibert
1227 Carouge   Tel. (022) 308.07.89
                             Telefax: (022) 308.07.99

See also – Voir aussi :
OECD Publications and Information Centre
August-Bebel-Allee 6
D-53175 Bonn (Germany)   Tel. (0228) 959.120
                          Telefax: (0228) 959.12.17

THAILAND – THAÏLANDE
Suksit Siam Co. Ltd.
113, 115 Fuang Nakhon Rd.
Opp. Wat Rajbopith
Bangkok 10200   Tel. (662) 225.9531/2
                             Telefax: (662) 222.5188

TURKEY – TURQUIE
Kültür Yayinlari Is-Türk Ltd. Sti.
Atatürk Bulvari No. 191/Kat 13
Kavaklidere/Ankara   Tel. 428.11.40 Ext. 2458
Dolmabahce Cad. No. 29
Besiktas/Istanbul   Tel. 260.71.88
                             Telex: 43482B

UNITED KINGDOM – ROYAUME-UNI
HMSO
Gen. enquiries   Tel. (071) 873 0011
Postal orders only:
P.O. Box 276, London SW8 5DT
Personal Callers HMSO Bookshop
49 High Holborn, London WC1V 6HB
                          Telefax: (071) 873 8200
Branches at: Belfast, Birmingham, Bristol,
Edinburgh, Manchester

UNITED STATES – ÉTATS-UNIS
OECD Publications and Information Center
2001 L Street N.W., Suite 650
Washington, D.C. 20036-4910 Tel. (202) 785.6323
                            Telefax: (202) 785.0350

VENEZUELA
Libreria del Este
Avda F. Miranda 52, Aptdo. 60337
Edificio Galipán
Caracas 106   Tel. 951.1705/951.2307/951.1297
                       Telegram: Libreste Caracas

Subscription to OECD periodicals may also be
placed through main subscription agencies.

Les abonnements aux publications périodiques de
l'OCDE peuvent être souscrits auprès des
principales agences d'abonnement.

Orders and inquiries from countries where Distribu-
tors have not yet been appointed should be sent to:
OECD Publications Service, 2 rue André-Pascal,
75775 Paris Cedex 16, France.

Les commandes provenant de pays où l'OCDE n'a
pas encore désigné de distributeur peuvent être
adressées à : OCDE, Service des Publications,
2, rue André-Pascal, 75775 Paris Cedex 16, France.

5-1995

LES ÉDITIONS DE L'OCDE, 2 rue André-Pascal, 75775 PARIS CEDEX 16
IMPRIMÉ EN FRANCE
(24 95 04 2) ISBN 92-64-24556-1 - n° 48068 1995